AF545383

Fach-
buch
Klett-Cotta

Wolfgang Hantel-Quitmann

Kafkas Kinder

Das Existenzielle in menschlichen Beziehungen verstehen

Klett-Cotta

Klett-Cotta
www.klett-cotta.de

Cover: Bettina Herrmann, Stuttgart
unter Verwendung einer Abbildung von © photocase/axelbueckert
Gesetzt von Eberl & Koesel Studio GmbH, Altusried-Krugzell
Gedruckt und gebunden von CPI – Claussen & Bosse, Leck
ISBN 978-3-608-98410-1
E-Book ISBN 978-3-608-11666-3
PDF-E-Book ISBN 978-3-608-20518-3

Bibliografische Information der Deutschen Nationalbibliothek
Die Deutsche Nationalbibliothek verzeichnet diese Publikation in der Deutschen Nationalbibliografie; detaillierte bibliografische Daten sind im Internet über http://dnb.d-nb.de abrufbar.

Du kannst dich zurückhalten von den Leiden der Welt,
das ist dir freigestellt und entspricht deiner Natur,
aber vielleicht ist gerade dieses Zurückhalten das einzige Leid,
das du vermeiden könntest.

Franz Kafka (Zürauer Aphorismen)

Für Malou, Jonathan, Susanne, Angelika, Klaus, Paule
und all die anderen

Inhalt

Prolog: Kafkas Kinder

Jeder Mensch wird in seinem Leben mit existenziellen Fragen konfrontiert: Wie bewältige ich Lebenskrisen? Welche Lebensziele habe ich? Wer ist der richtige Liebespartner für mich? Wie verarbeite ich schwere Verlusterlebnisse? Wie gehe ich mit Nähe und Distanz in einer Partnerschaft um und wie halte ich Intimität aus? Will ich eine Familie gründen und Kinder haben? Wie kann ich meine unangenehmen Gefühle verstehen, wie Angst, Zweifel, Schuld und Scham? Wie gehe ich mit Macht und Ohnmacht um? Wie kann ich schwere Krankheiten bewältigen? Was bedeuten Sterben und Tod für mich?

Solche Lebensfragen können niemals endgültig beantwortet werden und betreffen immer auch die wichtigen menschlichen Beziehungen, in denen man lebt und liebt. Franz Kafka hat in seinen Schriften derlei existenzielle Fragen auf vielfache und besondere Weise thematisiert, insofern sind wir auch alle Kafkas Kinder. Während er allerdings versuchte, durch das Schreiben die eigenen Lebensfragen zu beantworten, gibt es heute im Rahmen von Psychotherapien, Paar- und Familientherapien andere Möglichkeiten, sich selbst und andere zu verstehen, aus Sackgassen herauszukommen, Perspektiven zu wechseln und neue Wege zu gehen.

Das Buch widmet sich in 19 Kapiteln einzelnen existenziellen Themen mit einem aktuellen Konflikt eines Paares oder einer Familie und stellt anschließend Bezüge zu Kafkas Leben und Werk her, das von Angst, Schuld, Scham und Selbstzweifel geprägt war. Dabei wird verständlich, warum Franz Kafka heute noch einer der meistgelesenen Autoren deutscher Sprache ist. Seine Schriften sind universell und zeitlos und machen deutlich, wie sehr Kafka die Sicht der Opfer einnahm. Sie sind ein Plädoyer für die menschliche Behandlung der ohnmächtigen und gedemütigten Menschen, die Aufnahme der Ausgegrenzten, die Angeklagten ohne Schuld, die Opfer von Gewalt, Macht und Willkür, letztlich für die Menschenrechte. Das *Jahrhundert Kafkas* ist insofern nicht beendet.

Hamburg, im April 2021 Wolfgang Hantel-Quitmann

KAPITEL 1

Familie als Schicksal

Identifikation und Abgrenzung

Man wird mit der Geburt nicht nur in die Welt hineingeboren, in eine soziale Lage, eine Kultur und eine Zeit, sondern auch in eine Familie, die zu einem lebenslangen Schicksal werden kann. Leider können sich manche Menschen, die sich dies schon als Kinder wiederholt wünschten, keine andere Familie aussuchen. Sie können nur versuchen ihr eigenes Seelenheil und ihre Identität zu retten, indem sie sich von ihrer Familie abgrenzen.

Kinder haben verschiedene Möglichkeiten, sich von unliebsamen oder einfach nicht zu ihnen passenden Familienkulturen abzugrenzen und damit ihren individuellen Weg zu gehen: in den jugendlichen Reifungskrisen, wie Pubertät und Adoleszenz, in der Berufswahl, in der Wahl eines Partners bzw. einer Partnerin, der Erziehung der eigenen Kinder oder in der Ablehnung des Familienerbes. Individualität entsteht nicht nur aus einer einzigartigen Mischung eigener Fähigkeiten, Erfahrungen, Vorlieben, Werthaltungen, Kompetenzen oder Passionen, sondern auch aus den Unterschieden zu den engsten Vorfahren, Eltern und Geschwistern. Mit solchen individuellen Wegen sind nicht selten Folgekonflikte verbunden, denn damit werden Loyalitäten aufgekündigt oder infrage gestellt, Delegationen abgelehnt oder mehrgenerationelle Bindungen aufgelöst. Solche Abgrenzungen sind einerseits entwicklungsbedingt notwendig, andererseits werden sie von den Eltern als reale oder symbolische Ablehnungen verstanden und lösen entsprechend aggressive Reaktionen aus. Je persönlicher solche Abgrenzungen gemeint sind oder verstanden werden, desto schärfer werden die daraus resultierenden

Konflikte. Manchmal eskalieren sie bis zu Erbschaftsfragen. Im Erbe sind nicht nur materielle, sondern vor allem ideelle, emotionale und symbolische Aspekte enthalten. Alle diese Aspekte kommen zusammen, wenn das Erbe ein Familienunternehmen ist.

Die Krise der Familie A.

Die Krise der Familie A. bricht aus, als der einzige Sohn im Alter von 18 Jahren erklärt, nicht den väterlichen Betrieb übernehmen zu wollen und eigene Pläne für seine Zukunft zu haben. Er möchte gern vergleichende Kulturwissenschaften studieren, zusammen mit seiner Freundin, mit der er seit zwei Jahren zusammen sei, und dabei möglichst viel von der Welt sehen und nicht wie sein Vater 70–80 Stunden in der Woche in seinem Restaurant stehen. Der Vater versteht die Pläne seines Sohnes als persönliche Zurückweisung, ja, als Aggression gegen sich. Die Stimmung ist geladen und sie haben nicht mehr miteinander gesprochen, seit sich der Sohn erklärt hat.

Herr A., der Vater, hat Koch gelernt in der norddeutschen Provinz und sich in jahrelangen Mühen in überhitzten Küchen mit endlosen Arbeitszeiten bei despotischen Küchenchefs hochgearbeitet bis zum stellvertretenden Küchenchef, hat immer sparsam gelebt, viel auf die hohe Kante gelegt und sich selbst nichts gegönnt, keine freien Wochenenden und keine überflüssigen Urlaube. Als eine entfernte Tante starb, erbte er einen Teil eines alten Hauses und versuchte sich seinen Lebenstraum, ein eigenes Restaurant, zu verwirklichen. Lange zahlte er an den Schulden ab, um die anderen beiden Miterben auszuzahlen, bis er endlich am Ziel war: ein eigenes Restaurant mit gutbürgerlicher deutscher Küche in der Nähe der Innenstadt in einem eigenen Haus. Mehr als zwanzig Jahre seines Lebens hat er darauf hingearbeitet und seine Ehefrau hat mitgearbeitet, soweit ihr dies als Grundschullehrerin möglich war.

Der Vater hatte als Koch viel Arbeit für wenig Geld, aber auch wenig Zeit, sein Geld auszugeben. Er hat bis Anfang zwanzig bei seiner alleinerziehenden Mutter gelebt. Auch er hatte seinen Vater früh verloren und musste für seine Mutter mitsorgen, die an Rheuma litt.

Diese konnte ihrem Beruf nicht mehr nachgehen, blieb zu Hause, litt unter chronischen Schmerzen und der Sohn sorgte für beide. Sein Vater habe die Familie nach der Krankheitsdiagnose seiner Frau verlassen. Um ihn habe er sich nicht mehr gekümmert, und deshalb sei es für Herrn A. besonders schwer zu ertragen, dass er als sorgender Vater sich immer so sehr um seinen Sohn gekümmert habe und dieser es ihm heute so danke. Der Sohn merkt an, dass sein Vater schon immer versucht habe, ihn mit seiner schweren Kindheit und Jugend zu erpressen und ihm Schuldgefühle zu machen. Er könne nachvollziehen, dass der Vater es schwer gehabt habe, aber das gebe ihm nicht das Recht, ihn zur Übernahme des Restaurants verpflichten zu wollen. Dass er als Vater gut für ihn gesorgt habe und er damit vielleicht ein besserer Vater war als sein eigener, sei lobenswert, aber daraus könne doch keine Verpflichtung abgeleitet werden, die er als Sohn zu erfüllen habe, indem er das Restaurant weiterführe.

Bei einem Streit hat der Sohn dem Vater gesagt, er wolle etwas Besseres als nur Koch werden. Anschließend hat er sich aus der Beziehung zu dem aus seiner Sicht dominanten Vater immer mehr zurückgezogen, von seiner Freundin und seinen Studienplänen habe der Vater erst vor einigen Wochen erfahren.

Auch Franz Kafka hatte ein distanziertes Verhältnis zu seinem dominanten Vater, es gab keine vertraulichen Gespräche über persönliche Themen, obwohl sie viel zu lange gemeinsam in einer Wohnung lebten.

Familie K.

Franz Kafkas Familie war – im Laufe der Zeit zunehmend – relativ gut situiert, aber es herrschte ein Familienklima der Angst und Unterordnung, unter dem Franz Kafka zeitlebens gelitten hat. Franz war ein einsames und ängstlich zurückgezogenes Kind, und das lag nicht nur an seinem autoritären Vater, sondern auch an den ständig wechselnden Bezugspersonen, die ihn betreuten, während beide Eltern im Laden arbeiteten. Kinder brauchen sichere und verlässliche frühe Bindungen, um mit Selbstvertrauen die Welt zu explorieren. Dann bauen Bindungssicherheit von außen und innere Selbstwirksamkeitserfahrungen eine stabile Persönlichkeit aus, die von Selbstvertrauen durch die Konflikte des Lebens getragen wird. Franz Kafka hat dies so nicht erlebt, denn sein Vater beherrschte seine Familie wie die Angestellten seines Galanteriewarenladens. Viel später, als 29-jähriger Mann, hielt er in seinem Tagebuch fest: »Meine Mutter ist die liebende Sklavin meines Vaters und der Vater ist ihr liebender Tyrann« (T2, 29.12.1912). Der Tyrann Hermann Kafka machte keine Unterschiede zwischen privat und beruflich, Priorität hatten das Überleben und Wachstum des Ladens und die Familie hatte sich dessen zeitlichem Rhythmus und wirtschaftlichen Erfordernissen anzupassen. Und Widerspruch wurde nicht geduldet. Das Patriarchat war allerdings nur die interne Sicht auf die Familie, in der Franz groß wurde, die sie umgebende Kultur war vielschichtig und sorgte für weiteren Druck.

Die Prager Kultur am Ende des 19. Jahrhunderts war auf mehrfache Weise widersprüchlich und dies hatte erhebliche Auswirkungen auf das Leben der Familie Kafka. Obwohl der Anteil der Deutschen an der Bevölkerung Prags nur 7% ausmachte, besetzten die Deutschen die wirtschaftlichen und politischen Machtzentren, während die Tschechen das Proletariat stellten. Die jüdische Bevölkerung versuchte in diesem fragilen Gefüge erfolgreich zu sein und zugleich die eigenen Traditionen zu wahren. Auch die Familie Kafka bewegte sich entlang der Grenze zwischen erforderter Anpassung und versuchter Autonomie. Herrmann Kafka sah diese Gratwanderung als seine Lebensaufgabe an und setzte all seine Kraft dazu ein, erfolgreich zu sein. Den Kindern muss diese Strategie nicht als Sorge, sondern als willkürliche Despotie erschienen sein. Die Juden nahmen in diesem fragilen Gefüge eine besondere Stellung ein: Sie grenzten sich ab und trafen ihre eigenen Entscheidungen. Auch die Familie Kafka ist auf dieser Grenze zwischen erforderter Anpassung und versuchter Autonomie gewandelt, so dass ein doppelter Druck auf die jüdischen Familien entstand, politisch von außen und wirtschaftlich von innen. Hermann Kafka sah diese Gratwanderung als seine Lebensaufgabe an und setzte all seine Macht dazu ein, erfolgreich zu sein. Den Kindern muss diese Herrschaft immer wieder nicht als Sorge, sondern als willkürliche Despotie erschienen sein. Heute würde man vielleicht versuchen, den Kindern ab einem bestimmten Entwicklungsalter diese fragile Lebenssituation der Familie zu erklären, aber die Grenzen des Verstehens sind nicht nur intellektuelle. Man kann Kindern nur das erklären, was man selbst halbwegs verstanden hat. Soweit wir wissen, hat Hermann Kafka nicht einmal den Versuch gemacht, seinem ersten und einzigen überlebenden Sohn Franz dieses Vorgehen als notwendig oder sinnvoll in turbulenten Zeiten zu erklären. Man erklärte den Kindern nichts, Eltern-Kind-Beziehungen waren Machtverhältnisse. Und Franz sollte noch zeitlebens mit dieser väterlichen Autorität kämpfen, für ihn war es mehr als ein Kampf um die Anerkennung seiner Individualität.

Heute sprechen wir in der Familienpsychologie von einer Mehrgenerationen-Perspektive, die die Entwicklung des Einzelnen aus der Geschichte und Kultur seiner Familienbeziehungen zu verstehen versucht. Für Franz Kafka war auch dies ein unentrinnbares Dilemma: »Die Kette der Generationen ist nicht die Kette deines Wesens und doch sind Beziehungen vorhanden« (Alt 2018, S. 21), schrieb er als 35-jähriger Mann im Winter 1918. Was haben die Beziehungen der vorherigen (jüdischen) Generationen mit seinem Wesen gemacht? Wie sehr hat er in der Auseinandersetzung mit seinem Vater um seine eigene Identität gekämpft, die er glaubte, nur gegen ihn verteidigen zu können.

Hermann Kafka war der Sohn des jüdischen Fleischers Jakob Kafka, der als anerkannter Schächter an die Juden nur koscheres Fleisch verkaufte und zugleich an die Christen Schweinefleisch. Religion ist eben das eine, das Geschäft das andere. Franz Kafka wurde zu einem überzeugten Vegetarier und man fragt sich, ob darin neben den gesundheitlichen Motiven auch persönliche Abgrenzungsbedürfnisse zu sehen sind. Hermann Kafka hatte eine schwere Kindheit, wenig passende Kleidung, musste Kälte und Hunger, Kinderarbeit und Mangel ertragen, und all das war Franz nur allzu bekannt. Dennoch könne der Vater Hermann nicht den Schluss daraus ziehen, dass sein Sohn Franz eine glücklichere Kindheit gehabt habe als er. Der Verweis auf die eigene unglückliche und harte Kindheit enthält Glücksvorstellungen, die nicht einfach auf einen anderen Menschen übertragbar sind. Und sie rechtfertigen nicht die Erwartungen an den Sohn, ihm auf ewig dankbar zu sein.

Hermann Kafka ging sechs Jahre zur Grundschule, erhielt eine leidliche Ausbildung in einem Textilgeschäft, ging drei Jahre zum Militär – wo er anscheinend recht zufrieden war – und arbeitete anschließend sieben Jahre als Großhandelsvertreter für Galanteriewaren. Er reiste durch die böhmischen Lande, nahm Bestellungen auf für Artikel, die in kleinen Werkstätten oder in Heimarbeit hergestellt wurden, und verkaufte sie: Stoffe und Zwirn, aber auch Bleistifte, Hosenträger, Seife oder Knöpfe. Durch die Hilfe eines Heiratsvermittlers lernte er seine spätere Frau kennen, Julie Löwy. Sie wohnte keine fünf Minuten entfernt und kannte das Textilfach seit ihrer Kindheit. Sie war in vielfacher Hinsicht ein Glücksfall für ihn. Diese Frau hatte durch Hauslehrer eine solide Bildung genossen, besaß durch ihren gläubigen Vater eine feste Verankerung im jüdischen Glauben, hatte ein ausgleichendes Gemüt, kam aus gut situiertem Hause und erhielt daher eine Aussteuer, mit der der geschäftstüchtige Hermann Kafka sich wirtschaftlich erheblich verbessern konnte. Mit dem Geld aus der Heirat eröffnete er ein Geschäft für Stoff- und Galanteriewaren am Altstädter Ring in Prag. Sie heirateten am 3. September 1882 und genau 10 Monate später wurde am 3. Juli 1883 ihr Sohn geboren und bekam den Vornamen des Kaisers Franz. Hermann war bei der Heirat genau 30 Jahre alt, seine Frau 26. Sie bekamen noch zwei Söhne, die beide früh starben: Georg starb mit einem Jahr an den Masern und Heinrich mit 7 Monaten an Meningitis. Die Schwester Gabriele, genannt Elli, wurde im September 1889 geboren, Valerie, genannt Valli, im September 1890 und Ottilie, genannt Ottla, im Oktober 1892. Franz wird der große Bruder von drei Schwestern, von denen besonders Ottla ihm lebenslang sehr nah sein sollte.

Julies Vater war Tuchmacher, das Tuchgeschäft hatte er als Mitgift bei der Heirat erworben. Ihre Mutter Esther starb an den Folgen einer Typhuserkrankung, als Julie drei Jahre alt war. Ihre Großmutter Sarah wurde nach dem Tod ihrer einzigen Tochter depressiv und nahm sich das Leben. Kafka schrieb 1911 in sein Tagebuch: »Die Mutter meiner Mutter starb frühzeitig an Typhus. Von diesem Tode angefangen wurde die Groß-Mutter trübsinnig, weigerte sich zu essen, sprach mit niemandem, einmal, ein Jahr nach dem Tode ihrer Tochter gieng sie spazieren und kehrte nicht mehr zurück, ihre Leiche zog man aus der Elbe« (T1, 25.12.1911). Damit verlor Kafkas Mutter Julie ihre Mutter und ihre Großmutter in frühen Jahren. Ihr Vater heiratete erneut. Ihre Stiefmutter hieß ebenfalls Julie, war 33 Jahre alt bei der Heirat und bekam noch zwei Kinder, Rudolf und Siegfried. Siegfried Löwy studierte später Medizin und ließ sich als Landarzt nieder. Franz Kafka hatte zeitweise zu seinem Onkel Siegfried eine innige Beziehung und verarbeitete seine Erfahrungen mit ihm u.a. in seiner Erzählung »Der Landarzt«. Auch Siegfried beging Suizid, kurz bevor er nach Theresienstadt deportiert werden sollte. Man spricht von Schwermut, Weltflucht, geringen Lebensenergien, und auch Franz Kafka hat an sich diese depressiven Neigungen festgestellt, allerdings nicht – wie manche seiner Leser meinen – in seinen Werken, sondern in seinem Wunsch, ganze Nachmittage auf dem Sofa zu *verfaulenzen* (Alt 2018, S.30). Vielleicht war es Hermann Kafkas tatkräftige, energiereiche und lebendige Ausstrahlung, die Julie an ihm so attraktiv fand. Er war groß und kräftig, sah gut aus, war sich dessen durchaus bewusst und war stets in gutes Tuch gekleidet und sehr auf seine Außenwirkung bedacht. Auf seinen Briefbögen prangte eine von Ehrenzweigen umrankte Dohle als Familienwappen: Dohle heißt auf Tschechisch *kavka*.

Hermann Kafka betrieb seinen Galanteriewarenladen mit großem Eifer und Fleiß. Er vergrößerte ihn sukzessive und zog in den Jahren zwischen 1882 bis 1918 vier Mal mit ihm um, allerdings liegen alle Orte nicht mehr als einhundert Meter voneinander entfernt. Er stellte mehrere Verkäufer und Lehrmädchen ein, ebenso einen Geschäftsführer. Einerseits sorgte er für seine Angestellten wie ein Vater, wenn dies den Interessen des Ladens entsprach, andererseits konnten seine Handlungen nur noch als despotisch bezeichnet werden. Er war launisch, hatte impulsive Wutausbrüche, schikanierte seine Angestellten und beschimpfte sie als »Vieh«, »Hunde« oder »bezahlte Feinde«, denen er wiederholt Betrug unterstellte. Seine eigenen Verfehlungen waren dagegen nur dem Eifer eines guten Geschäftsmannes geschuldet. Im September 1887 gibt es eine erste anonyme Anzeige gegen ihn, weil er am Sonntagvormittag seine Waren auf der Straße zum Verkauf angeboten haben soll; im Dezember 1889 wird er wieder wegen Störung der Sonntagsruhe angezeigt, weil er Kunden am Sonntagnachmittag in seinem Geschäft bedient haben soll; Anfang 1893 wird er von einem Kunden bei der Polizei beschuldigt, gefälschte Banknoten weitergegeben zu haben, und im Februar 1894 wird er angezeigt, weil er mit Falschgeld bezahlt haben soll; im März 1895 wird er zum dritten Mal angezeigt, wieder handelt es sich um Bezahlung mit Falschgeld.

Franz Kafka hat die schlechte Behandlung der Angestellten immer wieder versucht auszugleichen, er schämte sich für das Verhalten seines Vaters. So ging Hermann Kafka durch die Reihen seines großen Ladens und zog stapelweise Wäsche herunter, wenn sie nach seinen Maßstäben nicht ordentlich ausgelegt war. Der Geschäftsführer musste die Wäsche vom Boden aufheben und wieder ordentlich hinlegen. Es waren erniedrigende Schikanen, die den Sohn zur tiefen Fremdscham für den eigenen Vater veranlassten. Franz Kafka schrieb 1919 mit drastischen Worten: »Und hätte ich, die unbedeutende Person, ihnen unten die Füße geleckt, es wäre noch immer kein Ausgleich dafür gewesen, wie Du, der Herr, oben auf sie loshacktest« (Alt 2018, S. 32). In diesem Kommentar sind mehrere Themen enthalten, die ihn literarisch beschäftigten: Aggression, Schuld und Strafe, Sadismus, Macht, Demütigung, Scham. Und warum schätzte er sich selbst als so unbedeutend ein, meinte er damit nicht eher die eigene Machtlosigkeit? Wann immer er im Laden war, dort arbeitete oder seinen Vater vertrat, war er – ganz wie seine Mutter – auf Ausgleich und sogar Wiedergutmachung bedacht. Aber Franz musste gar nicht in den Laden gehen, denn er kannte seinen despotischen Vater von zu Hause genügend. Auch hier gab es Bedienstete, die von ihm schikaniert wurden. Hermann Kafka explodierte bei geringsten Kleinigkeiten, wurde jähzornig und beleidigend – und machte auch vor Frau und Kindern nicht halt.

Was bedeutet es für einen kleinen Jungen, einen solchen narzisstischen Vater zu haben, der bei Andeutung von Widerspruch und Kritik verletzt und gekränkt reagiert? Der so sensibel für die eigenen Belange wie unsensibel für andere ist? Der stets bewundert werden will und bei kleinsten Ereignissen ausrastet? Ein kleiner Junge will stolz sein auf seinen Vater und sich nicht für ihn schämen müssen. Wäre der Junge selbstbewusst und sich seiner väterlichen Liebe sicher, dann könnte er sich mit ihm streiten, ihn auf sein Fehlverhalten hinweisen, Auseinandersetzungen und Konflikte mit ihm eingehen. Aber ein schwaches, zurückhaltendes und ängstliches Kind, das den Vater bestenfalls in Augenblicken oder für besondere Eigenschaften bewundert und sich von diesem nicht wirklich geliebt fühlt, das kann diese Stärke nicht aufbringen und sich dem Vater entgegenstellen. Franz war zu unsicher und ängstlich, um es mit diesem starken und despotischen Vater aufzunehmen. Später hat er es auf seine – literarische – Weise getan in seinem »Brief an den Vater«, den dieser übrigens nie gelesen hat. Die offene Opposition gegen diesen Mann wurde von einer stärkeren, selbstsicheren Person gelebt, leider nicht der Mutter, sondern von der kleinen Schwester Ottla, und Franz hat sie dafür zeitlebens bewundert.

Julie und Hermann Kafka hatten aus heutiger psychologischer Sicht vielleicht eine eheliche Beziehung, die aus einem Zusammenspiel von Bewundern und Bewundertwerden bestand; er genoss die Bewunderung und sie genoss es, einen solchen bewundernswerten Mann zu haben. Er war der gute und starke, erfolgreiche und potente Mann und Vater, sie war die Frau an seiner Seite. Sie war primär seine Frau und nicht die Mutter der Kinder, sie ging an sechs Tagen in der Woche mit ihm zur Arbeit und in den täglichen Mittagspausen nach Hause, die Kinder wurden den Bediensteten und den Kindermädchen überlassen. Auf allen Fotos der Kinder sind die Eltern nicht zu sehen, sind die Kinder allein. Hermann und Julie waren ein arbeitsreiches und erfolgreiches Paar, aber für ihre Elternschaft hatten sie keine Zeit. Eine solche Paarbeziehung entsprach sicher dem pädagogischen und kulturellen Zeitgeist des aufstrebenden Mittelstands, bei dem sich die Kinder dem Weg nach oben zu Sicherheit und Wohlstand unterzuordnen hatten.

Das Bad der Wohnung war ein Rückzugsort für die Kinder und dort hat Franz den kleinen Schwestern Geschichten vorgelesen oder kleine private Theateraufführungen für sie gemacht. Franz war für die Schwestern da und die hatten ihren Schwestern-Kokon, aber er war mit sich allein. Der Altersabstand zu den Schwestern war zu groß und ein Bruder fehlte, der Vater und die Mutter waren bei der Arbeit – und die Bediensteten wechselten. Als er in die Schule kam, sollte sich das einsame Lebenskonzept etwas ändern, dort lernte er Freunde kennen, mit denen er ein Leben lang verbunden bleiben sollte. Die Gruppe der Gleichaltrigen hilft bei der Ablösung aus dem Elternhaus, die ersten Liebespartner bei der Ablösung aus den engen Freundschaften. Diese Stufen der Reifung in sozialen Beziehungen hat Franz Kafka zumindest nicht linear durchlaufen. Ihm gelang die Ablösung aus seinem Elternhaus nur schwer, manche meinen gar nicht (siehe Alt 2018), trotz guter Freundschaften, und das hatte viele Gründe, nicht zuletzt wieder familiäre.

Begegnung auf Augenhöhe

Im Verlauf der Familienberatung der Familie A. stellte sich zwischen Vater und Sohn langsam das Gefühl ein, erstmals auf Augenhöhe miteinander zu sprechen. Der Vater Herr A. hat fast erstaunt gemerkt, dass er einen großen Sohn hat, der reif in seinen Einschätzungen wirkt und der sich um eine bessere Beziehung zu ihm bemüht, und der Sohn vernahm erfreut, dass sein Vater ihn erstmals fragte, wie es ihm geht, wie seine Freundin denkt, warum er Kulturwissenschaften studieren möchte, was ihn daran fasziniert und dass der beste Studienort einige Hundert Kilometer entfernt ist, nicht wegen der Distanz zum Elternhaus, sondern weil es dort das beste Studienangebot gebe. Die Mutter Frau A. hat beide in der gegenseitigen langsamen Annäherung unterstützt und sich still gefreut. Der Sohn spürte irgendwann den väterlichen Stolz und der Vater respektierte die Entscheidung seines Sohnes, fühlte sich auch nicht mehr persönlich abgelehnt. Der Sohn bekam seinen Studienplatz, seine Freundin ebenso, und beide beschlossen nach dem Abi erst einmal eine Reise nach Italien und Griechenland zu machen, den Ursprungsländern europäischer Kultur. Am Ende entstand die Frage, was aus dem Restaurant werde, wenn der Sohn einen anderen Weg einschlagen werde, aber dies war ein Thema zwischen Herrn A. und Frau A. Sie haben sich entschieden, das Restaurant zu verpachten und zu reisen, denn es gab viel nachzuholen. In dem Zusammenhang haben sie zum ersten Mal darüber gesprochen, wie sie als Paar leben wollen, wenn der Sohn aus dem Haus ist. Frau A. hatte ein wenig Angst davor, und er meinte nur, er wolle sich mit solchen Zukunftsfragen erst beschäftigen, wenn es soweit sei.

Der Sohn der Familie A. hat sich gegen seinen Vater durchgesetzt, ist seinen eigenen Weg gegangen, aber dazu brauchte er Selbstbewusstsein und persönliche Stärke, die Franz Kafka – zumindest gegenüber seinem Vater – nie hatte. Dem Sohn Franz blieben – wie allen in seiner Umgebung – die Abwertungen und Demütigungen des Hermann Kafka nicht erspart. Und Franz' Wunsch, die Anerkennung und den Stolz seines Vaters zu spüren, blieb weitgehend unerfüllt. Zeitlebens hat er sich nach dieser Anerkennung gesehnt, blieb damit abhängig und hat vielleicht auch deshalb die Ablösung nie richtig geschafft. Wenn er später als Erwachsener wieder ein von ihm geschriebenes Buch den Eltern zeigte und sein Vater sagte: »Leg's auf den Nachttisch«, dann war dies bereits eine besondere Anerkennung für ihn. Seine Selbstzweifel waren so überlagernd, dass er seine Eltern nicht kritisierte, sondern für beinahe alles sich selbst die Schuld gab. So schreibt er am 29.12.1912 in sein Tagebuch: »Die Eintracht der Familie wird eigentlich nur durch mich gestört.« Wie hat er gestört? Bestenfalls durch Passivität und Rückzug. Er hat sich dem väterlichen Gebot angepasst und untergeordnet, rebelliert hat er nur literarisch.

KAPITEL 2

Euch geht's zu gut

Das emotionale Familienklima

Es gibt zwei Faktoren, die für das Wohlergehen der Kinder in ihren Familien besonders bedeutsam sind: die soziale Lage der Familie und das emotionale Familienklima. Während sich die soziale Lage auf das finanzielle Einkommen der Familie bezieht, die Wohnlage und das kulturelle Umfeld, setzt sich das emotionale Familienklima aus Gefühlen zusammen, die eine Atmosphäre schaffen, in der Kinder sich wohlfühlen oder in ihrer Entwicklung eingeschränkt werden. Aus den Stimmungen und Gefühlen der einzelnen Familienmitglieder – wie Liebe, Angst, Sorge, Trauer, Ärger, Wut etc. – entsteht ein ganz einmaliges emotionales Klima, das sich fördernd oder hemmend auf die kindlichen Entwicklungen auswirkt. Es kann zudem echt sein, also mit den wirklichen Gefühlen übereinstimmen, oder es kann ein Scheingefühl entstehen, das dazu da ist, die wirklichen Gefühle zu verdecken oder zu verbergen. Dann können bei den Kindern emotionale Verwirrungen, Störungen der Wahrnehmung oder auch aggressive bis depressive Reaktionen entstehen. Wie muss ein emotionales Familienklima beschaffen sein, in dem ein Kind sich ängstlich, unsicher, schuldhaft, einsam, schamhaft und ohne jegliches Selbstvertrauen fühlt? Kafka wusste es!

Gewollte Kinderlosigkeit

Das kinderlose Paar Frau und Herr B. sind in die Paarberatung gekommen, weil Frau B. es mit ihrem Mann nicht mehr aushalte. Er sei ein großes Kind, unfähig über Gefühle zu sprechen, einfach nicht erwachsen und wolle keine Kinder mit ihr. Mittlerweile hat sie sich damit abgefunden und will mit ihm auch keine Kinder mehr haben. Sie denke eher an Trennung. Sie ist Ende 30 und hat nicht mehr viel Zeit, wenn sie noch Kinder von einem anderen Mann haben möchte.

Herr B. sitzt in sich zusammengesunken im Sessel mir gegenüber und spricht mit leiser Stimme über seine einsame Kindheit. Einsamkeit ist für ihn etwas sehr Vertrautes, einerseits hasst er dieses Gefühl, andererseits kennt er sich damit sehr gut aus. Das führt heute dazu, dass er sich immer wieder in sich zurückzieht, nicht mit seiner Frau spricht, keine Gefühle zeigt und in den Keller geht, um mit seiner Eisenbahn zu spielen. Ja, die Eisenbahn ist für ihn ein Stück glücklicher Kindheit, die er so nie wirklich hatte. Ihren Kinderwunsch könne er ihr leider nicht erfüllen, er wolle keine Kinder. Immer wenn er an Kinder und Kindheit denke, werde er wütend auf seine Eltern. Und warum solle man Kinder haben, wenn man damit überhaupt keine schönen Gefühle verbinde.

Seine Familie bestand aus ihm, seinen Eltern und seinem großen Bruder, der aber nicht wirklich einer war. Er war acht Jahre älter, hat nie etwas mit ihm unternommen, für ihn war er immer der Kleine, der ihm lästig war. Früher hat er den Kontakt zu diesem älteren Bruder immer wieder gesucht, aber der hat ihn zurückgewiesen und gesagt, er sei nicht sein Babysitter. Heute wolle er keinen Kontakt mehr zu seinem Bruder, obwohl dieser sich das wünsche.

Seine Eltern waren beide berufstätig, ein Gehalt reichte eben nicht für alle. Der Vater arbeitete als Handwerker bei einer großen Firma und machte viele Überstunden. Er hatte immer wieder neue Baustellen, so dass er teilweise morgens früh losfahren musste und abends erst spät wiederkam, manchmal auch gar nicht, dann war er auf Montage. Die Mutter hatte verschiedene Aushilfsjobs mit ständig wechselnden Arbeitszeiten, so dass man nie wusste, wann sie ging, wann sie kam, wann sie ansprechbar war und wann nicht. Sie war ständig im Stress. Der Bruder hat diese Freiheit genutzt und ist immer raus zu seinen Freunden, während er allein zu Hause blieb.

Als kleines Kind hat er meist allein gespielt, manchmal kam ein Junge aus der Nachbarschaft vorbei. Viele Kinder haben sich im Kindergarten nachmittags zum gemeinsamen Spielen verabredet, aber er wollte das nicht. Die Kinder waren laut und anstrengend. Zu ihm nach Hause konnte keiner kommen, weil seine Eltern so gut wie nie da waren, und daher musste er immer fragen, ob er zu einem anderen Kind gehen konnte, wenn er gemeinsam spielen wollte. Manchmal ging das für ein paar Mal, aber dann wollten das die anderen Mütter nicht mehr, weil sie sich als Babysitter für ihn fühlten. Also hörte das Nachmittagsverabreden immer wieder nach kurzer Zeit auf und irgendwann verabredete er sich gar nicht mehr. Er hat sich in seiner Einsamkeit eingerichtet und seine Eltern haben ihn dafür gelobt. Als er klein war, hat seine Mutter immer wieder zu ihm gesagt, am liebsten habe sie ihn, wenn er schlafe, also habe er viel geschlafen. Morgens stand er früh auf, nachmittags machte er ein kleines Nickerchen und abends ging er sehr früh ins Bett. Er war immer allein mit sich und er hatte das Gefühl, dass dies auch für die Eltern die beste Lösung war. Sie haben ihm nie gesagt, dass sie ihn nicht wollen, aber er hatte so ein Gefühl. Nein, ein Wunschkind war er wahrscheinlich nicht, vielleicht ein Versöhnungskind, mit dem die Eltern hofften, ihre Beziehung wieder zu verbessern.

Später, als er schon in der Schule war, hat er viel gelesen. Es gab die Stadtbücherei in der Nähe, wo er Bücher ausleihen konnte, da hat er sich jede Woche ein neues Buch geholt, anfangs recht wahllos oder auf Empfehlung der Bibliothekarin, später wusste er selbst, wen und was er lesen wollte. Seine Lieblingsautoren waren Charles Dickens, Mark Twain und John Irving. Bücher waren für ihn die Welt. Wenn er Bücher las, entstanden in seinem Kopf innere Bilder, aber wenn er einen Film im Fernsehen sah, wurden diese Bilder fertig mitgeliefert, das empfand er als langweilig, also waren Bücher besser als Filme.

An den Wochenenden haben beide Eltern sich von ihrer Arbeit erholt, als Familie hat man selten etwas gemeinsam unternommen. Sie sagten immer, dass sie am liebsten das Wochenende auf der

Couch verbringen mit Fernsehen, dabei haben sie getrunken und sich regelmäßig darüber gestritten, wer mehr für die Familie tue. Dann habe er regelrechte Schuldgefühle bekommen, weil es ja um ihn ging und die Arbeit, die er seinen Eltern mache. Alleine wären sie ohne ihn vielleicht glücklich gewesen, also hatte er immer diffuse Schuldgefühle.

Ja, Streit gab es fast immer, wenn beide Eltern da waren, deshalb war es auch ganz gut, dass sie so viel gearbeitet haben. Er hat sich dann immer unsichtbar gemacht, ist in sein Zimmer gegangen, hat gelesen oder ist einfach auf die Straße gegangen, wenn es ganz schlimm wurde zwischen den Eltern. Sein Vater hat ihn auch sehr hart bestraft, wenn er seiner Meinung nach etwas falsch gemacht hatte, meistens mit Taschengeldentzug und Stubenarrest. Aber das hat ihn nicht wirklich getroffen, denn er war ja sowieso meist allein zu Hause. Die Eltern haben gesagt, wenn er das noch einmal macht, dann wird in diesem Jahr sein Geburtstag nicht gefeiert. Er weiß heute nicht mehr, was er angestellt hatte, aber zweimal wurde sein Geburtstag nicht gefeiert. Zum Geburtstag wurde in seiner Familie immer das Lied gesungen »Wie schön, dass du geboren bist«. Aber wenn der Geburtstag ausfiel, dann dachte er immer, dass es nicht schön sei, dass er geboren wurde.

Als Kind war er nicht nur einsam und zurückzogen, sondern auch ängstlich: dass sich die Eltern trennen und er in ein Heim muss, dass sie kein Geld mehr haben oder dass er bald sterben muss. Er hat sich später viel mit dem Regenwald im Amazonasgebiet beschäftigt und Bücher darüber gelesen. Das hat ihn etwas beruhigt, weil er das Gefühl hatte, etwas viel Größeres müsste sterben, und dann wäre sein Tod nicht so wichtig.

Auf meine Frage, was er aus heutiger Sicht am liebsten an seiner Kindheit ändern würde, kann er zunächst nicht antworten. Dann sagt er, dass er das Gefühl, erwünscht zu sein und geliebt zu werden, gut hätte gebrauchen können. Er hatte immer das Gefühl überflüssig zu sein oder zu stören. Manchmal dachte er auch, dass er ein Kind aus einer anderen Familie sei, dass er adoptiert wurde, dass seine Familie woanders lebe und ihn vermisse. Dieses Gefühl war schön und schmerzlich zugleich.

Einsamkeit, Angst, Schuld und Selbstzweifel haben ihn zu dem gemacht, der er heute ist. Seinen Job erledige er gewissenhaft, die Gartenarbeit und die Eisenbahn erfreuten ihn, andere Hobbys habe er nicht, er habe schon immer genügsam gelebt, mehr brauche er nicht zum Leben. Und wenn seine Frau sich von ihm trennen wolle, dann könne er das irgendwie auch verstehen und wünsche ihr viel Glück, er könne ihr halt kein besseres Leben bieten und einen Kinderwunsch habe er nicht. Und als er den letzten Satz sagt, hebt er zum ersten Mal den Kopf und sieht mich an, so als wolle er sagen: Hier bin ich, ich kann nicht anders. Ich frage ihn abschließend nach einem prägnanten Satz aus seiner Kindheit, der ihm als Erstes in den Kopf komme, und er sagt: »Was willst du denn schon wieder?« Diesen Satz hätten seine Eltern immer zu ihm gesagt, wenn er ihre Nähe suchte und eigentlich nur kuscheln wollte. Dann habe er sich mitten in der Bewegung wieder umgedreht und sei in sein Zimmer gegangen. Ja, Nähe sei für ihn auch schwierig.

Euch geht's zu gut

Für die Familie von Franz Kafka gab es auch einen solchen Satz, den nicht Franz selbst erinnert, der aber von seinem Biographen stammt. Reiner Stach empfiehlt den Satz von Hermann Kafka an seine gesamte Familie, insbesondere an seine Kinder: »Euch geht's zu gut!« Was wollte er mit diesem Satz seiner Familie sagen? Er hat ihn anscheinend so oft wiederholt, dass er zu einer stehenden Redewendung wurde. Darin enthalten war einerseits die verspätete Klage über die eigenen Entbehrungen in der Kindheit; zweitens der Hinweis, dass es allen, insbesondere seinen Kindern heute vergleichsweise viel besser gehe als ihm damals; drittens sollten damit die Klagen der anderen als vergleichsweise geringfügig eingestuft werden (Jammern auf hohem Niveau); viertens war darin der Hinweis enthalten, jegliche Kritik an der Familiensituation, insbesondere an seiner Person, zu unterlassen, denn er hat so viel mehr gelitten als alle anderen in der Familie; und fünftens sollte dieser Satz bei allen Schuldgefühle hervorrufen, weil in jeder Kritik eine unrechtmäßige

Anmaßung und eine Geringschätzung seines Lebenswerkes, insbesondere seiner Leiden, enthalten sei. Mit diesem Satz sollte jegliche Unzufriedenheit oder Kritik als unverschämt im Keim erstickt werden. Auch alltägliche Sorgen waren keine mehr, weil sie im Vergleich zu den Sorgen des Vaters in seiner Kindheit lächerlich waren. Alle waren damit qua Definition glücklich, denn ein kurzer Blick in seine Kindheit zeigte, was Entbehrungen, Leiden und wahres Unglück bedeuten konnten. So sollte Scham schon allein bei dem Gedanken entstehen, eigene Sorgen oder Wünsche vorzubringen. Und die wütenden Reaktionen des Vaters erschienen gerecht und verständlich angesichts der Unverschämtheiten aller anderen.

Der Sohn Franz erlebte diese mit Prahlereien und Zank einhergehenden Arien und Wutausbrüche seines Vaters als quälend. 1911 schrieb er in sein Tagebuch:

> »Unangenehm ist es, zuzuhören, wenn der Vater mit unaufhörlichen Seitenhieben auf die glückliche Lage der Zeitgenossen und vor allem seiner Kinder von den Leiden erzählt, die er in seiner Jugend auszustehen hatte. Niemand leugnet es, dass er jahrelang infolge ungenügender Winterkleidung offene Wunden an den Beinen hatte, dass er häufig gehungert hat, dass er schon mit 10 Jahren ein Wägelchen auch im Winter und sehr früh am Morgen durch die Dörfer schieben musste – nur erlauben, was er nicht verstehen will, diese richtigen Tatsachen im Vergleich mit der weiteren richtigen Tatsache, dass ich das alles nicht erlitten habe, nicht den geringsten Schluss darauf, dass ich glücklicher gewesen bin als er, dass er sich wegen dieser Wunden an den Beinen überheben darf, dass er von allem Anfang an annimmt und behauptet, dass ich seine damaligen Leiden nicht würdigen kann und dass ich ihm schließlich gerade deshalb, weil ich nicht die gleichen Leiden hatte, grenzenlos dankbar sein muss. Wie gern würde ich zuhören, wenn er ununterbrochen von seiner Jugend und seinen Eltern erzählen würde, aber alles dies im Tone der Prahlerei und des Zankens anzuhören, ist quälend« (T1, 26.12.1911).

Eine beinahe freundliche, zurückhaltende und nüchterne Analyse. Wo bleibt die Wut auf diesen selbstherrlichen Vater? Bei depressiven Neigungen ist zu befürchten, dass Aggressionen eher gegen sich selbst gewandt werden. Dies hat er dann literarisch radikal getan mit seinem grandiosen Erstlingswerk: »Das Urteil«. Aber dazu später mehr.

Angst, Schuld und Scham führen in dieser Kombination zu Unterordnung und einer devoten Dankbarkeit, nicht selten zu einem inneren Rückzug aus den Familienbeziehungen hinein in eine selbstgewählte Isolation und Einsamkeit. Die Kinder der Familie Kafka wurden nicht geschlagen, aber auf vielfache Weise gedemütigt und hart bestraft. Franz Kafka beschreibt eine traumatische Erfahrung, wie er vom Vater als Kind auf dem Balkon (»Pawlatsche«) ausgesperrt wurde, weil er die nächtliche Ruhe gestört hatte. Kein Wunder, dass Franz Kafka sich in seiner Literatur mit Gerechtigkeit und Macht, Schuld und Strafe, Scham und Angst auseinander setzte. Und mit Verurteilungen und Anklagen, ohne wirklich Schuld auf sich geladen zu haben. So führt Franz Kafka sein introvertiertes Wesen, seine persönliche Unsicherheit und schweigsame Einsamkeit in der Familie zurück auf »die dumpfe, giftreiche, kinderauszehrende Luft des schön eingerichteten Familienzimmers«, wie er in einem Brief an seine älteste Schwester Elli Hermann im Herbst 1921 schreibt (Kafka 1975, S. 347). Franz Kafka beschreibt mit diesen eindringlichen Begriffen – dumpf, giftreich, kinderauszehrend – ein emotionales Familienklima, das für die Kinder geradezu toxisch gewesen sein muss. Ein Kind, das in einem Klima der Angst, der Demütigung und der Schuldzuweisungen groß wird, entwickelt wenig Selbstvertrauen, wird wiederholt von Selbstzweifeln und Schuldgefühlen geplagt und braucht gute Selbstwirksamkeitserfahrungen und kompensatorische Beziehungen, um sich selbst aus diesem Klima zu befreien. Aber auch außerhalb der Familie macht ein ängstliches Kind nicht selten die gleichen Erfahrungen, insbesondere wenn die Familienkultur zur allgemeinen passt.

Als er in die Schule kam, begegnete er nur Autoritäten, vor denen er Angst hatte und auf die er scheu, selbstunsicher und zurückhaltend reagierte. Keine guten Voraussetzungen, es viele Jahre in Schulen auszuhalten, die noch nach dem Nürnberger Trichter und einer schwarzen Pädagogik funktionierten. Die schulischen Anforderungen konnte er nur schaffen, weil seine Intelligenz ihn rettete, aber die Erfolge führten nicht zu einem gestiegenen Selbstvertrauen, sondern nur zu weiteren Angstszenarien: »Oft sah ich im Geist die schreckliche Versammlung der Professoren … um diesen einzigartigen himmelschreienden Fall zu untersuchen, wie es mir, dem Unfähigsten … gelungen war, mich bis hinauf in diese Klasse zu schleichen« (Handbuch, S. 4). Das war keine Koketterie eines Jugendlichen, dazu bräuchte man Selbstbewusstsein. Solche Sätze waren ernsthafter Ausdruck von geringem Selbstwert und quälenden Selbstzweifeln.

Zu seinen Mitschülern hatte er gute Beziehungen, aber es blieb eine Distanz, eine persönliche Schutzzone, die kaum überwunden werden konnte. So berichtet später ein Klassenkamerad, dass in der Beziehung zu Franz kein richtiges Vertrauen entstehen konnte, weil ihn »eine dünne Glaswand umgab« (Handbuch, S. 4). Das ist die Beschreibung einer Selbstisolation, die sein zerbrechliches Inneres schützen sollte und mit jedem weiteren Rückzug aus sozialen Beziehungen seine persönlichen und sozialen Probleme verstärkte. Der innere Druck wurde durch die Schule größer, nicht kleiner. Irgendwann und irgendwie musste er sich entladen, und so begann er mit 14 Jahren seine ersten literarischen Versuche, die er allerdings später vernichtete, wie die »Geschichte vom schamhaften Langen und vom Unredlichen in seinem Herzen«.

Vom 6. bis 10. Mai 1901 legt er seine schriftlichen Maturitätsprüfungen ab in Deutsch (Aufsatzthema: Welche Vorteile erwachsen Österreich aus seiner Weltlage und seinen Bodenverhältnissen?), in Latein, Griechisch und Mathematik, die mündlichen Prüfungen sind vom 8. bis 11. Juli. Im Fach Deutsch bekommt der heute wegen seiner reinen Sprache vielgelobte Literat und meistgelesene Autor deutscher Sprache nicht mehr als ein »befriedigend«. Im Abschlusszeugnis werden ihm lobenswerte bis befriedigende Leistungen bescheinigt. Den an die Matura anschließenden einjährigen Militärdienst muss er nicht absolvieren, ihm wird »Schwäche« attestiert. Anschließend fährt er mit seinem Onkel Siegfried Löwy nach Helgoland und

Norderney in der Hoffnung, dass die Seeluft dem schwächlichen Jungen die Lungen stärke. Am 1. Oktober beginnt er mit seinen Freunden Oskar Pollak und Hugo Bergmann wie verabredet das Studium der Chemie, ist aber derart enttäuscht vom Studium, dass er bereits drei Wochen später in die juristische Fakultät wechselt. Das Jura-Studium ist – damals wie heute – ein Fleißstudium, trocken und intellektuell wenig fordernd. So stellt er fest, »dass ich mich in den paar Monaten vor den Prüfungen unter reichlicher Mitnahme der Nerven geistig förmlich von Holzmehl nährte, das mir überdies schon von tausenden Mäulern vorgekaut war« (Handbuch, S. 6). Er hat seine acht Semester Jurastudium teilweise mit Germanistik und Kunstgeschichte aufgelockert, ansonsten aber nur die Pflichtkurse besucht, um den Abschluss zu erreichen. Sein Staatsexamen und die drei Rigorosa absolviert er von November 1905 bis Juni 1906 mit der schlechtesten Note, die für ein Bestehen notwendig war. Am 1. Oktober beginnt er beim Prager Land- und Strafgericht sein obligatorisches Gerichtsjahr. Am 18. Juni 1906 legte er seine Promotionsprüfung zum Doktor der Rechte bei Alfred Weber ab, dem Bruder von Max Weber. Aber Kafkas Interessen hatten sich bereits verlagert, er schrieb Erzählungen, diskutierte mit Max Brod über Ästhetik und las mit ihm Flaubert im Original. Im Juni 1907 gibt er Max Brod ein Manuskript zu lesen über »Hochzeitsvorbereitungen auf dem Lande«. War das seine innere Vorbereitung auf eine Familie?

Franz Kafka sollte niemals Kinder bekommen, obwohl er sich immer wieder nach ihnen sehnte, aber er konnte nicht einmal eine stabile Paarbeziehung erleben und Hochzeiten waren trotz mehrfacher Versuche auch unmöglich. Herr B. wollte keine Kinder, weil seine Kindheitsgefühle mit Einsamkeit und Wut auf seine Eltern verbunden waren. Ihre Kinderlosigkeit haben beide als Folge ihrer eigenen Kindheit verstanden. Herr B. hat einen Teil seiner verlorenen Kindheit mit einer großen Eisenbahn nachgeholt, Franz Kafka hat diese Erfahrungen literarisch zu verarbeiten versucht. Als er am 8.11.1912 zum zweiten Mal Onkel wurde, bekannte er »nichts als wütenden Neid, … denn ich werde niemals ein Kind haben« (RS2, S. 161). Keine biologischen Kinder, aber viele im Geiste.

KAPITEL 3

Beschreibung eines Kampfes

Reifung und Identität

Identität ist ein Lebensgefühl und ein Wissen darum, stets derselbe Mensch zu sein, auch wenn sich Lebensumstände, Körperzustände, Beziehungen oder Kontexte verändern. Es ist das sichere Gefühl, abends noch derselbe zu sein wie morgens, heute derselbe wie der auf den Kinderfotos, als Mutter dieselbe Person wie als Tochter, als Sohn derselbe wie als Partner, in diesem Land derselbe wie in jedem anderen. Dieses Gefühl der Kohärenz und Kontinuität der eigenen Person schafft Identität. Wer über dieses existenzielle Gefühl niemals ernsthaft zweifeln musste, kann sich glücklich schätzen.

Kulturelle Identitäten

Frau C. fühlt sich zu schwach in den zermürbenden Konflikten mit ihrem Mann. Er sagt, sie solle doch zurückgehen nach Peru, wenn sie hier so unzufrieden sei. Sie kann ihm nichts entgegenhalten, weil es eine Seite in ihr gibt, die genau dies sehnsüchtig möchte. Aber da sind die Kinder, die hier groß geworden sind. Sie fühlt sich zerrissen und schwach, sie hat das Gefühl, diesen inneren Konflikt zunächst klären zu müssen, um gegen ihren Mann bestehen zu können. Wenn sie selbst nicht mehr weiß, was sie will, dann fühlt sie sich ihm hilflos ausgeliefert. Also sprechen wir über diesen inneren Konflikt, der nur oberflächlich einer zwischen Norddeutschland und Peru ist. Im Kern berührt er ihre Identität in vielen kulturellen Facetten, aber auch als Frau und Mutter.

Frau C. sagt, sie habe sich selbst verloren, irgendwann in den letzten Jahren. Sie lebt seit gefühlten Ewigkeiten mit ihrem deutschen Mann und zwei Töchtern in einer norddeutschen Kleinstadt. Aufgewachsen ist sie in Lima, im Distrikt Miraflores. Dort sind die Strandclubs der Reichen und Schönen an der *Costa Verde*. Sie hat den Jungs beim Surfclub Waikiki am Strand von Miraflores bewundernd zugesehen. Sie denkt an die vielen Buden und Straßenkünstler im Parque Kennedy, wo auch das Rathaus von Miraflores liegt, und an die alten Menschen, die dort auf den Parkbänken sitzen und die Tauben füttern. Sie lacht, wenn sie über die Tamales-Frauen spricht, die jeden Samstagmorgen durch die Straßen laufen und laut »TAAAAAAMALES« rufen; sie verkaufen den Maisbrei, der in Palmenblättern gedämpft und traditionell zum Frühstück gegessen wird. Sie erinnert sich an die Ausflüge nach Máncora, einem Badeort im Norden von Peru. Dort gibt es einen großen Sandstrand, der bei Surfern beliebt ist wegen seiner hohen Wellen. Wenn sie Ruhe haben wollte, ging sie an die Strände Las Pocitas und Vichayito. In der Hauptstraße Avenida Piura sind viele Restaurants und Cafés und in den Bars der Stadt ist dauernd Party. Entlang der Küste ziehen Wale vorbei. Sie hat immer gern gegessen und ihr Heimweh ist meist von Heißhunger begleitet. Ihr Mund wird wässrig, wenn sie an die Empanadas de picadillo denkt, die frittierten Teigtaschen mit Hackfleischfüllung, die über mehrere Stunden aufwendig zubereitet werden müssen. Dabei konnte sie ihrer Oma, der Abuela, als Kind immer zusehen, wie sie den Teig stundenlang knetete und die Taschen gekonnt mit einer speziellen Technik verschloss, sodass ein schön verzierter Kranz auf der einen Seite der Tasche entstand. Sie erinnert sich an den Óvalo Higuereta auf dem Weg zum Markt, dem Centro Comercial Polvos Azules, im Volksmund nur Polvos oder Polvos Azules genannt, und wie sie den Autos fasziniert zugesehen hat, die auf dem vierspurigen Kreisverkehr fahren.

Sie hat Tränen in den Augen, während sie über ihre Heimat und ihre große Ursprungsfamilie spricht. Dann lebt sie in einer kulturellen Identität, die hier in der norddeutschen Ebene verloren gegangen ist. Hier ist sie Ehefrau und Mutter, arbeitet bei einer Hamburger Firma, die viel Export nach Lateinamerika betreibt. Wenn sie hier sei, habe sie ihre peruanische Identität nicht mehr. Wenn sie bei der Familie oder bei Freunden in der Heimat sei, gelte sie mittlerweile als Deutsche. Sie sei weder die eine noch die andere und bekomme beide Identitäten nicht mehr zusammen.

Sie hat vor zwanzig Jahren als junge Frau in Lima ihren norddeutschen Mann kennengelernt, als dieser auf Reisen war, hat sich in ihn verliebt und dann ist er wieder nach Deutschland gefahren, weil seine Arbeit auf ihn wartete. Sie haben sich über ein Jahr lang viele Liebesbriefe geschrieben und damit ihre Sehnsucht wachgehalten. Dann sei er wiedergekommen und habe bei ihrem Vater um die Erlaubnis gebeten, sie heiraten zu dürfen. Er sei einverstanden gewesen, weil er auch Ingenieur war wie ihr Mann, beide haben die gleiche Art des Denkens. Es gab ein großes Fest und er ist danach noch ein paar Wochen dortgeblieben und sie haben ihre Hochzeitsreise an die wunderbaren Strände an der Küste gemacht. Danach ist sie mit ihm nach Deutschland geflogen, ein Land, das sie nur aus bunten Zeitschriften und vielen Vorurteilen kannte. Sie ist mit Leib und Seele eine Frau aus Peru. Alles, was ihr wichtig ist, hat sie dort gelernt und in ihr Leben aufgenommen: die Gerüche, die Speisen, die Art sich zu begegnen, ihre Träume, die Tänze, ihre Ängste und Sehnsüchte. Als sie mit all diesen kulturellen Prägungen nach Norddeutschland kam, fühlte sie sich wie ein Fisch auf dem Trockenen. Sie musste die Sprache lernen, die Gewohnheiten und Rituale, die karge Kommunikation. Sie verlor einen Teil ihrer Lebendigkeit, war immer wieder traurig, hatte Heimweh nach Lebensfreude, nach dem Essen und fast allem. Dann bekam sie zwei Töchter, mit denen sie nur spanisch sprach, genauer: peruanischen Slang. Das alles erinnerte sie an ihre Mutter und sie wurde wieder traurig. Aber sie hatte sich für den Mann entschieden, der auch Spanisch lernte, und bald hatte sie ihre kleine Latina-Enklave in ihrer Küche. Sie erlebte einen Schnitt in ihrer Biografie, telefonierte sehr viel mit ihrer Familie – und sie hatte eine große Familie. Sie hatte eine Berufsausbildung in Peru gemacht, die hier aber nicht anerkannt wurde, also musste sie von vorne anfangen und alles noch einmal machen. Ihr Mann unterstützte sie dabei. Sie fing immer wieder an, mit ihm darüber zu sprechen, ob sie nicht gemeinsam zurückgehen könnten, damit sie wieder in ihrer Heimat leben könne. Und er hatte recht, wenn er sie auf die Kinder hinwies, die es hier so viel besser haben als in Peru, ihre Freunde, die Schule, eine Perspektive. Also blieb sie vernünftig. Dann starb ihre Mutter und sie flog sofort zurück zur Beerdigung. Sie hatte das Gefühl, ein Teil von ihr werde dort beerdigt. Wieder nahm sie Abschied von der ganzen Familie, diesmal fiel es ihr noch schwerer.

Als ihr Mann arbeitslos wurde und sich um einen neuen Job bemühte, fragte sie ihn wieder, ob er nicht mit ihr nach Peru gehen könne, ihre Familie würde ihm schon einen Job besorgen. Er argumentierte wieder vernünftig und wieder gab sie ihm recht. Aber in ihren Gefühlen lebte sie in ihrer Heimat. Sie begann ihr inneres Beziehungskonto zu spüren, erlebte sich als die Gebende und ihn als den Nehmenden. Sie hatte alles aufgegeben und er lebte mit ihr in seinem Heimatdorf in Norddeutschland. Sie wurde unzufrieden und wütend. Er war nicht mehr ihr Retter, sondern der Mann, der sie in einem Leben festhielt, das sie nicht mehr wollte. Er sagte, wenn du nicht mehr hier leben willst, dann geh doch, und sie antwortete, dann gehe ich eben ohne dich. Aber die Kinder würde es zerreißen. In dieser offenen Krise suchten sie Hilfe.

Das Problem von Frau C. war nicht nur Heimweh oder eine verständliche Sehnsucht nach ihrer Familie, es war nicht nur ein offener Paarkonflikt, das Problem ging tiefer, es berührte ihre Identität. Sie bekam ihre peruanischen und norddeutschen Persönlichkeitsanteile nicht mehr zu einem einheitlichen Ganzen zusammen, sie war körperlich hier und emotional dort, sie hatte eine Vergangenheit und eine davon getrennte Gegenwart, sie hatte eine Familie in Lima und eine hier, sie hatte zwei Identitäten, die sie nicht mehr zu einer zusammenfügen konnte.

Ich habe sie gebeten, mir Geschichten zu erzählen, die ihr wichtig waren, Geschichten aus ihrem Leben. Dabei hat sie viel geweint, geflucht, angeklagt, geschimpft oder Freude empfunden. Zunächst waren es nur Geschichten aus ihrer Kindheit und Jugend in Lima: die Großmütter, die Feste, die Küche und das Essen, die Freundinnen, die Sonntage und die Feiertage, ihre Leidenschaft zu tanzen. Je älter sie in den Geschichten wurde, je mehr sie sich ihrer Gegenwart näherte, desto mehr Geschichten aus Norddeutschland kamen dazu:

die schwierige Zeit der Eingewöhnung, die Geburt ihrer Töchter, ihre ersten Schritte und ihre Erfahrungen als Mutter, ihre vergebliche Suche nach heimatlichen Früchten wie Lúcumas oder Cherimoyas auf einem norddeutschen Markt, die steifen und bürokratischen Deutschen, ihre Mühen in der Sprachschule, die jahrelang nachgeholte Ausbildung, ihre heutige Arbeit, die komischen Kolleginnen und Kollegen, die Korrespondenzen für die Firma mit ihrer Heimat und vieles mehr.

Durch die Geschichten entlang ihrer Biografie, die mit viel Trauer verbunden waren, die ihr durch die Erzählungen erst richtig bewusst wurde, machte sie zudem eine seltsame Erfahrung: Sie selbst war es, die dies alles erlebt hatte. Sie hatte die Fäden ihres Lebens verloren und nun durch die vielen Geschichten wieder zusammengeknüpft. Ein Gefühl der Stärke war die erste Folge. Sie fühlte sich nicht mehr gespalten, war nicht mehr das eine noch das andere, sondern sie war beides. Sie hatte durch Trauer und Narrationen ihre kulturelle Identität wieder zusammengefügt. Mit dieser neuen Stärke trat sie ihrem Mann gegenüber und sagte, sie wolle ihn nicht verlieren und sie wolle eine Perspektive, wann sie nach Peru umziehen würden. Sie wusste wieder, wer sie war, woher sie kam, was sie wollte, und ihr Mann hat diese selbstbewusste Frau mit gemischten Gefühlen wahrgenommen.

Integration als Entwicklungsaufgabe

Es gibt eine Entwicklungsphase im Leben, in der jeder Mensch Wandlungen zu einer stabilen Identität durchleben muss. Es ist die Entwicklungsaufgabe zwischen Jugend und Jungerwachsensein, die bisherigen unterschiedlichen Erfahrungen mit sich selbst und in den Beziehungen zu anderen zu einem kohärenten und konstanten Ich zu integrieren. Ziel ist die eigene Antwort auf ganz existenzielle Fragen: Wer bin ich, woher komme ich, was sind meine Wurzeln, wohin will ich im Leben, wie will ich dies erreichen, was sind meine persönlichen moralischen Werte? Bevor Jugendliche zu diesen positiven Zielen kommen, machen sie eine Phase der Negation der Werte durch. Dann wissen sie vor allem, was sie nicht wollen. Diese Liste kann lang sein und hat viel mit ihren bisherigen Erfahrungen zu tun, bevor sie wissen, was sie wollen. Dazu müssen sie eine konstruktive und zukunftsweisende Vorstellung von sich selbst und ihrem weiteren Leben entwickeln, auch wenn dies manchmal wenig realistisch aussieht.

Diese Zeit der Adoleszenz ist vor allem ein Integrationsprozess von Altem und Neuem, Vertrautem und Unbekanntem, Idealen und Realitäten, Vergangenheit und Zukunft. Wenn dieser Integrationsprozess misslingt, drohen manchmal Identitäts- und Realitätseinbußen. Dann bleiben Fragmentierungen der Persönlichkeit, die besonders soziale Kontakte erschweren. Dann will der eine Teil dieses und der andere jenes und daraus entstehen innere Konflikte, die weit mehr sind als bloße Ambivalenzen. Literatur kann übrigens – nicht nur für Literaten – sehr hilfreich sein für diesen Integrationsprozess, denn viele große literarische Werke können dabei helfen, sich selbst in anderen zu erkennen und Ideale zu entwickeln, die man bislang nicht kannte. Hilfreich sind in dieser Phase immer Werke wie Dostojewskis Idiot, Hesses Siddhartha, Goethes Werther oder Flauberts Éducation sentimentale, viele Bücher von Charles Dickens und John Irving und nicht zuletzt von Philosophen wie Kant, Hegel oder Nietzsche.

Der Schriftsteller

Franz Kafka hat diesen Prozess zur Herausbildung einer stabilen, konstanten und kohärenten Identität mit Hilfe seiner Freunde, großen Schriftstellern und eigenen Schriften zu bewältigen versucht. Mit seinem Schulfreund Oskar Pollak las Kafka Darwin, Spinoza und vor allem Nietzsche, von dem er sehr angetan war. Ende Oktober 1902 lernte er als 19-Jähriger den 18-jährigen Max Brod kennen, der in einem Vortrag über Arthur Schopenhauer referierte und darin nebenbei Nietzsche als Schwindler bezeichnete. Dies hat ihn gewurmt, so dass er nach dem Vortrag Brod ansprach und ihn nach Hause begleitete in der Hoffnung, ihn über seinen Irrtum über Nietzsche aufklären zu können. Sie sind an dem Abend lange spazieren gegangen durch die Prager Gassen, wie Brod später in einem Interview berichtete. Es entstand eine intellektuelle und zunehmend persönliche Freundschaft, die ein Leben lang bestehen sollte. Sie lasen und diskutierten gemeinsam Flaubert, Heinrich Mann, Goethe, Dostojewski u.a. Franz fühlte sich langsam auch persönlich gefestigter, und stolz stellte er 1903 fest: »Ich bin stärker geworden, ich war viel unter Menschen, ich kann mit Frauen reden« (Handbuch, S.7). Seine sozialen Ängste traten dennoch immer wieder auf, auch wenn als Stärke noch das Schreiben für ihn hinzukam. Ein dauerhaftes, stabiles Selbstbewusstsein aber hat Kafka nicht besessen. Die schriftstellerischen Ambitionen haben ihm geholfen, schwere Gedanken aufs Papier zu bringen und so sein inneres Chaos zu ordnen und zu mildern.

Und wenn man selbst schriftstellerische Ambitionen hat, dann kann dieser Identitätsbildungsprozess vertieft werden. Aber wie fast alles bei Franz Kafka war dies ein innerer Kampf, den er mit keinem Geringeren als Gott führte: »Gott will nicht, dass ich schreibe, ... ich aber, ich muß. So ist es ein ewiges Auf und Ab, schließlich ist doch Gott der Stärkere und es ist mehr Unglück dabei, als du dir denken kannst«, schreibt er an seinen Freund Oskar Pollak Ende 1903 (Stach 1, 314). Er wollte Schriftsteller werden. Diese Selbstdefinition entsprach nicht nur seinen Neigungen und Fähigkeiten, sondern war geradezu ein Selbsthilfeprogramm zur Rettung seiner eigenen Persönlichkeit. Seinen inneren fragilen Zustand mit verzerrenden Phantasien beschreibt er selbst am besten in einer seiner ersten Erzählungen, »Beschreibung eines Kampfes«. Sie sagt viel aus über die inneren Turbulenzen einer Reifungskrise der eigenen Identität, sie ist die Binnenansicht eines chaotischen psychischen Zustands.

Beschreibung eines Kampfes

In der Erzählung »Beschreibung eines Kampfes« treten vier Personen auf, die man als konstitutive Teile einer Persönlichkeit verstehen kann: der Ich-Erzähler, sein Bekannter, der Dicke und der Beter. Der

Ich-Erzähler steht für das bewusste Real-Ich, das die eigenen Gedanken und Handlungen steuern soll und dabei immer wieder versagt; der Bekannte ähnelt mehr dem Ideal-Ich, das sich in Mädchen verlieben kann und geliebt wird und offen auf andere Menschen zugehen kann; der Dicke symbolisiert das Körperliche, er ist ein träges Element, das nicht selbst laufen kann, sondern getragen werden muss; und der Beter symbolisiert sowohl das Geistige als auch den Glauben, aber der Beter geht nur in die Kirche, um gesehen zu werden. Allesamt wenig überzeugende Besetzungen für einen Kampf, das Chaos erscheint zwangsläufig. Zusammen können diese Anteile nur dann eine – kohärente und konstante – Person ergeben, wenn es dem Real-Ich gelingt, diesen Integrationsprozess im Angesicht der äußeren Realitäten zu steuern. In der Erzählung lässt er die verschiedenen Teile miteinander interagieren und kommunizieren, manchmal gelingt eine gute Verständigung, manchmal verstehen sie sich überhaupt nicht. Zugleich gehen dabei innere Grenzen verloren, ebenso findet eine Ich-Entgrenzung mit der Außenwelt, der Natur statt, dann liegen die eigenen »unmöglichen Beine über den bewaldeten Bergen und beschatten die dörflichen Täler« (SE, S. 354). Die einzelnen Identitätsteile existieren nicht trennscharf, die Grenzen sind fließend, sie haben keinen wirklichen inneren Zusammenhang, die Gesamtpersönlichkeit bleibt fragmentiert. Jeder Teil führt ein willkürliches Eigenleben und auch die Welt außerhalb erscheint verrückt, Zeit und Raum verschieben sich, Natürliches wird menschlich und Menschliches materiell. Passagenweise liest sich die Erzählung wie die Beschreibung eines Drogenrausches.

Ein Mann sitzt gegen Mitternacht am Ende einer Party an einem kleinen dreibeinigen Tischchen allein, als er von einem anderen Mann angesprochen wird: »Sie müssen mir – ich bitte – verzeihen, das Glück hält es nicht in mir aus« (SE, S. 305–306). Er berichtet von einem liebenden Mädchen, das ihn so glücklich mache. Die neuen Bekannten beschließen, einen gemeinsamen Abendspaziergang zu machen, und beide verlassen das Haus. Zuvor kommt es noch zu einer kleinen Abschiedszeremonie mit Annerl, dem Stubenmädchen, mit Umarmungen und Küssen. Sie gehen in die Gassen der Nacht und der Ich-Erzähler denkt, was sein neuer Bekannter morgen wohl dem Fräulein Annerl sagen wird, und dabei beschreibt sich Kafka selbst: »Gestern in der Nacht war ich mit einem Menschen beisammen, wie du ihn, liebes Annerl, sicher noch nie gesehen hast. Er sieht aus, – wie soll ich es beschreiben – wie eine Stange in baumelnder Bewegung, auf die ein gelbhäutiger und schwarzbehaarter Schädel ein wenig ungeschickt aufgespießt ist … Er ging schüchtern neben mir … Er ist vielleicht unglücklich, und darum schweigt er still« (SE, S. 311). Kafka betrachte sich hier von außen, wie er aus seiner Sicht auf andere wirken muss. Eine recht groteske und armselige Erscheinung. Das Ideale blickt mitleidig auf die reale Erscheinung herab, allerdings freundlich, ohne den anderen beschämen zu wollen.

Im dritten Teil tritt der Dicke auf. Er wird von vier nackten Männern auf einer hölzernen Tragbahre getragen, auf der er in orientalischer Haltung sitzt. »Sein Gesicht trug den einfältigen Ausdruck eines Menschen, der nachdenkt und sich nicht bemüht, es zu verbergen« (SE, S. 328). Das Nachdenken gelingt nicht wirklich, die buddhistische Haltung lässt einen geistigen Tiefgang vermuten. Der Dicke wird auf der Trage von seinen Dienern ins Wasser getragen und der Ich-Erzähler versucht ihn zu retten. Die Natur – Wasser und Wind – zerstört ihn und seine massige Erscheinung ist wie Luft, so dass eine Möwe durch ihn hindurchfliegen kann. Zuvor erzählt der Dicke von seiner Begegnung mit dem Beter, den er in einer Kirche traf, weil er dort auf ein Mädchen wartete, das jeden Abend in die Kirche kam, um zu beten, und in das er sich verliebt hatte. Eines Abends kam sie nicht und so entdeckte er den Beter, der sich sonderbar aufführte. Darauf angesprochen, antwortete dieser, er tue es, um die Aufmerksamkeit der Leute in der Kirche zu bekommen.

Im kurzen letzten Teil spricht der Ich-Erzähler wieder mit seinem Bekannten beim Abendspaziergang im »unzufriedenen Wind« der Nacht. Sie unterhalten sich über die vergängliche Schönheit des Mädchens. Er sei verlobt, gesteht er dem Bekannten. Sie sitzen beisammen, mögen sich nicht, da zieht der Bekannte ein Messer heraus und sticht es sich selbst tief in den Oberarm und lässt es dort. Der Ich-Erzähler zieht das Messer heraus und saugt ein wenig an der tiefen Wunde, danach verbindet er ihm den blutenden Arm. Verliebtheit, Angst, Fluchtideen, Selbstverletzung, Blut – Ende.

Die Kafka-Forschung hat lange gerätselt, was diese Erzählung zu bedeuten habe, an der Kafka acht Jahre lang – länger als an jeder anderen Erzählung – immer wieder geschrieben hat. In sein Tagebuch schreibt er: »Ich werde mich nicht müde werden lassen. Ich werde in meine Novelle hineinspringen und wenn es mir das Gesicht zerschneiden sollte« (T1, 10.11.1910). Der Kampf ist ein innerer, die Handlungen sind nur eine Projektionsfläche für seelische Konstellationen und Konflikte. Wer die Erzählung entlang der Handlungen verstehen will, wird vielleicht selbst verrückt, aber wer die Verrücktheit der Erzählung als symbolischen und metaphorischen Ausdruck innerer Konflikte versteht, der bekommt ein Gefühl für die seelischen Nöte des jungen Franz Kafka. Die Herausbildung seiner Identität war für ihn existenziell verbunden mit seinem Selbstverständnis als Literat. Er wollte nicht nur, er musste schreiben. Die Bedrohung dieser Identität durch innere Entwicklungsprozesse hat er in der Beschreibung eines Kampfes deutlich gemacht. Identität blieb ein existenzielles Thema für ihn. Am 10. Juli 1914 bekennt er in einem vertraulichen Brief an seine Schwester Ottla: »Ich schreibe anders als ich rede, ich rede anders als ich denke, ich denke anders als ich denken soll und so geht es weiter bis ins tiefste Dunkel« (Stach 2018, S. 283).

Kafka hatte viel größere Probleme rund um seine Identität als die Frau aus Peru. Denn es macht einen Unterschied, ob die Herausbildung einer stabilen Identität gestört ist oder ob eine bereits bestehende Identität durch Veränderung der äußeren Umstände gefährdet wird. Kafka musste seine Identität erst bilden, Frau C. hatte diese Erfahrung schon gemacht und musste in die bereits bestehende Identität neue Erfahrungen integrieren. Frau C. hat die beiden kulturellen Identitäten durch Narrationen zusammenfügen können, die sie alle erlebt hatte, Franz Kafka hatte seine liebe Mühe damit. Seine Erzählung endet in Verzweigungen mit Licht und Schatten: »Eine Laterne nahe an der Mauer oben brannte und legte den Schatten der Stämme über Weg und weißen Schnee, während der Schatten des vielfältigen Astes umgebogen wie zerbrochen auf dem Abhang lag« (SE, S. 360). Ein Schatten liegt wie zerbrochen auf dem Hang? Das liest sich, als sei die Identität eher eine Sinnestäuschung. Später sollte er diesen Gedanken noch einmal aufgreifen und sich fragen, was Phantasie, Wirklichkeit und Wahrheit ist. Am 21. Oktober 1921 schreibt er in sein Tagebuch: »Alles ist Phantasie, die Familie, das Bureau, die Freunde, die Strasse, alles Phantasie, fernere oder nähere, die Frau die nächste, Wahrheit aber ist nur dass du den Kopf gegen die Wand einer fenster- und türlosen Zelle drückst« (T3, 21.10.1921). Im Kampf zwischen Wirklichkeit und Phantasie hatte er sich für die Phantasie entschieden, alles war Phantasie. Aber wirklich entscheidend wurde für ihn die Wahrheit, er wollte ein Verfechter und Literat der Wahrheit werden.

KAPITEL 4

Kein guter Wille

Problemkinder und ihre Familien

Problemkinder werden nicht geboren, sie werden gemacht. Manchmal bringen sie die Probleme ihrer Familie zum Ausdruck, dann wieder versuchen sie, durch eigenes Problemverhalten von anderen Problemen in der Familie abzulenken. Oder sie nehmen – wie der biblische Sündenbock – alle Probleme der Familie auf sich und ziehen in die Wüste, um so die Gemeinschaft zu entlasten. So sagen Problemkinder auf vielfache Weise etwas über ihre Familien aus. Wer sie in ihren inneren Nöten versteht, lernt unweigerlich viel über ihre Familien. Manchmal kann man ihnen helfen, indem die familiären Beziehungen zum Besseren hin geändert werden, aber es gibt einen Punkt in ihrer Entwicklung, an dem sich ihr Leiden nicht einfach zurückdrehen lässt, weil es sich bereits verselbständigt hat. Dann muss beiden geholfen werden, den Problemkindern und ihren Familien.

Herr D.

Herr D. hat sich im Rahmen einer Paartherapie ein Einzelgespräch gewünscht, um mit mir allein und in Ruhe über seine Schwierigkeiten in der Beziehung zu seiner langjährigen Freundin Frau E. zu sprechen und mir seine Sicht schildern zu können. Frau E. fühlt sich in einer Sackgasse in der Beziehung zu ihm. Sie wünscht sich, mit ihm möglichst bald zusammenzuziehen und eine Familie zu gründen. Dies mache ihm ungeheuren Druck. Insbesondere das Thema Kinder sei für ihn ein Problem. Wenn er an Kinder denke, falle ihm als Erstes der Begriff Problemkind ein. Solche Problemkinder verstehe er am besten, weil er selbst eins war. Er sehe ihnen ihre innere Not an, selbst wenn sie aggressiv damit umgingen. Wahrscheinlich sei er fachlich nicht der beste Lehrer, aber er könne gut mit Kindern und Jugendlichen umgehen, und das mache ihm seine pädagogische Arbeit leichter. Alle seine Kolleginnen und Kollegen hätten nicht selten Disziplinprobleme in bestimmten Klassen und Altersgruppen, aber er komme meistens mit denen klar, insbesondere den Schwierigen.

»Meine Geschichte wollen Sie wissen, okay, ich erzähle sie Ihnen. Ich bin als drittes Kind meiner Eltern geboren, aber ihre Ehe war damals schon kaputt, vielleicht sollte ich ein Versöhnungskind sein. Ich habe zwei ältere Schwestern. Der Altersabstand von 5 und 7 Jahren hat dazu geführt, dass ich mich als Einzelkind gefühlt habe. Meine Mutter hat sich nicht besonders um mich gekümmert, eher um meine Schwestern, mein Vater war arbeiten, also musste ich sehen, wo ich bleibe. Meine Oma war toll, aber die wohnte nicht in der Nähe. In der Kita ging es los, dass ich rebellisch wurde. Hab andere Kinder genervt, geschlagen, gebissen, weil ich so viel Wut in mir hatte. Ich war schon als Kind häufig sehr wütend und habe viele Sachen kaputtgemacht. Vielleicht habe ich auf diese Weise Aufmerksamkeit gesucht, und die habe ich dann auch gekriegt, aber leider nur negative Aufmerksamkeit, ich wurde das Problemkind meiner Familie. Meine Mutter musste mich aus der Kita abholen, wenn ich wieder etwas angestellt hatte, und schleppte mich dann mit zu ihrer Arbeit als Putzfrau. Sie putzte in Schulen, vielleicht noch ein Grund, warum ich später Lehrer geworden bin, den Geruch kenne ich seit meiner Kindheit. In der Schule, in der meine Mutter immer putzte, gab es einen Hausmeister, der war toll. Endlich mal ein Mann, bei dem ich sein konnte, der mich nicht wegschickte, mit dem ich durch die Schule gelaufen bin, weil er überall irgendetwas reparieren musste. Ich durfte dann seinen Werkzeugkoffer tragen, das war ein gutes Gefühl.
Zu Hause gab es nur Geschrei, wenn meine Eltern beide da

waren, sie haben sich permanent gestritten, hauptsächlich um Geld. Ich habe mich meistens in mein Zimmer zurückgezogen, aber da hat mich meine Schwester rausgeschmissen, mit der ich mir das Zimmer teilen musste. Manchmal bin ich dann zwischen meine Eltern gegangen und hab mir eine gefangen, weil ich verschwinden sollte. Nur wohin ich gehen sollte, haben sie mir nicht gesagt. Manchmal habe ich irgendwelche Dinge einfach kaputtgemacht, um meinen Druck abzubauen. In dem Moment hat es mir auch geholfen, später hat es mir leidgetan, aber ich wusste einfach keine andere Lösung. Dann haben sich meine Eltern getrennt, als ich in der Vorschule war, mein Vater ist ausgezogen und war von einem Tag auf den anderen nicht mehr da, keiner hat mehr über ihn gesprochen. Wenn ich gefragt habe, wo Papa ist und wann er wiederkommt, hat meine Mutter gesagt, das wisse sie auch nicht und im Übrigen sei es ihr scheißegal. Irgendwann habe ich dann erfahren, dass er eine neue Frau hatte, mit der er Kinder bekam und eine neue Familie gründete. Irgendwie hatte ich immer das Gefühl, schuldig an der Trennung meiner Eltern gewesen zu sein; wenn ich ein braves Kind gewesen wäre, dann hätten sie sich vielleicht nicht getrennt. Heute weiß ich vom Kopf her, dass das nicht stimmt, aber tief in mir glaube ich es immer noch.

In der Schule wurde es durch die Trennung meiner Eltern für mich immer schwieriger. Ich bin erst einmal sitzengeblieben und habe das Jahr wiederholt. Das hatte den Vorteil, dass ich nicht mehr so schlecht war in meinen Leistungen, weil ich ja alles schon mal gehört hatte, und dass ich jetzt zu den Großen in der Klasse gehörte. Ja, ich habe mich viel geprügelt auf dem Schulhof, andere Eltern haben sich über mich beschwert und meine Mutter musste oft in die Schule kommen und sich anhören, was ich wieder angestellt hatte. So ist er halt, genau wie sein Vater, hat sie dann immer gesagt. Sie habe keine Zeit, sich mehr um mich zu kümmern, sie habe noch zwei andere Kinder und müsse seit der Trennung von ihrem Ehemann noch mehr arbeiten, alleinerziehend mit drei Kindern, putzen gehen und dann noch ein solches Problemkind zu haben, das alles schaffe sie nicht mehr. Also bekam ich eine Erziehungshilfe, eine junge Frau, die sich um mich kümmerte. Sie war ganz nett, machte Schularbeiten mit mir und war für mich da, aber sie konnte meinen Vater nicht ersetzen. Meine Mutter bekam vom Jugendamt eine Sozialpädagogische Familienhilfe. Die war so zwei bis drei Nachmittage bei uns in der Familie, hat mit meinen Schwestern Schularbeiten gemacht und viel mit meiner Mutter gequatscht und Kaffee getrunken. Aber das hat auch nicht geholfen, ich habe in der sechsten Klasse einen arroganten Mitschüler verprügelt, der mich total provoziert hatte, und danach wurde ich von der Schule verwiesen.

Meine Mutter kam überhaupt nicht mehr mit mir klar, ich war bei ihr körperlich auf Augenhöhe, mein Vater war nicht mehr da und meine Schwestern hatten Freunde, die mir angedroht haben, mir eins auf die Schnauze zu hauen, wenn ich mich weiter so blöd benehmen würde. Mit 15 Jahren ging es dann gar nicht mehr mit meiner Mutter und sie hat sich mit dem Jugendamt abgesprochen, dass ich in eine betreute Wohngemeinschaft für schwer erziehbare Jugendliche gehen sollte. Komischerweise ging es mir da ganz gut, da waren nur solche Jugendliche wie ich, wir haben uns ein paar Mal geprügelt, aber dann ganz gut verstanden. Außerdem gab es da gute Erzieher, die wahrscheinlich das gleiche hinter sich hatten wie wir alle und die wussten, wie wir drauf waren.

Ich bin noch einmal sitzengeblieben in der Schule, aber danach ging es. Ich hatte einen Lehrer, mit dem ich mich sehr gut verstanden habe. Bei dem war ich auch viel zu Hause und der hat meine Interessen für Literatur, Musik, sogar Mathematik und Chemie erkannt und gefördert. Der war so alt wie mein Vater, als ich ihn zuletzt gesehen habe und hat mich auch sonst an ihn erinnert. Vielleicht war das der Grund für meine gute Beziehung zu ihm, denn ich habe meinen Vater doch sehr vermisst. Jedenfalls habe ich es geschafft, mein Abitur zu machen mit sehr gemischten Noten. Eine mündliche Prüfung habe ich total versaut, weil ich bekifft war, aber ich durfte sie wiederholen.

So lange ich denken kann, habe ich immer nebenbei gejobbt.

Wir hatten ja nie Geld, und deshalb habe ich alles gemacht, um mein eigenes Geld zu haben. Ich habe Autos gewaschen, bei der Ernte geholfen, Zeitungen ausgetragen und bei einem Gemüsehändler die Kisten geschleppt. Als ich dann das Abi hatte mit 20, war für mich klar, dass ich Bafög beantrage und nebenbei jobbe und auf Lehramt studiere, weil ich so ein Lehrer werden wollte, wie meiner war. So ein bisschen wie Robin Williams in dem Film »Der Club der toten Dichter«. Die Fächer waren mir egal, auf jeden Fall musste Sport dabei sein, weil ich seit meiner Zeit in der Jugendwohnung viel Spaß am Sport hatte. So konnte ich mich körperlich austoben und die Schlägereien wurden weniger. Ja, später hatte ich noch einmal eine heftige Schlägerei mit einem Typen, der meine Freundin angebaggert hat, während ich daneben saß. Da habe ich so heftig reagiert und den zusammengeschlagen, dass meine Freundin sich trennen wollte. Mit so einem Typen wollte sie nicht zusammen sein. Sie hat gesagt, ich müsse zu »Männer gegen Männergewalt« gehen, sonst wäre es aus mit uns. Das habe ich dann gemacht, habe mich nach den Öffnungszeiten erkundigt und bin dahin, aber es war keiner da, die Türen waren zu. Da habe ich so eine Wut bekommen, dass ich die Tür eingetreten habe. Dann ist einer aus dem ersten Stock runtergekommen und hat gesagt, dass ich anscheinend wirklich Hilfe brauche. Ein Jahr war ich dort in einer Gesprächsgruppe, seitdem ist nichts mehr passiert. Die Tür habe ich in Raten abbezahlt.

Als ich mein Studium fertig hatte und als Referendar eine Anstellung bekam, bin ich zu meiner Mutter und habe ihr mein Diplom gezeigt. Sie wollte es nicht glauben und dachte, ich hätte es gefälscht. Von meinem ersten Gehalt habe ich ihr Geld gegeben und das ist bis heute so, das macht mich stolz. So kann ich auch meine Schuld abtragen für die ganzen Sorgen, die ich ihr gemacht habe. Sie lebt alleine und ab und zu besuche ich sie. Meinen Vater habe ich nie mehr gesehen seit meiner Kindheit, er hat auch nie ein Interesse daran gezeigt, mich mal zu sehen. Meine Schwestern hatten mal Kontakt zu den neuen Kindern meines Vaters, aber das habe ich nur so nebenbei erfahren. Ich

habe mich damit abgefunden, dass sich keiner aus meiner Familie für mich interessiert, dass ich alle immer nur genervt habe, deshalb habe ich mich zurückgezogen.
Meine Frau ist auch Lehrerin, wir haben uns im Kollegium kennengelernt. Aber ich kann nicht mit ihr zusammenziehen, das geht einfach nicht, deswegen sind wir ja bei Ihnen. Sie will unbedingt eine Familie mit mir gründen, auch noch drei Kinder haben, und sie versteht einfach nicht, warum ich die Vergangenheit nicht ruhen lassen kann. Ich glaube, Sie haben jetzt verstanden, warum ich nicht mit ihr leben kann und keine Kinder will. Da sind zu viele Angst- und Wutgefühle, die mir aus der Vergangenheit hochkommen, wenn ich nur an Familie denke. Wenn ich daran denke, selbst mal Vater zu werden, weiß ich nur, wie ich nicht sein möchte. Ich habe kein positives Vaterbild, aber ich weiß, was ein guter Lehrer ist. Sie meinen, ein guter Lehrer sei vielleicht auch kein schlechtes Vatermodell? Kann schon sein, darüber muss ich mal nachdenken.
Ich will mich meiner Frau nicht zumuten, ich kann mir schwer vorstellen, ihr ein gemeinsames Leben mit mir in dieser Nähe und Intensität zuzumuten. Ich halte es ja selbst mit mir kaum aus, wie soll sie das schaffen. Ich brauche meine Freiheit, aber ohne diese Frau will ich wirklich nicht leben, das ist ein großes Dilemma für mich. Wir sind jetzt fünf Jahre zusammen, sie weiß alles von mir und will trotzdem mit mir leben. Irgendwie verstehe ich sie da nicht. Aber dieser Konflikt rund um die Frage, ob wir zusammenziehen und eine Familie gründen, hat uns in eine heftige Krise gestürzt. Eine Familie ist für mich eine Art Gefangenschaft, aus dem Gefängnis komme ich nicht mehr raus, aber ich brauche meine Freiheit.«

Gibt es nicht Freiheit innerhalb der Familie, möchte ich von ihm wissen, nachdem ich ihm lange zugehört habe. Er sieht mich erstaunt an, nein, diesen Gedanken habe er noch nie gehabt. Eine Familie bestehe aus gegenseitigen Abhängigkeiten, da sei wenig Raum für Freiheit. Die Partner seien voneinander abhängig, die Kinder von den Eltern, der Vater von der Mutter und umgekehrt, außerdem gebe es finanzielle, räumliche oder emotionale Abhängigkeiten. Ich stimme ihm zu, gebe aber zu bedenken, dass wir in der Befriedigung unserer Bedürfnisse nach Nähe, Zärtlichkeit, Geborgenheit oder Sorge immer abhängig seien von anderen und zudem uns nur in menschlichen Beziehungen weiterentwickeln könnten, mit diesem Dilemma müssten wir alle umzugehen lernen. Ja, das Wort Dilemma treffe ziemlich genau seinen Gemütszustand, er wolle nicht mehr allein sein, habe aber Angst vor zu großer Abhängigkeit und dem Verlust von Freiheit.

Gefängnis oder Freiheit

Am 11. September 1912 schreibt Kafka einen Traum in sein Tagebuch, und dieser Traum handelt von New York und Amerika, von Wegen aus der Abhängigkeit in die Freiheit. Und es handelt von einem Problemkind, das aus der Familie in das Land der Freiheit ausgestoßen wird und dort immer wieder nach Aufnahme in eine soziale Gemeinschaft sucht, dann eine vermeintliche Regelverletzung begeht, sich damit in den Augen der Mächtigen der Gemeinschaft schuldig macht und letztlich verstoßen und ausgeschlossen wird.

Am Anfang war es nur ein Traum. Kafka träumte, er saß auf einer Landzunge im Hafen von New York, beobachtete »das weite klar umschriebene Meer mit vielen reihenweise aufgestellten, fest verankerten Kriegsschiffen« (T2, S. 82) und bemerkte, »daß das Wasser neben uns hohe Wellen schlug und ein ungeheurer fremdländischer Verkehr sich auf ihm abwickelte« (T2, S. 82). Er fühlte sich sehr wohl. »Ich setzte mich, zog die Füße an mich, zuckte vor Vergnügen, grub mich vor Behagen förmlich in den Boden ein und sagte: Das ist ja noch interessanter als der Verkehr auf dem Pariser Boulevard« (T2, S. 83). Er träumte von New York mit Wohlbehagen, Vergnügen und Interesse, obwohl er niemals dort gewesen war. Woher kommt dieses Wohlgefühl und was bedeutet New York für ihn? Es muss die Freiheitsstatue gewesen sein, die er im Buch sogar als Freiheitsgöttin bezeichnete.

In diesem ersten großen Roman Kafkas mit dem Titel »Amerika«

(Der Verschollene) reist der junge Karl Rossmann unfreiwillig aus Europa in das Land der Freiheit. Ursprünglich wollte Kafka dieses Dilemma zwischen Freiheit und Gefängnis anhand von zwei Brüdern verdeutlichen: »Einmal hatte ich einen Roman vor, in dem zwei Brüder gegeneinander kämpften, von denen einer nach Amerika fuhr, während der andere in einem europäischen Gefängnis blieb« (Handbuch, S. 175). Amerika als Sehnsuchtsort der Freiheit, Europa dagegen als Gefängnis!

Irgendwie muss er den Roman mit einem jungen Menschen beginnen, damit er genügend Zeit hat für dessen langsamen sozialen Abstieg. (Flauberts »L'Éducation sentimentale« mag hier durchaus als literarische Vorlage gedient haben.) Karls Leben in Amerika gestaltet sich immer wieder nach dem gleichen Muster: Er wird in eine neue Gemeinschaft aufgenommen, dann begeht er – meist sogar mit guter Absicht – eine Verfehlung, eher eine unbedeutende Regelverletzung, und darauf folgt die soziale Ausgrenzung als Strafe für sein vermeintlich schuldhaftes Verhalten.

> »Als der sechzehnjährige Karl Roßmann, der von seinen armen Eltern nach Amerika geschickt worden war, weil ihn ein Dienstmädchen verführt und ein Kind von ihm bekommen hatte, in dem schon langsam gewordenen Schiff in den Hafen von New York einfuhr, erblickte er die schon längst beobachtete Statue der Freiheitsgöttin wie in einem plötzlich stärker gewordenen Sonnenlicht« (A, S. 7).

Sündenfall, Schuld, Strafe, Ausschluss und Freiheit – bereits im ersten Satz sind die wichtigsten Themen angesprochen. (Milena hat ihn darauf hingewiesen, dass »arme Eltern« nicht zu Dienstmädchen passt, denn arme Menschen hätten keine Dienstmädchen. Sie kannte sich mit Armut und Reichtum aus. Kafka erwiderte, dass es sich eher um arm im Sinne von bedauernswert handelt.) Vielleicht hatten auch die Eltern Schuldgefühle, sie lebten ja mit Sohn und Dienstmädchen in einer Wohnung. Bestraft wurden allerdings nur die beiden vermeintlichen Sünder: Das Dienstmädchen wurde entlassen und der schuldige Sohn auf ein Schiff gebracht und nach Amerika

»entsorgt«. Die Eltern wollten nicht nur den Skandal vermeiden, sondern auch die Zahlung von Alimenten.

Auf dem Schiff trifft Karl seinen Onkel, einen reichen Senator, der ihn dort im Zimmer des Kapitäns erwartet, nachdem er über die Ankunft seines Neffen informiert worden war. Der Onkel bringt Karls Geschichte prägnant zu dessen Verteidigung vor: »… er wurde nämlich von einem Dienstmädchen, Johanna Brummer, einer etwa fünfunddreißigjährigen Person, verführt …« (A, S. 34). In nur zwei Sätzen schildert der Onkel die unglücklichen Zusammenhänge:

> »Nun hat diese Brummer, setzte der Onkel fort, von meinem Neffen ein Kind bekommen, einen gesunden Jungen, welcher in der Taufe den Namen Jakob erhielt, zweifellos in Gedanken an meine Wenigkeit, welche, selbst in den sicher nur ganz nebensächlichen Erwähnungen meines Neffen, auf das Mädchen einen großen Eindruck gemacht haben muss. Glücklicherweise, sage ich. Denn da die Eltern zur Vermeidung der Alimentenzahlung … und des Skandals ihren Sohn, meinen lieben Neffen, nach Amerika haben transportieren lassen, mit unverantwortlich ungenügender Ausrüstung, wie man sieht, so wäre der Junge, ohne die gerade noch in Amerika lebendigen Zeichen und Wunder, auf sich allein angewiesen, wohl schon gleich in einem Gäßchen im Hafen von New York verkommen, wenn nicht jenes Dienstmädchen in einem an mich gerichteten Brief, der nach langen Irrfahrten vorgestern in meinen Besitz kam, mir die ganze Geschichte samt Personenbeschreibung meines Neffen und vernünftigerweise auch Namensnennung des Schiffes mitgeteilt hätte« (A, S. 34–35).

Karl war irritiert und erinnerte sich dabei an die Verführungsszene. Das Dienstmädchen hatte ihn an der Hand genommen und in ihr Zimmer geführt und es sogleich abgeschlossen.

> »Würgend umarmte sie seinen Hals, und während sie ihn bat, sie zu entkleiden, entkleidete sie in Wirklichkeit ihn und legte ihn in ihr Bett … drückte ihren nackten Bauch an seinen Leib,

> suchte mit der Hand, so widerlich, daß Karl Kopf und Hals aus den Kissen herausschüttelte, zwischen seinen Beinen, stieß dann den Bauch einige Male gegen ihn – ihm war, als sei sie Teil seiner selbst, und vielleicht aus diesem Grunde hatte ihn eine entsetzliche Hilfsbedürftigkeit ergriffen ... Das war alles gewesen« (A, S. 36–37).

Kein Wort von erotischer Leidenschaft und sexuellem Begehren, eher würgend, widerlich und entsetzlich hilfsbedürftig, so empfand es Karl als Opfer dieser Szene. Karl wurde von einer einsamen Frau verführt, er wusste nicht, was mit ihm geschah und sie war danach nicht nur schwanger, sondern musste ihre Schuld verarbeiten. Aber worin bestand seine Schuld? Er war doch eher Opfer als Täter! Sind Problemkinder nicht immer eher Opfer als Täter?

Bevor Karl in dem Kapitänszimmer seinen Onkel sieht und dort mit seiner eigenen Geschichte konfrontiert wird, trifft er den Heizer des Schiffes, eine für ihn bedeutsame Begegnung. Er hatte schon bei der Ankunft in New York mit seinem Koffer auf dem Deck gestanden, als er seinen Schirm vermisste, einen flüchtigen Schiffsbekannten darum bat, auf seinen Koffer aufzupassen und sich unter Deck auf die Suche nach seinem Schirm machte. Er verirrte sich, geriet unversehens in das kleine Zimmer des Heizers, hörte in dessen Bett liegend die Geschichte, wie der Vorgesetzte Schubal den Heizer fälschlich als Faulpelz verleumdete, und nahm den Heizer mit sich, um seine Beschwerde dem Kapitän vorzutragen. Karls Rede zur Verteidigung des Heizers und in Gegenwart des Kapitäns und des Onkels ist wahrhaftig und sucht nach Gerechtigkeit:

> »Ich erlaube mir zu sagen, begann er dann, dass meiner Meinung nach dem Herrn Heizer Unrecht geschehen ist. Es ist hier ein gewisser Schubal, der ihm aufsitzt. Er selbst hat schon auf vielen Schiffen, die er Ihnen alle nennen kann, zur vollständigen Zufriedenheit gedient, ist fleißig, meint es mit seiner Arbeit gut, und es ist wirklich nicht einzusehen, warum gerade er gerade auf diesem Schiff, wo doch der Dienst nicht übermäßig schwer ist, wie zum Beispiel auf Handelsseglern, schlecht entsprechen

sollte. Es kann daher nur Verleumdung sein, die ihn in seinem Vorwärtskommen hindert und ihn um die Anerkennung bringt, die ihm sonst ganz bestimmt nicht fehlen würde …« (A, S. 20).

Bei dieser engagierten Rede Karls wird man daran erinnert, dass Kafka als junger Mann eine Zeitlang eine rote Nelke im Knopfloch trug, die Solidarität mit der Arbeiterbewegung signalisierte.

Kafka hat die Geschichte »Der Heizer« auch separat vom Roman veröffentlicht und daher hat sie eine eigene Berühmtheit erlangt. Der mutige und redegewandte junge Mann spricht für den Arbeiter mit dem guten Herzen, der vor lauter Angst, Sprachlosigkeit und Wut kaum seine eigenen Interessen vertreten kann. Diese Rolle hat Kafka selbst auch eingenommen in der Vertretung der Arbeiterinteressen gegenüber den Arbeitgebern bei der Arbeiter-Unfall-Versicherung wie auch bei den Angestellten im elterlichen Geschäft gegenüber seinem Vater. Insofern steckt viel Herzblut Kafkas in diesem Szenario zwischen Karl Rossmann und dem Heizer. Beim Abschied vom Heizer wird dies sehr deutlich. Karl fragt in Gegenwart des Kapitäns und des Senators, warum er nichts sage und sich alles gefallen lasse. Ihm sei doch Unrecht geschehen. »Du mußt dich zur Wehr setzen, ja und nein sagen, sonst haben doch die Leute keine Ahnung von der Wahrheit … Und nun weinte Karl, während er die Hand des Heizers küsste, und nahm die rissige, fast leblose Hand und drückte sie an seine Wangen, wie einen Schatz, auf den man verzichten muss« (A, S. 42). Diese berührende Szene wird vom reichen und mächtigen Onkel unterbrochen: »Der Heizer scheint dich verzaubert zu haben … Du hast dich verlassen gefühlt, da hast du den Heizer gefunden und bist ihm jetzt dankbar, das ist ja ganz löblich. Treibe das aber, schon mir zuliebe, nicht zu weit und lerne deine Stellung zu begreifen« (A, S. 42–43). Es ist eine Mahnung an den Neffen: Wenn du bei mir leben möchtest, dann treibe es nicht zu weit mit deinen Gerechtigkeitsgefühlen, denn die passen nicht in meine Welt.

In der Beziehung zu diesem reichen Onkel, einem Fabrikbesitzer und Senator, wiederholt sich das gleiche Muster, das Karl schon in seiner deutschen Ursprungsfamilie erfahren musste: Er wird in dessen Familie aufgenommen, bekommt ein wunderbares Zimmer, einen Englischlehrer, ein Klavier und einen Schreibtisch, von dem sein Vater immer geträumt hatte, und führt das Leben eines reichen Ersatzsohnes in der New Yorker Upperclass. Dann kommt nach wenigen Wochen die Verfehlung. Er folgt einer Einladung eines Freundes des Senators auf dessen Landsitz, obwohl der Onkel ihm eher vorsichtig davon abgeraten hatte. Während des Besuchs geht es ihm zunehmend schlecht, er will noch in der Nacht nach Hause, aber kurz nach Mitternacht verliest ein Freund des Onkels dessen kurzen Brief an seinen Neffen, in dem Karl wegen seiner Unverschämtheit verstoßen wird.

> »Geliebter Neffe! Wie du während unseres leider viel zu kurzen Zusammenlebens schon erkannt haben wirst, bin ich durchaus ein Mann von Prinzipien … Du hast dich gegen meinen Willen dafür entschieden, heute Abend von mir fortzugehen, dann bleibe aber auch bei deinem Entschluss dein Leben lang; nur dann war es ein männlicher Entschluss … Mit besten Wünschen für dein weiteres Wohlergehen. Dein treuer Onkel Jakob« (A, S. 106–107).

Dieser Brief muss in Karls Ohren scheinheilig und zynisch geklungen haben. Worin bestand die Verfehlung und warum war sie so bedeutsam, dass er wieder einmal verstoßen werden musste? Es sind Prinzipien und Regeln, die weit höher bewertet werden als menschliche Beziehungen.

Und noch ein drittes Beispiel für dieses Muster – Aufnahme in eine Gemeinschaft, Verfehlung durch Regelverletzung, Schuldvorwurf und Verstoßung – aus dem Roman »Amerika« sei angeführt. Nachdem der Onkel ihn verstoßen hat, begibt er sich auf Arbeitssuche und trifft dabei auf zwei Gleichgesinnte, Robinson aus Irland und Delamarche aus Frankreich, mit denen er die Wanderschaft und Arbeitssuche fortsetzt. Schließlich findet er durch das Wohlwollen einer Oberköchin eine kleine Anstellung als Liftboy im »Hotel Occidental«. Dort verrichtet er gewissenhaft seinen anstrengenden Schichtdienst, bis eines Tages sein alter Kumpel Robinson betrunken ins Hotel kommt und ihn um seine Hilfe bittet. Dadurch muss er kurzzeitig seinen Platz am Lift verlassen, bringt den betrunkenen Freund, der sich übergeben musste und vollkommen fertig ist, in den Schlafsaal für Liftboys, damit er seinen Rausch ausschlafen könne. Karl handelt mitfühlend und menschlich, verletzt aber mehrere wichtige Arbeitsregeln für Liftboys. Er darf seinen Arbeitsplatz nicht verlassen und schon gar nicht einen Fremden im Schlafsaal beherbergen. Sein Fehlverhalten wird bekannt und er wird in einem fürchterlichen Tribunal zur Rede gestellt. Er schweigt beharrlich, macht dadurch seine Schuld noch größer, so dass selbst die ihm wohlgesinnte Oberköchin ihm nicht mehr helfen kann. »Es ist unmöglich, sich zu verteidigen, wenn nicht guter Wille da ist, sagte sich Karl und antwortete dem Oberkellner nicht mehr … Er wusste, dass alles, was er sagen konnte, hinterher ganz anders aussehen würde, als es gemeint gewesen war, und dass es nur der Art der Beurteilung überlassen bleibe, Gutes oder Böses vorzufinden« (A, S. 213–214). Er wird wieder aus einer für ihn wichtigen sozialen Gemeinschaft verstoßen, man entlässt ihn schuldhaft und fristlos. Allerdings nicht, ohne ihn vorher noch durch physische Gewalt und Beschämung sadistisch zu quälen. So »wurde er jetzt noch vom Oberportier festgehalten, der wohl darüber nachdachte, wie er Karl noch weiter beschämen könne« (A, S. 230). Karl flieht auf abenteuerliche Weise aus dem Hotel und kommt wieder einmal vom Regen in die Traufe.

Kein guter Wille

Kafkas Meinung ist deutlich geworden. Kinder werden deshalb zu Problemkindern, weil bei den Eltern »kein guter Wille« vorhanden ist. Offiziell werden Sanktionen gegen Kinder mit Regel- und Normverletzungen begründet, die letztlich dem Kind alle Schuld zuweisen. Auf diese kindliche Schuld reagieren die Familien oder sozialen Gemeinschaften mit dem stärksten ihnen zur Verfügung stehenden Mittel: Ausschluss. Ein solcher Ausschluss aus der Gemeinschaft kann radikal durch Trennung und Absonderung geschehen, aber auch innerhalb der Familie durch Isolation, Stigmatisierung oder Problemzuschreibung. Und nicht selten folgt auf den inneren Ausschluss als stigmatisiertes Problemkind der soziale Ausschluss aus der gesamten Gemeinschaft.

Sowohl Karl Roßmann als auch Herr D. waren letztlich Optimisten, die sich trotz widriger Umstände und heftiger Rückschläge immer wieder auf den Weg gemacht haben, heute würde man sie vielleicht als resiliente Kinder bezeichnen. Ihre psychische Widerstandskraft und ihr Optimismus halfen ihnen, die Angst vor Einsamkeit und Abhängigkeit zu überwinden. Aber sie hatten keine andere Wahl, sie waren zur Freiheit verdammt. Wie sie diese Freiheit allerdings nutzen, war ihre Entscheidung. Karl Roßmann landete nach seiner unfreien Odyssee im Land der Freiheit letztlich beim Zirkus von Oklahoma, also beinahe im kafkaschen Paradies, und Herr D. machte die für ihn unglaubliche Erfahrung, dass sich Geschichte nicht zwangsläufig wiederholt, sondern korrigieren lässt. Mut, Risikobereitschaft und der gute Wille sind eben auch Kennzeichen von Resilienz und der Fähigkeit, Freiheit zu wagen.

KAPITEL 5

Stachelschweine

Nähe und Distanz in Paarbeziehungen

Bei zu großer Nähe können sich Menschen einengen oder gar verletzen, bei zu großer Distanz entstehen leicht Einsamkeit, Isolation und emotionale Unterversorgung. Jedes Paar ist beständig gefordert, das richtige Verhältnis von Nähe und Distanz in ihrer Beziehung zu regulieren und dabei nicht nur auf die eigenen Bedürfnisse zu achten, sondern auch auf die des Partners. Diese Regulation ist erstens abhängig vom jeweiligen Entwicklungsstand und Temperament der beiden als Individuen. Mal sucht man die Nähe, mal die Einsamkeit und Ruhe, mal die intensive Kommunikation und mal die Regeneration in der Zurückgezogenheit. Zweitens ist die Nähe-Distanz-Regulation von der Entwicklungsphase der Beziehung abhängig. In der Verliebtheit ist permanente – emotionale und körperliche – Nähe von beiden meist erwünscht, in der Phase der Elternschaft schieben sich Kinder zwischen die beiden Partner und Eltern und schaffen damit eine ganz eigene Nähe und Distanz. Und im Alter weiß man um die Nähe zum anderen, trotz der physischen Entfernung, und kann damit lockerer umgehen. Drittens sind Nähe und Distanz immer abhängig von den persönlichen Erfahrungen: Wer in zu großer Nähe psychische oder physische Verletzungen erlebt hat, versucht sich durch mehr Distanz zu schützen; wer ungewollt Distanzierungen durch reale oder emotionale Verluste erlebt hat, der wird zukünftig auf mehr Nähe achten, um nicht wieder plötzlich verlassen zu werden. Und viertens sind Nähe und Distanz zu jeder Zeit abhängig vom jeweiligen Partner. Keiner kann in einer abhängigen Beziehung autonome Entscheidungen treffen, ohne sie mit dem anderen abzustimmen, wenn diese Entscheidungen auch den anderen betreffen. Und manchmal ist man mit sich und seinen Entscheidungen im Reinen, wird aber bei dem Wunsch nach Nähe zurückgewiesen oder bei dem Wunsch nach Distanzierung zurück in die Nähe geholt.

Arthur Schopenhauer hat dieses Dilemma von Nähe und Distanz in menschlichen Beziehungen mit einer Parabel beschrieben, in der er über die Stachelschweine nachgedacht hat. Das Bedürfnis nach Nähe bringt die Stachelschweine zusammen, aber ihre Stacheln sind so schmerzhaft, dass sie sich bei zu großer Nähe wieder zurückziehen. Es gehe darum, eine mittlere Distanz zueinander zu schaffen, die nicht zu entfernt voneinander ist, Nähe zulässt, ohne sich gegenseitig zu verletzen. Manchmal kommen Paare zu einem arbeitsteiligen Kompromiss, der auf beide einen besonderen Reiz ausübt. Dann ist der eine für die Nähe zuständig und der andere für die Distanz. Jeder übernimmt den Part, den er oder sie am besten kann, und delegiert den unangenehmen oder schwierigeren Part an den anderen. Meistens geht dieses Arrangement für eine Weile gut, bis einer von beiden mit dieser Rollenverteilung unzufrieden wird. Dann muss das Paar eine Entwicklungsblockade lösen, um zu einem neuen, für beide befriedigenderen Arrangement zu kommen.

Herr F. und Frau G.

Herr F. und Frau G. haben sich in einer Partnerschaftsbörse kennengelernt, haben lange und intensiv miteinander korrespondiert – allerdings ohne nähere Angaben zur Person, ohne Bild und ohne vorab zu telefonieren – und dann bei ihrem ersten Treffen etwas schamhaft festgestellt, dass sie in der gleichen Firma arbeiten, sich täglich sehen und sogar schon immer »ganz nett« gefunden haben. Natürlich hätten sie es einfacher haben können, meinen beide schmunzelnd, sie hatten ja schließlich viele Arbeitskontakte. Ich äußere mich skeptisch, denn der direkte Weg wäre wahrscheinlich mit zu viel Angst verbunden gewesen. Auf meine Frage, wie sie jeweils reagiert hätten, wenn vom anderen eine Einladung zu einem

Date erfolgt wäre, antworten beide zurückhaltend. Nein, das wäre nichts geworden, das hätten sie als unpassende Anmache erlebt und umgehend zurückgewiesen. Außerdem hätten sie niemals etwas mit einem Kollegen bzw. einer Kollegin angefangen. Also sind sie den logistischen Umweg über das Internet gegangen, der passe besser zu ihnen. Über direkte Wege und Umwege sollten wir noch häufiger sprechen.

Sie habe noch nie einen Mann kennengelernt, der so wunderbare Gedichte schreiben könne. Heute wünsche sie sich manchmal, dass sie zu der Zeit zurückkehren könnten, als sie sich noch nicht kannten und der Mann ihr Gedichte schrieb. Er wehrt ab, die Gedichte seien gar nicht alle von ihm gewesen, er habe Anleihen bei Rilke und Schiller gemacht. Das sei überhaupt nicht wichtig, bemerkt Frau G., seine Haltung und sein Bemühen mit ihr auf diese Weise umzugehen, sei für sie viel wichtiger gewesen. Sie nennt diese frühe Zeit ihrer Beziehung immer wieder die Schreibphase, die für sie die schönste Zeit gewesen sei. Herr F. bemerkt bescheiden, er habe schon seit seiner Schulzeit gern Gedichte gelesen und geschrieben, es sei eine geheime Passion, die er vor seinen Freunden immer verborgen habe. Aber mit Mädchen und später Frauen habe er diese Leidenschaft gut ausleben können und mit Frau G. habe es ihm besonders viel Spaß gemacht, denn sie habe gleich beim ersten Gedicht, das er spontan geschrieben hat, ihre große Freude ausgedrückt. Das habe ihn ermutigt, viele weitere Gedichte zu schreiben und sich auf diese Weise auszudrücken. Frau G. bemerkt, dass ihr diese Nähe anfangs gereicht habe. Seine Gedichte haben für sie etwas ausgedrückt, das ihr unendlich wichtiger sei, als irgendwelche Alltagsinformationen. Ja, vielleicht seien sie im falschen Jahrhundert geboren, vielleicht wäre das 18. Jahrhundert für beide besser gewesen, als Liebesbriefe noch die Regel waren.

Es hat mehrere Monate gedauert, bis sie sich persönlich kennengelernt haben. Sie habe immer gezögert, sich mit ihm zu treffen, weil sie ihr inneres Bild von ihm, das sie sich durch seine Gedichte geschaffen hatte, bewahren wollte. Ja, sie hatte Angst vor der ersten Begegnung, weil dies definitiv das Ende aller romantischen Möglichkeiten war. Wahrscheinlich hätte kein Mann der Welt ihren Phantasien genügen können, meinte sie. Ihr Zögern war für ihn manchmal frustrierend, aber dadurch konnte er der Drängende und Aktive sein, was sonst nicht seine Art sei. Er sei eher schüchtern und zurückhaltend und verstumme in Gegenwart schöner Frauen oft. Sie bemerkt das implizite Kompliment und errötet leicht, was ihn wiederum freut. Ich denke an Schiller – »Errötend folgt er ihren Spuren und ist von ihrem Gruß beglückt« *(Die Glocke)* – und frage sie, wie sie sich bei der Arbeit begegnet sind, nachdem sie sich persönlich kannten. Sie haben sich weiter mit Sie angesprochen und so getan, als ob sie sich nicht kannten; es sollte ihr Geheimnis bleiben, sie wollten nicht zum Tratsch in der Firma werden. Sie haben sich auch beim Mittagessen in der Kantine an getrennte Tische gesetzt und alles vermieden, was einen Verdacht aufkommen lassen würde. Ja, sie habe eine penetrante Kollegin, die immer alles wissen wolle, der habe sie erzählt, sie habe einen Freund in einer anderen Stadt und damit basta. Er hat seiner Mutter und seinem Bruder von ihr erzählt, dem Bruder war es egal und die Mutter wollte alles wissen über ihr Elternhaus, aber er habe gedroht, nicht mehr zu ihr zum Essen zu kommen, wenn sie weiter nachfrage.

Beide hatten schon längere Zeit keine Paarbeziehungen gehabt und die letzten Bekanntschaften waren enttäuschend verlaufen. Der letzte Mann wollte gleich mit ihr zusammenziehen, am besten in ihre Wohnung, und die letzten zwei Freundinnen, die er hatte, haben sich schnell wieder von ihm zurückgezogen, weil er so schweigsam sei. Er könne halt besser schreiben als reden, aber zum Schreiben sei es bislang in seinen Beziehungen nie gekommen. Insofern sei Frau G. ein Glücksfall … und natürlich auch sonst. Wieder errötet sie, wieder bemerkt er es. Beide wirken so verschämt und schüchtern, dass ich beschließe, mich vorsichtiger zu verhalten als üblich und mir mehr Zeit zu lassen. Ich bitte beide, mir die Geschichte ihrer Partnerschaft zu erzählen mit allem, was ihnen jeweils wichtig sei und frage mich gleichzeitig, ob sie mir auf diese Weise jemals etwas über Sex erzählen werden.

Nach einigen Monaten des Internetkontakts kam es zum ersten Treffen, danach musste erst einmal der Schock der realen Begegnung verarbeitet werden. Sie zog sich zurück, aber er reagierte trotzig und schrieb ihr weiterhin Gedichte, auf die sie erst einmal nicht mehr antwortete. Dann haben sie sich wieder getroffen in einem kleinen Lokal am Stadtrand an einem Wochenende, etwas geheimnisvoll und schön. Der Ort schien sicher, und so ging es weiter für einige Wochen. Sie haben sich vorsichtig ihr Leben erzählt, nachdem sie den Umgang miteinander in ihrer gemeinsamen Arbeitsstelle geklärt hatten. Beide brauchten sehr viel Sicherheit, um sich zu öffnen. Parallel lief die Korrespondenz mit Gedichten weiter, das war für beide ein Band, das nicht zerrissen werden durfte. Er lebte dabei nicht nur seine lyrische Seite aus, er hatte sich in sie verliebt und konnte dies auf diese Weise zeigen. Sie zögerte noch, er zerfiel für sie in zwei Seiten, eine literarische und eine persönliche, beide bekam sie noch nicht recht zusammen.

Dann hat sie ihn in einem mutigen Moment zu sich nach Hause eingeladen. Er hatte sich das auch schon überlegt gehabt, allerdings gezögert, weil er seine Männerbude keiner Frau zumuten wollte; vor einer solchen Einladung müsse er die Wohnung entrümpeln und komplett renovieren. Ihre Wohnung sei ein wahres Schmuckstück im Vergleich zu seiner, liege sogar im Grünen, obwohl mitten in der Stadt. Fortan trafen sie sich in ihrer Wohnung, aber er sei abends nach einem gemeinsamen Essen immer wieder nach Hause gegangen, er wollte sie nicht bedrängen, obwohl er schon »irgendwie Lust auf sie« hatte. Sie hingegen wartete auf seine Initiative und fühlte sich in seiner Gegenwart zunehmend angespannt. Irgendwie ging so langsam die Lockerheit verloren. Ihre Fragen nach einem gemeinsamen Urlaub wurden ausweichend beantwortet. Sie begann zu zweifeln, ob er überhaupt etwas von ihr wolle, aber er beteuerte mehrmals, sich richtig in sie verliebt zu haben, wartete aber noch auf ihre Verliebtheit, die sich nicht einstellte. So verharrten sie verunsichert und leicht verzweifelt in einem Niemandsland und die Zeit verging. Bis er sich eines Samstagsmorgens auf den Weg in eine gute Weinhandlung machte, zwei Flaschen von einem erstklassigen Shiraz kaufte und damit abends den Durchbruch schaffte und sie gemeinsam Sonntagfrüh wach wurden. Er holte frische Brötchen und sie kochte Kaffee. Damit war die Schreibphase beendet und es begann eine Realität, die beide heute noch nicht richtig einordnen können.

Nein, er habe sie bis heute noch nicht gefragt, ob sie in eine gemeinsame Wohnung ziehen wollen, und sie sei es langsam leid, dass jede Initiative immer von ihr ausgehen müsse. Sie wünsche sich einen Mann, der sie bei der Hand nehme und vorangehe und ihr damit zeige, dass er es ernst mit ihr meine. Sicher, die Zeit mit ihm sei weiterhin schön, aber es gebe keine Entwicklung, es sei nicht einmal eine gemeinsame Wohnung in Sicht, geschweige denn Heirat, Kinder und Familie. Seine Bemerkung, er wolle sie nicht bedrängen und nichts überstürzen, wird von ihr scharf beantwortet mit einem Hinweis auf die biologische Uhr bei Frauen. Ich frage ihn, ob er auch einen Kinderwunsch habe, er reagiert leicht verschreckt und versucht, sich mit Allgemeinheiten zu retten. Eine solche Entscheidung müsse man sich gut überlegen, um eine Familie zu gründen, müsse eben alles stimmen. Sie unterbricht ihn und sagt, sie fühle sich bei solchen Äußerungen auf einem Prüfstand. Er stockt und ergänzt dann, diese Prüfung habe er eher aus ihrer Sicht in Bezug auf ihn selbst gemeint. Sie solle sich bitte gut überlegen, ob sie eine feste Beziehung mit ihm wolle, und gemeinsame Kinder seien noch ein besonderes Thema. Ich frage ihn nach seiner Kindheit.

Sein Vater war Handelsreisender und daher nur an den Wochenenden zu Hause, in seiner Kindheit könne er sich nur an seine Mutter und seine Schwester erinnern. Seine Mutter habe ihn wie ihren Augapfel gehütet, zu seiner kleinen Schwester habe er erst im Erwachsenenalter eine tiefere Beziehung bekommen. Seine Mutter hat viel gelesen, von ihr habe er das literarische Interesse. Sie habe sich für Gedichte begeistert und konnte viele auswendig. Ja, die Beziehung zu seiner Mutter war immer sehr eng und eigentlich habe er sich nie wirklich daraus lösen können. Seine Mutter behandele ihn heute noch wie ein kleines Kind, frage ihn, ob er genug zu essen und anzuziehen habe, und bekocht ihn jede Woche mindestens ein Mal. Er hat schon mehrfach versucht, sich von ihr zu lösen, aber sie habe ihm immer so leidgetan, sein Vater sei eben nie dagewesen und daher sei er in diese Rolle gerutscht. Im Verlauf des Gesprächs stellt sich heraus, dass es in der Beziehung zu seiner Mutter beinahe ausschließlich um die Interessen der Mutter gegangen war, weniger um seine kindlichen. Sie habe immer eine erdrückende Nähe zu ihm hergestellt, dies habe ihm teilweise die Luft zum Atmen genommen. Seinen Vater habe er mit 16 Jahren einmal in einem Wutanfall angeschrien, er solle sich mehr um seine Frau kümmern, aber der habe ihn nur angegrinst und gesagt, dass er als Sohn das doch ganz gut mache. Daraufhin sei er aus dem Haus gerannt. Später habe er in intimen Beziehungen zu Frauen immer auf einen Sicherheitsabstand geachtet. Auch jetzt spüre er in der Beziehung zu Frau G. Angst, sich in der Beziehung zu verlieren. Außerdem möge er sich selbst nicht und könne nicht verstehen, warum eine Frau ihn überhaupt attraktiv finde, dafür habe er doch zu viele Ähnlichkeiten mit seinem Vater. Nur die Gedichte machten einen Unterschied aus, sein Vater habe sich nie für Literatur interessiert.

Frau G. reagiert erschüttert auf diesen offenen und ehrlichen Bericht ihres Partners. Sie habe zwar einiges über seine Kindheit gewusst, eher die Fakten und Informationen, aber sie habe nicht gewusst, dass er ein derart negatives Bild von sich habe, vielmehr habe sie immer gedacht, dass etwas mit ihr nicht stimme, dass er an ihr etwas auszusetzen habe und sich deshalb so zurückhaltend verhalte. Einerseits fühlt sie sich dadurch entlastet, andererseits wird ihr das Problem ihres Partners sehr deutlich. Sie versucht das zu verstehen und er ist erstaunlich klar in seiner Antwort: »Meiner Mutter habe ich nie gereicht, ich war als Ersatz einfach nicht gut genug und mein Vater hat mich als Versager, als Muttersöhnchen und Weichei beschimpft, womit er ja auch Recht hatte. Woher hätte ich ein starkes Selbstbewusstsein bekommen können.« Vielleicht waren die Gedichte seine Rettung, aber die hat sein Vater einmal entdeckt und höhnisch kommentiert. Daraufhin habe er für lange Zeit eine Schreibblockade gehabt. Er könne seine Partnerin verstehen, wenn sie die Geduld mit ihm verlieren würde. Bislang sei sie die einzige Frau in seinem Leben, die es so lange mit ihm ausgehalten habe.

Frau G. antwortet, dass sie ihn für einen liebenswürdigen Menschen halte, der sich selbst im Wege stehe. Was sie am meisten bekümmere, sei der Stillstand in der Beziehung. Sie habe ein Gefühl dafür bekommen, dass es noch Jahre so weitergehen könne, ohne dass sich etwas ändere. Sie wolle aber mehr, ein gemeinsames Leben, eine Familie mit Kindern. Sobald sie diese Ansprüche auch nur andeute, ziehe er sich zurück. Am liebsten würde sie zurück zur Schreibphase, als er ihr täglich Gedichte schrieb und ihre Beziehung voller Hoffnung und Versprechen auf eine gemeinsame Zukunft war. Sie habe sich immer eine heile Familie gewünscht, in der alle willkommen sind und sich wohlfühlen.

Als Kind hatte sie zwar Mutter und Vater, Schwester und Bruder und sehr warmherzige Großeltern, aber es gab eine Kälte in den Beziehungen, die sie bis heute nicht verstanden habe. Sie sei in einem Kühlschrank großgeworden bei ungefähr 11 Grad Durchschnittstemperatur. Das sei einfach zu kalt gewesen, besonders für die drei Kinder. Ja, die Kälte sei von ihren Eltern ausgegangen. Ihre Mutter war die meiste Zeit traurig und der Vater unterkühlt. Daher seien ihr heute die Gedichte von Herrn F. voller Wärme, Liebe und Zuversicht so wichtig. Ihr Vater muss irgendwelche schrecklichen Kriegserlebnisse gehabt haben, seitdem sei er emotional wie eingefroren gewesen. Und ihre Mutter habe es nie geschafft, diesen Mann aufzutauen. Ihr Vater war verschlossen und konnte keine Gefühle zeigen. Ich frage sie, welche Erlebnisse ihren Vater dazu gebracht haben könnten, so zu werden, und sie antwortet spontan: »Der hat Menschen umgebracht und ist nie darüber hinweggekommen.« Nachdem sie den Satz ausgesprochen hat, erschreckt sie und beginnt zu weinen. Sie habe den Satz schon oft gedacht, aber noch nie ausgesprochen, das sei ein großer Unterschied und fühle sich ganz schrecklich an. Ja, sie sei sich recht sicher, dass ihr Vater etwas mit dem Tod anderer Menschen zu tun habe, sie habe in seinen spärlichen Kriegsberichten so etwas herausgehört, aber es sei weiterhin ein Geheimnis, das die Atmosphäre in der Familie immer beherrscht habe. Dadurch sei nie eine spontane Herzlichkeit und Lebensfreude in der Familie möglich gewesen, es habe immer eine schwermütige Stimmung geherrscht, irgendwie hätten sich die Eltern in ihren Stimmungen gegenseitig heruntergezogen. Ich frage sie, wie sie als Kind gelernt hat, damit umzugehen. Sie habe diese Stimmung in der Familie ja als normal empfunden, habe sich in sich zurückgezogen, an sich selbst gezweifelt und sich mit allem Fleiß auf die Schule konzentriert. Sie hatte viele Tagträume, war ein träumerisches Kind. Diese Seite an ihr wurde durch die Gedichte wieder aufgeschlossen, dadurch habe Herr F. einen Zugang zu ihrer Seele bekommen. »Aber Träume wollen wirklich werden, besonders die schönen und sehnsuchtsvollen.«

Beide sind Seelenverwandte, scheu, zurückgezogen und voller Selbstzweifel. Und sie glauben, dass der jeweils andere die Lösung für die eigenen Probleme bieten könne. Ihr beweisen seine Gedichte, dass er ein warmherziger Mensch ist, mit dem sie Lebensfreude und eine herzliche Familie leben könnte, aber seine unterkühlte Art jenseits der Gedichte bereite ihr Sorgen. Für ihn ist sie eine Frau, die ihn versteht und es mit ihm aushält. Allerdings fördern bei ihm ihre Ansprüche nach einer intensiveren Beziehung altbekannte Ängste vor zu großer Nähe und Ansprüchen, denen er nicht genügen könne. Sie stecken fest, kommen in der Beziehung nicht voran, es sind zu viele Ängste und alte Muster, die jegliche Hoffnung zu einem weiteren Traumkapitel machen. Schließlich haben ihre guten Seiten die Stagnationen aufgelöst; ihr Fleiß und seine Kreativität, ihr Bedürfnis nach Wärme und seine Fähigkeit, ihr diese zu geben, sein Bedürfnis nach Anerkennung und ihre Fähigkeit, seine Selbstzweifel zu zerstreuen. Nach einem Jahr sind sie in einer neuen Wohnung zusammengezogen und sie hat einige seiner Gedichte vergrößern und unter Glas setzen lassen, hat sie im Wohnzimmer aufgehängt, damit er immer daran erinnert werde, wie gut er sein könne. Außerdem gäben ihr diese Gedichte weiterhin Wärme.

Partnerschaft zwischen Sehnsucht und Angst

Franz Kafka hätte dieses Paar gut verstanden, insbesondere das Dilemma zwischen Sehnsucht und Angst, die beiderseitigen Selbstzweifel und die Schreibphase ihrer Beziehung. Seine Liebesbeziehungen lassen sich für den Chronisten leicht zusammenfassen: Er »blieb unverheiratet. Er war dreimal verlobt: zweimal mit der Berliner Angestellten Felice Bauer, einmal mit der Prager Sekretärin Julie Wohryzek. Mit vermutlich weiteren vier Frauen hatte er Liebesbeziehungen, außerdem sexuelle Kontakte zu Prostituierten. Knapp sechs Monate seines Lebens verbrachte er mit einer Frau in gemeinsamer Wohnung. Er hatte keine Nachkommen« (RS2, S.IX). Die sechs Monate, die er mit einer Frau in gemeinsamer Wohnung verbrachte, Dora Diamant, waren die letzten Monate seines Lebens. Die längste Beziehung zu einer Frau war die zu Felice Bauer, der Berliner Angestellten, sie dauerte insgesamt sechs Jahre und es war eine Beziehung auf Abstand: Er lebte in Prag und sie in Berlin. Die Distanz war wichtig für die Dauer, in der Nähe hätte die Beziehung wahrscheinlich keine sechs Monate gehalten, und die Distanz wurde überbrückt mit Hunderten von Briefen von beiden Seiten. Das Schreiben war sein Lebenselixier, im Schreiben war er ganz bei sich und erlebte eine unbeschwerte Selbstsicherheit und vielleicht auch die glücklichsten Momente. An Max Brod schreibt er am 13. Juli 1912: »Wenn es wahr wäre, dass man Mädchen mit der Schrift binden kann!« (Handbuch, S. 15). Wollte er keine leidenschaftliche Nähe zu den Mädchen, war das Schreiben wichtiger als Sex, oder war Schreiben für ihn so erregend wie Sex? Zwei Jahre vor seinem Tod schreibt er in sein Tagebuch: »Als Junge war ich ... hinsichtlich sexueller Angelegenheiten so unschuldig und uninteressiert, wie heute etwa hinsichtlich der Relativitätstheorie. Nur Kleinigkeiten ... fielen mir auf, etwa daß gerade die Frauen, die mir auf der Gasse die schönsten und die schönstangezogenen erschienen, schlecht sein sollten« (T3, 10.4.1922). Man glaubt ihm sofort, dass er die sexuellen Angelegenheiten ebenso attraktiv und unverständlich fand wie die Relativitätstheorie. Aber eigentlich hatte er sie doch verstanden. Am 23.12.1921 schreibt er über die Relativität der Zeit: »Die Uhren stimmen nicht überein, die innere jagt in einer teuflischen oder dämonischen oder jedenfalls unmenschlichen Art, die äußere geht stockend ihren gewöhnlichen Gang.« Ähnlich hatte Einstein selbst einmal die Relativitätstheorie erklärt, mit der Zeit mit einem schönen Mädchen und einer heißen Herdplatte.

Kafka suchte die Nähe zu Menschen, aber je näher er ihnen kam, desto größer wurde zugleich die Angst. Am 22.7.1912 schreibt er aus den Ferien an Max Brod: »Sag nichts gegen Geselligkeit! Ich bin der Menschen wegen auch hergekommen und bin zufrieden, dass ich mich wenigstens darin nicht getäuscht habe. Wie lebe ich denn in Prag! Dieses Verlangen nach Menschen, das ich habe und das sich in

Angst verwandelt, wenn es erfüllt wird … (Brief an Brod am 22.7. 1912; Handbuch, S. 15).

Das Jahr 1912 war für Franz Kafka im Sinne einer forcierten Annäherung an die Themen Liebe und Partnerschaft ein ganz besonderes und entscheidendes, und dies sowohl real als auch literarisch. Auf einer Reise im Juli mit Max Brod nach Leipzig und Weimar verliebt er sich zunächst in die 16-jährige Margarethe Kirchner und im August begegnet er zum ersten Mal Felice Bauer, bald danach beginnt ein langjähriger und intensiver Briefwechsel mit ihr. Und in der Nacht vom 22. auf den 23. September schreibt er zwischen 22.00 Uhr abends und 6.00 Uhr morgens die Erzählung »Das Urteil«. Max Brod ist erfreut und erleichtert, am 29. September hält er in seinem Tagebuch fest: »Kafka in Ekstase, schreibt die Nächte durch« (Stach 2018, S. 171). Die Begegnungen beflügeln ihn literarisch und die literarische Verarbeitung beflügelt vorsichtig den Mut zu denkbaren Liebesbeziehungen. Der Reihe nach.

Die verliebte Episode mit Margarethe Kirchner, der Tochter des Hauswarts des Goethe-Hauses in Weimar, muss wohl als ein erfolgloser Flirt angesehen werden, wahrscheinlich ebenso erfolglos wie die vielen Flirts des alten Goethe mit jungen Frauen zu seiner Zeit. Der Flirt dauert wenige Tage und Brod schreibt am 30. Juni in sein Tagebuch: »Kafka kokettiert erfolgreich mit der schönen Tochter des Hausmeisters. Deshalb hat man sich jahrelang an diesen Ort gewünscht« (Alt 2018, S. 243). Ja, Kafka konnte charmant sein, manche sehen ihn sogar als Womanizer. Am 3. Juli, an seinem 29. Geburtstag, war er zusammen mit dem 16-jährigen Mädchen und es entstand ein symbolisch bedeutungsvolles Foto beider auf einer Parkbank, sie sitzt in der Mitte der Parkbank, er mit Abstand auf der Lehne. Es war eine erotische Lockerungsübung, aber wenige Wochen später, am Abend des 13. August wurde es ernst.

Franz Kafka ist bei Max Brod eingeladen, kommt wie meistens zu spät und entdeckt am Tisch eine weitere Person, die er bislang nicht kennt. Er setzt sich ihr gegenüber, es wird ein folgenreicher Abend. Felice Bauer ist 24 Jahre alt, Jüdin, Sekretärin in Berlin. Sie ist keine auffallende Schönheit, sieht eher aus wie die Braut aus seiner Erzählung »Hochzeitsvorbereitungen auf dem Lande«, große Nase, großer

Mund, schöne Augen, aber die beiden kommen leicht ins Gespräch und verstehen sich, zumindest planen sie bereits an diesem Abend eine gemeinsame Palästina-Reise in absehbarer Zukunft. Diese Reise wird nie stattfinden, dafür aber eine langjährige Beziehung, über die die Biographen bis heute rätseln.

> »Man ist sich einig darin, dass Kafka diese Frau benutzt hat, dass er ihre tatsächlichen Bedürfnisse und Wünsche ignoriert und ihr Funktionen aufgenötigt hat, die sie nur unter völliger Selbstverleugnung hätte erfüllen können. Von Kafkas Raffinesse ist die Rede, von seinem Taktieren, gar von Vampirismus. Gleichzeitig schwingt bei einigen dieser Autoren ein Ton des Bedauerns darüber mit, dass er sich ausgerechnet an dieser schlichten, ihm offenbar intellektuell nicht im mindesten gewachsenen Frau aufgerieben und damit den Weg zu einer reiferen, befriedigenderen Beziehung vielleicht für immer verbaut hat« (RS2, S.108).

Der harte Vorwurf der Funktionalisierung erscheint vordergründig. In der Regel ist die Funktionalisierung in Paarbeziehungen beidseitig, wobei meist nur die eine Seite offensichtlich erscheint, während die andere verdeckt bleibt, bis sie erkannt wird. Aus seiner Sicht schien sie die Richtige zu sein: Sie hielt ihn aus mit all seinen Ängsten und Zweifeln, konnte ihn sogar teilweise verstehen und war zugleich bedeutsam für seine persönliche Entwicklung. Und er konnte nicht nur charmant und intellektuell herausfordernd sein, er gab ihr immer wieder eine große persönliche Bedeutung, hob sie geradezu auf ein Podest und forderte sie zugleich heraus. Er wollte ihren Alltag kennenlernen, ihre Freunde, ihre Bücher, ihre Gedanken und Vorlieben. Das war untypisch für die Männer dieser Zeit, die ihre Bedürfnisse als naturgegeben und wichtiger ansahen als die ihrer Frauen.

Franz Kafka und Felice Bauer waren in einer ähnlich intensiven Bindung in ihren Familien und suchten nach einem geeigneten Partner, der dieses Dilemma aus eigenem Erleben kannte und verstand und damit die Ablösung aus dem Elternhaus unterstützen konnte.

Sehr wahrscheinlich gab es ein weiteres, wichtiges Motiv der Partnerwahl, das mit Kafkas instabiler Persönlichkeit zu tun hatte: Er erhoffte sich mehr persönliche Stabilität durch diese lebenspraktische Frau, so dass er von dieser Aufgabe entlastet wäre und sich dem Schreiben widmen könnte. Das Motiv der Ablösung ist insofern nur ein besonderer Faktor neben vielen anderen in der Beziehung der beiden gewesen, aber vielleicht ein entscheidender. Sie hatte eine »auffallend starke Verwurzelung in der Familie« (RS2, S.112), eine sehr enge Beziehung zu ihrer Mutter Anna, eine schwierige Beziehung zum Vater, ein Verantwortungsgefühl für den auffälligen Bruder und ihre Schwestern, das so weit ging, sie mit ihrem Gehalt als Sekretärin auch finanziell unterstützen zu müssen. Kafka hatte vielfältige Probleme mit seinem autoritären Vater und seiner angepassten Mutter und fühlte eine Verantwortung für drei jüngere Schwestern. Vordergründig erschien Felice selbständig und pragmatisch, und zugleich geeignet, seine Ablösung aus dem Elternhaus durch eine Heirat zu ermöglichen. Und Franz schien ihr als gutaussehender, promovierter Jurist mit literarischen Ambitionen ebenfalls eine gute Partnerwahl zu sein, vielleicht ein wenig sonderbar im Wesen. Und nach vielen Jahren einer teilweise quälenden Beziehung sollte sich das Partnerwahlmotiv von Bindung und Ablösung als schwerwiegendes Problem herausstellen. Beide inszenierten in ihrer Beziehung zentrale Variationen des Grundthemas von Bindung und Ablösung: Nähe oder Distanz, Familie oder Partnerschaft, Autonomie oder Abhängigkeit. Diese teilweise dramatischen Inszenierungen können nur erfolgreich überstanden werden, wenn ein gegenseitiges Grundvertrauen besteht – Kafka würde es einen »guten Willen« nennen –, sobald sich aber Misstrauen einschleicht, geht das Zutrauen verloren, Probleme miteinander lösen zu können. Auch das Thema Vertrauen und Misstrauen kannten sicher beide aus ihren jeweiligen Ursprungsfamilien. Letztlich sind sie gescheitert, weil das anfängliche Vertrauen verloren ging. Dieses Misstrauen gipfelte in einem von Franz Kafka als Tribunal erlebten Treffen der beiden im Hotel »Askanischer Hof« in Berlin – in Gegenwart ihrer Schwester Erna und der gemeinsamen Freundin Grete Bloch – und wurde später von ihm in seinem Roman »Der Prozess« grandios literarisch verarbeitet.

Felice fährt nach dem ersten Treffen bei Brod zurück nach Berlin, er bleibt in Prag. Es beginnt ein heftiger Briefwechsel, in dem er ihr alles abverlangt: Intensität, Offenheit, Intimität im Sinne einer schonungslosen persönlichen Selbsteröffnung. Er will alles von ihr wissen und bedrängt sie dabei regelrecht; es scheint, als lebe er die Beziehung auf seinem Lieblingsterrain: schriftlich. Ende 1912 schreibt er ihr in wunderbaren Worten: »Jetzt habe ich mein Leben um das Denken an Sie erweitert« (T2, 1.11.1912). Im Februar 1913 fragt sie ihn nach seinen Plänen und Zukunftsaussichten und er antwortet ehrlich: »Ich habe natürlich gar keine Pläne, gar keine Aussichten« (Stach 2018, S.207). Und Felice stellt ihm eine Frage, die sich sicher auch sehr viele seiner Leser schon gestellt haben: Ob er auch lachen könne? Und Kafka antwortet schelmisch und ungewohnt selbstbewusst: »Ich bin sogar als großer Lacher bekannt« (Stach 2018, S.196). Tatsächlich hatte er wenige Jahre zuvor 1910 bei einer Feier in der Allgemeinen Unfall-Versicherungs-Anstalt (AUVA) aufgrund der grotesken Situation einen Lachanfall bekommen, den er schlicht nicht stoppen konnte und von dem unter Kollegen noch lange erzählt werden sollte. Auch mit seinen Freunden lachte er viel und gern, wenn er aus seinen Schriften vorlas und seine Bücher enthalten einige Slapstick-Szenen, die durchaus an den von ihm geliebten Charlie Chaplin erinnern. Anscheinend hatte Felice eher seine dunkle Seite kennengelernt.

Allein im Jahr 1912 hat er ihr noch mehr als einhundert Briefe geschrieben.

> »Kafkas Briefe an Felice gehören zu den ungeheuerlichsten Dokumenten der Weltliteratur; weder in ihrer sprachlichen Dichte noch in ihrer selbstreflexiven Intensität sind sie mit irgendeiner erhaltenen Korrespondenz vergleichbar. Ihre exhibitionistischen Züge haben nichts gemein mit dem schon zu Kafkas Lebzeiten grassierenden Geständniszwang einer zunehmend psychologisierten Gesellschaft und noch viel weniger mit den heutigen, scheinbar radikaleren, in Wahrheit medial dirigierten Selbstentblößungen« (RS2, S.142).

Aber selbst in den brieflichen Korrespondenzen zeigen sich seine tiefen Ambivalenzen, Zweifel und Ängste: Einerseits liebt er die Briefe von ihr als möglichst tägliche Intimität, trägt sie bei sich und will stets mehr von ihnen, vor allem mehr Nähe und Offenbarungen, andererseits bittet er sie in einem Angstbrief nur noch einen in der Woche an ihn zu schreiben, so dass er ihn am Sonntag lesen kann. In diesem Angstbrief geht er mittendrin vom Sie zum vertraulichen Du über und unterschreibt mit Franz.

> »Ich ertrage nämlich Ihre täglichen Briefe nicht, ich bin nicht imstande, sie zu ertragen. Ich antworte z. B. auf Ihren Brief und liege dann scheinbar still im Bett, aber ein Herzklopfen geht mir durch den Leib und weiß von nichts als von Ihnen. Wie ich dir angehöre, es gibt wirklich keine andere Möglichkeit es auszudrücken und die ist zu schwach. Aber eben deshalb will ich nicht wissen, wie du angezogen bist, denn es wirft mich durcheinander, dass ich nicht leben kann, und deshalb will ich nicht wissen, dass du mir gut gesinnt bist, denn warum sitze ich, Narr, dann noch in meinem Bureau oder hier zuhause, statt mit geschlossenen Augen mich in den Zug zu werfen und sie erst zu öffnen, wenn ich bei dir bin« (F, 11.11.1912).

Was will er von ihr? Hier spricht eine tiefe Verzweiflung, weil er es selbst nicht mehr weiß. Einerseits sucht er absolute Nähe, dann wieder erscheint ihm die Distanzierung als einzig erträgliche Möglichkeit, weil die Symbiose nicht möglich ist, also: »… lassen wir alles, wenn uns unser Leben lieb ist.« Solche Briefe zu schreiben ist die eine Seite des Dramas, sie als Geliebte lesen zu müssen die andere. In der Nähe sucht er die rettende Distanz, in der Distanz will er wieder absolute Nähe.

Leider sind ihre Antwortbriefe nicht bekannt, weil er mehr als 400 Briefe von ihr verbrannte, nachdem die endgültige Trennung beschlossen war. Eine partnerschaftliche Intimität durch Briefe ist sicher möglich, es ist wie ein Dialog mit größeren zeitlichen Intervallen. Allein es fehlt die körperliche Präsenz, die emotionale, sinnliche Wahrnehmung des anderen. Ihre Beziehung auf Distanz zwischen

Berlin und Prag war sicher ein Hinderungsgrund für mehr körperliche Nähe, aber haben sie diese eigentlich gewollt? Sie vielleicht, aber bei ihm nichts als Zweifel und Sehnsucht, Annäherung und Distanzierung, Mitgefühl und Mitleid, Begehren und Angst vor Impotenz.

Die Sexualität bei Verliebten stand zu Kafkas Zeiten am Ende eines Bewerbungsrituals: Nach dem gegenseitigen Eingeständnis tiefer Gefühle für den anderen kam zunächst die Eröffnung gegenüber der Familie, dann begannen gegenseitige Nachforschungen über die Familie – Herkunft, Religion, sozialer und wirtschaftlicher Status, Reputation – gefolgt von diskreten Verhandlungen über die Mitgift, Versprechen und Verlobung, Heirat und dann erst die körperliche Nähe in der Hochzeitsnacht. Heute gehört zu Schillers Diktum – drum prüfe, wer sich ewig bindet, ob sich das Herz zum Herzen findet – auch die Prüfung der gemeinsamen Sexualität. Und manchmal kommt es zur Auflösung der Paarbeziehung vor der Ehe, weil sexuell etwas nicht stimmt, der Lustfaktor schon auf eheliches Niveau reduziert ist, bevor die Ehe angefangen hat. Es gehört zu Kafkas Eigentümlichkeiten, bei der ersten Begegnung mit Felice kein sexuelles Begehren empfunden zu haben, und dies stellte sich auch nicht bei den späteren persönlichen Begegnungen ein. Sein Begehren war anscheinend in der physischen Distanz und seiner virulenten Phantasie am größten. Es hat den Anschein, als habe er in der Annäherung nicht Angst vor ihr gehabt, sondern eher vor sich selbst, sich zu verlieren, aufzulösen, zu verschmelzen, zu versagen.

Man hatte intime Briefe ausgetauscht, persönliche Gespräche geführt, war gemeinsam im Grunewald spazieren gegangen und die Eltern würden schon zustimmen, es blieb also nur noch der offizielle Heiratsantrag. Im Juni 1913 schreibt er ihr: »Zu langem Zögern ist nicht mehr Zeit, wenigstens fühle ich das so und deshalb frage ich also: Willst du … überlegen, ob du meine Frau werden willst? Willst du das?« Diese Frage stellt er ihr, nachdem er in dem Brief eher Gründe gegen eine Heirat erwähnt hat, nicht zuletzt seine angeschlagene Gesundheit. Und in sein Tagebuch schreibt er kurz darauf, »dass nämlich das Schreiben mein eigentliches gutes Wesen ist … Hätte ich dies nicht, diese Welt im Kopf, die befreit sein will, ich hätte mich nie an den Gedanken gewagt, dich bekommen zu wollen« (T2, S. 562). Als sie auf seinen Heiratsantrag mit Ja antwortet, macht er sich Sorgen um sie, was würde sie sich mit dieser Heirat antun, wusste sie überhaupt, welche Risiken sie damit einging? Ihre Antwort passte hoffnungsvoll zu seiner Angst: »Ich werde mich an dich gewöhnen.« Unterstellen wir die Ablösung aus dem Elternhaus als ein zentrales Heiratsmotiv, dann muss auch sie die Hoffnung gehabt haben, dass er ihr diese überfällige Ablösung erleichtern würde und sie damit frei von familiären Verantwortlichkeiten wäre. Und diese Hoffnung scheint größer gewesen zu sein als die Angst vor einer Ehe mit ihm, obwohl sie ihn aus seinen brieflichen Offenbarungen wahrscheinlich besser kannte als die meisten Heiratswilligen in Berlin oder Prag.

Er beginnt mit der Wohnungssuche und eröffnet allein seiner Mutter – die anderen waren nicht anwesend – ausgerechnet an seinem 30. Geburtstag am 3. Juli 1913 seinen Heiratswunsch. Sie will die üblichen Erkundigungen einholen, was Felice beunruhigt und er lapidar kommentiert. Für Felice waren Erkundigungen brisant, weil dadurch die Gefahr bestand, dass wesentliche familiäre Geheimnisse aufgedeckt würden. Ein uneheliches Kind ihrer Schwester Erna, ihr Bruder Ferri war ein Betrüger, der nach Amerika fliehen musste, und ihr Vater hatte die Familie verlassen, um jahrelang mit einer anderen Frau zu leben. Obendrein wurde die Familie dadurch kreditunwürdig. Felice musste also befürchten, dass diese Geheimnisse durch die üblichen Familienerkundigungen im Zusammenhang mit einer geplanten Heirat gelüftet würden, die Folgen – nicht nur für die Heirat – waren nicht absehbar.

Herr F. hat in den Gedichten eine Möglichkeit gefunden, sich als scheuer, zurückhaltender Mann in seinen tiefsten Gefühlen einer Frau gegenüber zu äußern, und Franz Kafka ging es ebenso. Frau H. hat dies zunächst genossen und bewundert, hatte aber dann das Gefühl, dass es bei den Gedichten bleiben könnte und eine Initiative darüber hinaus fehlte, auch Felice muss es so ergangen sein. Dies deutet darauf hin, dass für die beiden Männer das Schreiben nicht nur eine Möglichkeit der angstfreien Annäherung war, sondern zugleich eine Distanzierung ermöglichte. Den Frauen muss somit das wunderbare Schreiben der Männer wie eine Falle erschienen sein, als Instrument für eine einseitige Regulierung von Nähe und Distanz.

KAPITEL 6

Was für und gegen eine Heirat spricht

Symbolik und Ambivalenz

Hochzeiten sind voller Symbolik: Einer einzigartigen Person wird im Rahmen einer großen Feier mit ausgewählten Gästen gegen alle empirischen Daten das ernsthafte Versprechen gegeben, nicht weniger als das gesamte Leben gemeinsam zu verbringen. Selbst hartgesottene Romantiker, die es gewohnt sind, dem Alltäglichen stets einen Glanz zu verleihen, sehen mittlerweile in der Heirat nicht mehr als eine lobenswerte Absicht. Paare haben heute in deutschen Großstädten eine Trennungswahrscheinlichkeit von ca. 50 % innerhalb der ersten 15 Ehejahre, aber solche Daten sollen die gute Stimmung bei der Heirat nicht trüben.

Die Trennungswahrscheinlichkeit verteilt sich allerdings sehr unterschiedlich. Paare mit der höchsten Trennungswahrscheinlichkeit sind, in der Reihenfolge: junge Paare, Karriere-Paare, partnerschaftliche und traditionelle Paare. Junge Paare heiraten nicht selten, um sich damit aus den Elternhäusern zu lösen, haben aber häufig noch keine ausreichende persönliche Reife und partnerschaftliche Erfahrungen, um mit den anstehenden Aufgaben und Konflikten umgehen zu können. Karriere-Paare haben trotz Heirat eine Priorität hinsichtlich ihrer beruflichen Karrieren, so dass sie sich im Zweifelsfall für den Job und gegen eine Beziehung entscheiden. Partnerschaftliche Paare heiraten mit dem Versprechen auf partnerschaftliche Gleichberechtigung und Arbeitsteilung, einer Beziehung auf Augenhöhe, sind damit im familiären Alltag jedoch nicht selten chronisch überfordert und leiden unter Dauerstress. Traditionelle

Paare sehen für die Frau ein Dasein als Hausfrau und Mutter, durchaus mit Teilzeitbeschäftigung, und einen Mann als Ernährer der Familie und Vater der Kinder. Im Traditionalismus solcher Paare steckt nicht immer die konservative Ideologie, eine Frau gehöre an den Herd, als vielmehr eine Entscheidung zugunsten der Kinder, die gegenüber ihren beruflichen Ambitionen für einige Jahre Priorität bekommen sollen. Wahrscheinlich sind traditionelle Paarbeziehungen auch deshalb dauerhafter, weil sie am besten zum weiterhin existierenden Patriarchat passen.

Paare heiraten heute in der Regel, weil sie einen – bewussten oder unbewussten – Kinderwunsch haben. Kinder machen aus einem Paar eine Familie! Familienbeziehungen mit verheirateten Eltern sind anscheinend immer noch der beste Schutz für eine gedeihliche Entwicklung der Kinder innerhalb unserer Kultur. Ohne einen Kinderwunsch kann Heiraten auch schön sein, obwohl Trauscheine im partnerschaftlichen Alltag nicht mehr benötigt werden. Das durchschnittliche Erstheiratsalter liegt in Deutschland bei ca. 30 Jahren, Tendenz steigend. Gleichzeitig tickt die biologische Uhr insbesondere bei Frauen, so dass die These von der Rushhour des Lebens immer noch Gültigkeit hat. Nach Abschluss einer Ausbildung gilt es für Frauen, erste Karriereschritte im Beruf zu vollziehen und gleichzeitig »den Mann fürs Leben« kennenzulernen, an sich zu binden und auf seine Vaterschaftstauglichkeit zu prüfen. Danach kann sie – bei mittlerweile durchschnittlich besserer Qualifikation und schlechterer Bezahlung als ihr Mann – nach einer Heirat ihre beruflichen Ambitionen zugunsten von Schwangerschaft und Babyjahr wieder reduzieren. Ein späterer beruflicher Wiedereinstieg ist möglich, allerdings meist zu anderen Konditionen. Beim Mann bleibt der Druck, eine dreiköpfige Familie ernähren zu müssen, zumindest, bis sie nach der Geburt des Kindes wieder in ihren Beruf einsteigen kann. Wenn dieser Zeitpunkt erreicht ist, sind gestresste Paare und Jungeltern nicht selten ausgelaugt und von einer partnerschaftlichen Romantik weitgehend desillusioniert. Wenn es gut läuft, bleibt ein müdes Lächeln und viel Freude über das Kind.

Kinder aus Trennungsfamilien haben eine höhere Trennungswahrscheinlichkeit in ihren späteren Paarbeziehungen, weil sie durch die Trennung ihrer Eltern den kindlichen Glauben an die lebenslange Dauer einer Liebesbeziehung verloren haben und Trennung für eine – zwar nicht erfolgversprechende, aber mögliche – Konfliktlösung halten. Zudem gehen sie aufgrund ihrer kindlichen Erfahrungen mit einem Sicherheitsabstand in ihre Partnerschaften, um sich vor einem neuerlichen Verlust einer wichtigen Beziehung zu schützen. Damit verhindern sie eine Intimität von Anfang an, sie scheuen das Risiko einer tieferen Intimität und gegenseitigen Abhängigkeit und fördern mit dieser verminderten Intimität genau das, was sie vermeiden wollen: eine Trennungswahrscheinlichkeit. Manchmal wollen erwachsene Kinder aus Trennungsfamilien aufgrund ihrer negativen Erfahrungen erst gar nicht heiraten. Wer nicht verheiratet ist, kann sich auch nicht scheiden lassen, besagt ihre Logik. Herr H. war solch ein Trennungskind, aber leider hat er das erst sehr spät gemerkt, seine Partnerin meint, viel zu spät.

Hochzeit abgesagt

Das Paar sitzt etwas versteinert vor mir. Sie haben sich einige Wochen nicht gesehen, seit Herr H. kurzfristig per SMS die gemeinsame Hochzeit abgesagt hat. Der materielle Schaden ist enorm – Hotel und Restauration wurden erst einen Tag vorher storniert – aber höher ist der emotionale. Frau I. ist zutiefst gekränkt und fragt sich, warum sie die ganze Zeit nichts gemerkt hat, und Herr H. fühlt sich schuldig und weiß selbst nicht, warum er die Hochzeit einen Tag vorher abgesagt hat. Seine schriftlichen Bitten an sie um Entschuldigung blieben unbeantwortet. Sie hat ihm nach langem Zögern lediglich mitgeteilt, nur in Gegenwart eines neutralen Dritten noch einmal mit ihm zu sprechen. Ist die heutige Sitzung der Beginn einer Paartherapie, eine verspätete Trennungsberatung oder eine Krisenintervention?

Sie verlangt eine vollständige Erklärung und ich reiche die Frage an ihn weiter. Er habe einfach Panik bekommen, eine sehr laute innere Stimme habe ihm gesagt, dass er die Heirat absagen müsse. Ja, er liebe diese Frau immer noch, das sei nicht das Problem gewesen.

Ich frage ihn, zu wem die Stimme gehört, die ihm den Auftrag zur Absage gegeben hat, und er antwortet spontan: »Es war die Stimme meines Vaters. Er hat mir einmal gesagt, dass er nie hätte heiraten sollen. Aber wenn er meine Mutter nicht geheiratet hätte, dann wäre ich nicht geboren worden. Ich habe jahrelang über den Satz nachgedacht und kurz vor unserer Hochzeit kam er mir wieder laut ins Bewusstsein.« Ich frage ihn, ob man als Vater einen solchen Satz seinem Sohn überhaupt sagen sollte, selbst wenn er ehrlich gemeint sei, und er verneint die Frage heftig. Eine solche Aussage könne man treffen, aber nicht vor dem eigenen Kind, dessen Existenz dadurch infrage gestellt werde. Frau I. fragt etwas scharf, warum er ihr das nie erzählt habe. »Wir haben ein halbes Jahr vorher mit den Hochzeitsvorbereitungen angefangen, haben Einladungslisten erstellt und hin und her gerechnet für die große Feier und die Hochzeitsreise, und du erzählst mir so etwas Wichtiges nicht?« Er habe es vergessen, es sei alles so schön gewesen, so unbeschwert und leicht und dann habe die Schwere mit Macht zugeschlagen. Ich frage ihn, warum sein Vater besser nicht geheiratet hätte, und er reagiert erstaunt. »Ich weiß es nicht. Vielleicht war er in einer Krise mit meiner Mutter oder mit sich selbst. Für mich klang der Satz damals wie ein Vermächtnis, an das er mich binden wollte.« Ich frage ihn, wie alt er damals war, als sein Vater diesen Satz zu ihm sagte. Er sei etwa 13, 14 Jahre alt gewesen, habe gerade angefangen, sich für Mädchen zu interessieren, hatte eine erste unschuldige Freundin. Die Aussage seines Vaters wirkte wie ein Verbot. Er habe sich von der Freundin zurückgezogen, und das Gleiche sei ihm jetzt wieder passiert. Es war nicht nur eine Warnung des Vaters, es war wie ein Versprechen, dass der Junge dem Vater geben musste und das er nicht brechen durfte, weil er sich sonst gegen seinen Vater stellte. Der Vater sei vor einigen Jahren zu früh an einem Herzinfarkt gestorben, er war in den letzten Stunden noch bei ihm gewesen. Jetzt könne er nicht mehr mit ihm darüber sprechen, wahrscheinlich würde der Vater es weit von sich weisen, den Sohn zum Junggesellendasein verpflichtet zu haben, und sich über die anstehende Hochzeit freuen. Trotzdem habe er das Gefühl, in seiner Entscheidung nicht frei zu sein und sich gegen den Vater auszusprechen, wenn er heiraten würde. Am Ende der ersten Sitzung sind beide verwirrt und Frau I. bemerkt, dass sie etwas erleichtert sei, weil die Absage der Heirat anscheinend nichts mit ihr zu tun habe, sondern ein inneres Problem »ihres Mannes« sei. Ich bitte Herrn H. einen Brief an seinen Vater zu schreiben, ähnlich wie es Kafka getan hat. Auch Kafkas Vater habe den Brief an ihn ja nie gelesen und selbst wenn sein Vater schon tot sei, solle er ihm schreiben und ihm erzählen, dass er die Heirat abgesagt habe, um damit ein Versprechen einzulösen, das der Vater ihm vor vielen Jahren abverlangt habe. Er verspricht den Brief zu schreiben und beim nächsten Mal mitzubringen.

Vor der nächsten Sitzung schickt er den Brief an seinen Vater, den er mit »Lieber Paul« überschrieben hat, per Mail an Frau I. und mich. Er beginnt mit der Absage der Hochzeit, dem Hinweis auf die Äußerung des Vaters, an die dieser sich vielleicht gar nicht mehr erinnere, und geht dann über in eine Bilanzierung ihrer Vater-Sohn-Beziehung von seiner Geburt bis zum Tod des Vaters. Der Brief endet damit, dass er hiermit sein »Versprechen«, das er im Übrigen nie gegeben habe, auflöse. Er kenne bis heute die Beweggründe nicht, die den Vater zu seiner Aussage bewogen haben, vielleicht habe er den Satz aus einer schlechten Stimmung heraus gesagt, vielleicht aber auch als eine Bilanz seiner Ehe gemeint, doch er habe seinem Vater kein Gelübde gegeben, niemals zu heiraten. Und sehr vehement weist er den Vater am Schluss des Briefes zurecht, solch einen Satz dürfe ein Vater niemals zu seinem Sohn sagen, und wenn er jemals einen Sohn haben werde, dann würde er das niemals tun.

Frau I. bedankt sich für den Brief, schätzt seine Offenheit und sein Engagement zur Klärung der Hintergründe dieses Dramas, ist aber nach wie vor gekränkt und bedauert, dies alles komme viel zu spät. Mein Hinweis, dass die Wirkung solcher Sätze oft erst in Verbindung mit passenden Ereignissen eintreten und bis dahin eher im Unbewussten schlummern würde, beruhigt sie nicht wirklich. Sie verstehe den Zusammenhang dieses Satzes nicht wirklich, und ich antworte ihr, vielleicht sei es weniger ein Versprechen dem Vater gegenüber für das eigene Leben gewesen als ein Versuch des Sohnes, die Mutter vor der Wirkung des Satzes zu schützen. Ich frage ihn, ob seine Mutter noch lebe und ob er sich vorstellen könne, mit ihr über diesen Satz des Vaters zu sprechen. Er hat Angst davor, weiß nicht warum, beschließt aber, seine Mutter zu besuchen.

Als er in der nächsten Sitzung vom Besuch bei der Mutter berichtet, wirkt er viel klarer. Seine Mutter sei über die Absage der Hochzeit enttäuscht, das Paar passe doch so gut zusammen. Sie habe auch viel darüber nachgedacht, wieso es zu dieser plötzlichen Absage kam, er sei schon immer ein ängstlicher Junge gewesen, aber so etwas könne man einer Frau nicht antun. Herr H. habe versucht sich seiner Mutter zu erklären und habe dabei über die Äußerung seines Vaters gesprochen. Die alte Dame habe ihm erklärt, dass sie damals in einem heftigen Trennungskonflikt mit seinem Vater war und ihre gesamte Beziehung infrage gestellt habe. Sie kenne den Satz, er habe ihn auch ihr gesagt und sie habe ihren Mann damals gebeten, den Jungen nicht in den Konflikt hineinzuziehen. Anscheinend habe er den Streit damals mit 13 Jahren doch mitbekommen, das tue ihr sehr leid. Der Vater sei im Verlauf der Ehekrise kurzfristig ausgezogen, dann hätten sie sich wieder versöhnt. Abschließend habe ihm seine Mutter geraten, die Sache in Ordnung zu bringen, sie würde seine Hochzeit gern noch erleben, aber er solle nicht mehr so etwas anstellen. Sein Eindruck nach dem Gespräch: »Ich glaube, es ging mir weniger um ein Versprechen an meinen Vater als um die Wahrung eines Geheimnisses zum Schutz meiner Mutter. Wahrscheinlich hatte ich den Satz meines Vaters so verstanden, dass er sich von meiner Mutter trennen wollte und sich nur mir anvertraut hatte. Als ich dann selbst heiraten wollte, bin ich wieder in diesen Schutzmechanismus reingerutscht.« Frau I. fragt ihn, wie er dazu komme, einen Schutzmechanismus für seine Mutter auf sie zu übertragen, und er antwortet stockend, dass vielleicht sein Kinderwunsch dahinterstecke und sie in seinen Augen schon die Mutter eines gemeinsamen Kindes sei. Einige Wochen später bitte ich beide, eine Bilanz zu erstellen, was für und gegen eine Heirat spreche. Wir besprechen jeden einzelnen Punkt. Beide Bilanzen fallen im Ergebnis positiv aus. Aber Frau I. will auf keinen Fall eine neue Hochzeitsplanung machen und zeigt sich verwundert, dass es doch eine Paartherapie geworden sei, noch vor einer möglichen Heirat. Ich bemerke, dass Paartherapien nicht an Ehen gebunden seien.

Kafkas Bilanz

Kafkas literarische Annäherungen an das Thema Liebe und Partnerschaft sind vorsichtig, distanziert und voller Ängste und Zweifel – wie in seinem Leben auch. Dennoch ist einer seiner ersten Versuche einer längeren Erzählung dem Thema »Hochzeitsvorbereitungen auf dem Lande« gewidmet, sie stammt aus dem Jahre 1907, als er zwanzig Jahre alt war. Es geht um die vielfältigen Ängste des Mannes vor der Hochzeit mit seiner Auserwählten. Eigentlich hätte diese Erzählung auch »Fahrt aufs Land« heißen können, denn es werden weder konkrete Hochzeitsvorbereitungen geschildert noch tritt die Braut selbst in Erscheinung, dafür wird ausführlich die Fahrt von der Stadt aufs Land bis zur Ankunft im Gasthof beschrieben. Die eigentliche Handlung sind die Gedanken und inneren Monologe während der Fahrt, vor allem die tiefen Zweifel, die Raban – so heißt der Protagonist – rund um die Braut und die Hochzeit auf dieser Fahrt begleiten, vom einfachen Zweifel bis zum phantasierten.

An einem regnerischen Nachmittag – es regnet während der gesamten Erzählung – fährt Eduard Raban von seiner Wohnung in Prag zunächst mit der Straßenbahn zum Bahnhof, anschließend mit der Bahn zu einem kleinen Ort auf dem Lande und weiter mit dem Bus, der ihn vor einem Gasthof absetzt. Es ist die Schilderung einer Fahrt zur Braut namens Betty. Vorsichtiger kann man sich einem Ereignis nicht nähern als mit der Schilderung einer Anfahrt, und damit endet die Erzählung. Kafka hat bei all seinen Ängsten noch eine für ihn typische Idee: »Ich brauche nicht einmal selbst aufs Land zu fahren, das ist nicht nötig. Ich schicke meinen angekleideten Körper« (SE, S. 365). Ein wahrlich dissoziierter Gedanke, den Kafka hier zu Ende denkt. Während der Körper aufs Land fährt »und weinend dort sein Nachtmahl ißt« (SE, S. 365), liegt er zu Hause in seinem warmen Bett. »Ich habe, wie ich im Bett liege, die Gestalt eines großen Käfers, eines Hirschkäfers oder eines Maikäfers, glaube ich« (SE, S. 365). Hier tritt zum ersten Mal, weit vor der Niederschrift der Verwandlung, das Bild des Käfers auf. Es ist keine Angstphantasie, sondern eher ein Schutz vor der bedrohlichen Außenwelt: Der Käfer im Bett ist für ihn anscheinend ein tröstender Gedanke, der Rückzug in einen Kokon.

Die Zwangsgedanken von Raban während der Fahrt sind weitgehend Worst-case-Szenarien, bei denen die schlechteste Annahme jeweils als Realität angenommen wird, auf die er sich einstellen muss. Der Anblick eines Fotos seiner Braut Betty gibt ihm eine Möglichkeit, die Reise infrage zu stellen. Ist seine Braut eigentlich schön, lohnt sich die Reise für diese Frau?

> »Wie gebückt sie ist, dachte Raban, als er das Bild jetzt ansah, niemals ist sie eigentlich aufrecht und vielleicht ist ihr Rücken rund. Ich werde viel darauf achten müssen. Und ihr Mund ist so breit und die Unterlippe ragt ohne Zweifel hier vor, ja, ich erinnere mich jetzt auch daran. Und das Kleid! Natürlich, ich verstehe nichts von Kleidern, aber diese ganz knapp genähten Ärmel sind sicher hässlich, wie ein Verband sehen sie aus. Und der Hut, dessen Rand an jeder Stelle mit anderer Biegung in die Höhe aus dem Gesichte gehoben ist. Aber ihre Augen sind schön, sie sind braun, wenn ich nicht irre. Alle sagen, dass ihre Augen schön sind« (SE, S. 368).

Er trifft seinen Freund Lement bei der Straßenbahn und überlegt nach kurzer Unterhaltung mit ihm, doch erst am nächsten Tag zu fahren. Zweifel über Zweifel überkommen ihn, Freude über seine bevorstehende Hochzeit ist nicht zu spüren, im Gegenteil. Er tröstet sich mit dem Gedanken, in einen falschen Zug zu steigen und dann wieder zurückfahren zu müssen. »Wenn ich wenigstens, dachte Raban, in einen falschen Zug steigen würde. Dann würde es mir doch scheinen, als sei das Unternehmen schon begonnen, und wenn ich später, nach Aufklärung des Irrtums, zurückfahrend wieder in diese Station käme, dann wäre mir schon viel wohler« (SE, S. 372). Seine Angstphantasien steigern sich ins Phantastische und während er im Bus sitzt, bringt er die Pfützen unter den Rädern mit seiner bevorstehenden Heirat in eine kausale Verbindung. »Viele Pfützen wurden unerwartet von der an der Deichsel zitternden Laterne erhellt und zerteilten sich, Wellen treibend, unter dem Rad. Das geschah nur deshalb, weil Raban zu seiner Braut fuhr, zu Betty, einem ältlichen hübschen Mädchen« (SE, S. 383). Der Gedanke klingt absurd, aber dennoch logisch. Wenn er nicht heiraten würde, dann gäbe es diese Fahrt nicht, und wenn die Fahrt nicht wäre, dann würden sich nicht die Pfützen unter den Rädern des Wagens zerteilen. Ist dieser Gedanke nun kafkaesk oder nur logisch – oder beides?

Waren die »Hochzeitsvorbereitungen auf dem Lande« für Franz Kafka eine mentale Annäherung an das Thema Hochzeit und Ehe? Wenn ja, dann überwiegen die Zweifel und Ängste. Dagegen sprach die Befürchtung, als Junggeselle alt zu werden. Im November 1911 schrieb er eine kleine Notiz, die aus nur zwei Sätzen besteht, in der er vor der Einsamkeit eines Junggesellen im Alter warnt. Sie heißt: »Das Unglück des Junggesellen«:

> »Es scheint so arg, Junggeselle zu bleiben, als alter Mann unter schwerer Wahrung der Würde um Aufnahme zu bitten, wenn man einen Abend mit Menschen verbringen will, krank zu sein und aus dem Winkel seines Bettes wochenlang das leere Zimmer anzusehn, immer vor dem Haustor Abschied zu nehmen, niemals neben seiner Frau sich die Treppe hinaufzudrängen, in seinem Zimmer nur Seitentüren zu haben, die in fremde Wohnungen führen, sein Nachtmahl in einer Hand nach Hause zu tragen, fremde Kinder anstaunen zu müssen und nicht immerfort wiederholen zu dürfen: ›Ich habe keine‹, sich im Aussehen und Benehmen nach ein oder zwei Junggesellen der Jugenderinnerungen auszubilden.
> So wird es sein, nur dass man auch in Wirklichkeit heute und später selbst dastehen wird, mit einem Körper und einem wirklichen Kopf, also auch einer Stirn, um mit der Hand an sie zu schlagen« (SE, S. 19–20).

Also doch besser Heirat, Ehe, Familie und Kinder, als solch ein Junggeselle zu bleiben? Klingt sehr vernünftig, beinahe abgeklärt, allein seine Gefühle sehen das nicht so. Wie soll er jemals aus diesem Dilemma herauskommen?

Die normale, zutiefst romantische Hoffnung für solch einen Konflikt zwischen ewigem Junggesellen und einer Heirat ist – damals wie heute – die Lösung durch die einzig richtige Partnerwahl. Eine

Liebessehnsucht, die von den modernen Partnerschaftsportalen gewinnbringend vermarktet wird, aber schon zu Kafkas Zeiten gab es Heiratsvermittler, die auch nicht schlecht davon lebten. Und es gab Rituale der Anbahnung einer Paarbeziehung unter Beteiligung der Eltern, die viel mit Erkundigungen über den jeweils anderen und seine oder ihre Familie verbunden waren und die von schriftlich distanzierten zu persönlichen Begegnungen übergingen. In den meisten Fällen reichten dazu einige Monate, bestätigende Recherchen, gelungene Vorstellungen bei den Familien, dann wurde entschieden. Im Fall von Felice Bauer und Franz Kafka dauerte dieser Prozess einige Jahre und endete mit der endgültigen Trennung nach sechs Jahren und zwei Verlobungen.

Wie zu erwarten, waren auch bei Franz Kafka die Ambivalenzen und tiefen Zweifel nach dem Heiratsantrag lange nicht beendet, im Gegenteil. Nur Wochen später, am 21. Juli 1913, macht er in seinem Tagebuch eine schonungslose Bilanz auf, »was für und gegen meine Heirat spricht:

> 1. Unfähigkeit, das Leben zu ertragen, nicht etwa Unfähigkeit zu leben, ganz im Gegenteil, es ist sogar unwahrscheinlich, dass ich es verstehe, mit jemandem zu leben, aber unfähig bin ich den Ansturm meines eigenen Lebens, die Anforderungen meiner eigenen Person, den Angriff der Zeit und des Alters, den vagen Andrang der Schreiblust, die Schlaflosigkeit, die Nähe des Irreseins – alles dies allein zu ertragen bin ich unfähig. Vielleicht, füge ich natürlich hinzu. Die Verbindung mit F. wird meiner Existenz mehr Widerstandskraft geben.
> 2. Alles gibt mir gleich zu denken. Jeder Witz im Witzblatt, die Erinnerung an Flaubert und Grillparzer, der Anblick der Nachthemden auf den für die Nacht vorbereiteten Betten meiner Eltern, Maxens Ehe. Gestern sagte meine Schwester: ›Alle Verheirateten (unserer Bekanntschaft) sind glücklich, ich begreife es nicht‹, auch dieser Ausspruch gab mir zu denken, ich bekam wieder Angst.
> 3. Ich muss viel allein sein. Was ich geleistet habe, ist nur ein Erfolg des Alleinseins.

> 4. Alles was sich nicht auf Literatur bezieht, hasse ich, es langweilt mich, Gespräche zu führen (selbst wenn sie sich auf Literatur beziehen), es langweilt mich Besuche zu machen, Leiden und Freuden meiner Verwandten langweilen mich in die Seele hinein. Gespräche nehmen allem was ich denke die Wichtigkeit, den Ernst, die Wahrheit.
> 5. Die Angst vor der Verbindung, dem Hinüberfließen. Dann bin ich nie mehr allein.
> 6. Ich bin vor meinen Schwestern, besonders früher war es so, oft ein ganz anderer Mensch gewesen, als vor anderen Leuten. Furchtlos, bloßgestellt, mächtig, überraschend, ergriffen wie sonst nur beim Schreiben. Wenn ich es durch Vermittlung meiner Frau vor allen sein könnte! Wäre es dann aber nicht dem Schreiben entzogen? Nur das nicht, nur das nicht!
> 7. Allein könnte ich vielleicht einmal meinen Posten wirklich aufgeben. Verheiratet wird es nicht möglich sein« (T2, 21.7.1913).

Diese Bilanz ist unabhängig von der Frau, die er heiraten würde, sie offenbart ausschließlich sein tiefes persönliches Dilemma. In seinem Bild verliert er jegliche Autonomie und Selbstbestimmung durch eine Heirat. Zu jedem Punkt könnte eine selbstbewusste, nicht von Selbstzweifeln geplagte Person sagen: »Wenn ich allein sein will, dann sage ich das, wenn ich keine belanglosen Gespräche führen möchte, dann tue ich das nicht, wenn ich lesen und schreiben möchte, dann ziehe ich mich zurück. Und wenn du, liebe Frau, etwas dagegen hast, dann lass uns darüber sprechen und vielleicht einen Kompromiss finden.« Kafka aber hat die Angst, dass er nach einer Heirat nicht mehr selbst die Entscheidungen über sein Leben treffen kann. Willensentscheidungen sind psychologisch gesehen Ich-Funktionen, wenn er aber sein Ich bei der Heirat abgeben oder aufgeben muss – und anscheinend befürchtet er das –, dann entscheidet ein anderes Ich. Ist es also die Angst vor Ich-Auflösung, vor Fremdbestimmung als Folge einer Anpassung oder Unterordnung? Hat er seine Mutter und Schwestern in ihren jeweiligen Ehen so erlebt? Seine Mutter wahrscheinlich, sicher nicht seinen Vater und auch nicht seinen promiskuitiven Freund Max Brod. Er fühlt sich allein bei dem Gedanken an eine Heirat verloren, als ob sein Ich sich in einer Symbiose zwangsläufig auflösen und jede Abgrenzung unmöglich werden würde. Hat er keine stabile Identität oder verliert er sie erst durch eine Heirat? Die Grenzen zur Außenwelt erscheinen zu durchlässig, alles gibt ihm zu denken und macht ihm Angst. Nur im Schreiben ist er bei sich, hält sich damit gleichsam zusammen, verhindert die Selbstauflösung. Gleichzeitig hofft er, dass die lebenspraktische Felice sein Anker in der Realität sein könnte, er durch sie einen Halt finden könnte, den er in sich nicht spürt. Aber dann wäre er wieder abhängig von ihr, dann würde sie bestimmen können – und müssen –, und so wäre die Selbstaufgabe erklärbar als Konsequenz eines lebensuntüchtigen Menschen. Er steckt fest in der Falle einer tiefen Ambivalenz, aus der er nicht mehr herauskommt. Später, als er in ländlicher Ruhe die Zürauer Aphorismen schreibt, fällt ihm die Lösung ein: »Von einem gewissen Punkt an gibt es keine Rückkehr mehr. Dieser Punkt ist zu erreichen« (ZÜ 5).

In Kafkas Selbstreflexionen steckt viel ehrliche Selbsterkenntnis. Er kann das Wagnis einer festen Beziehung nur eingehen, wenn er die Person komplett kennt und ihr vertrauen kann, er braucht absolute Gewissheit und eine Art Urvertrauen in sie, weil er in seinem Empfinden seine Existenz in ihre Hände legen würde. Daher die Forderung nach kompletter Offenbarung, nach täglichen Briefen, nach schonungsloser Einsicht in ihre Innerlichkeit. Es ist ein Prüfvorgang von existenzieller Bedeutung für ihn, und es ist fraglich, ob irgendein Mensch eine solche Prüfung bestehen könnte. Wer kann schon das eigene Leben führen und zugleich existenziell für einen anderen Menschen verantwortlich sein? Das geht normalerweise nur in frühen Mutter-Kind-Bindungen. Will er das? Will er eine Frau, die mit ihm zurückgeht in eine frühe Mutter-Kind-Symbiose, aus der heraus seine eigene Individuation neu entstehen kann? Seine spätere Freundin Milena Jesenská hat er einmal »Mutter Milena« genannt, es gab also diesen regressiven Wunsch an eine Partnerin bei ihm. Aber wie soll eine Paarbeziehung aussehen, deren konstitutives Element eine Art Mutter-Kind-Symbiose ist? Gewiss ist in jeder Paarbeziehung auch – zu bestimmten Zeiten mehr oder weniger – der Aspekt der mütterlichen oder väterlichen Sorge für den anderen enthalten, aber nicht als zentrales Motiv. Und wenn er in seinen inneren Zweifeln und Ängsten an diesem Punkt der Selbstreflexion angekommen ist, wenn schlicht keine Partnerwahl mehr denkbar erscheint, dann steht er wieder vor sich selbst als dem einzig Schuldigen dieser Misere. Und so schließt sich der Kreis und die Verzweiflung ist komplett. Angekommen bei diesem unterwürfigen Gedanken voller Schuldzuweisungen an sich selbst ist es nur noch ein kurzer Schritt zur suizidalen Krise – und der einzig mögliche Ausweg ist das Schreiben. So entsteht die Erzählung »Das Urteil«, in der alle Themen von der geplanten Heirat bis zum Suizid enthalten sind, und die Wirkung der Niederschrift war für ihn wahrhaft eine Katharsis.

Mein Klient Herr H. hatte solche existenziellen Probleme wie Franz Kafka nicht. Er war gefangen in einem viele Jahre zurückliegenden Trennungskonflikt seiner Eltern, der durch seine anstehende Heirat aktualisiert wurde und ihn lähmte wie damals als Kind. Bei seiner Hochzeit ein Jahr später mit Frau I. hat er sich bei den geladenen Gästen für die Absage des ersten Hochzeitstermins entschuldigt und mit vorsichtigen Worten eine Erklärung angeboten, die jegliche Schuldzuweisung vermied. Aber er allein hat die Verantwortung übernommen und das hat sowohl ihn selbst als auch seine Ehefrau entlastet.

KAPITEL 7

Trauer, Schuld, Suizid

Das Urteil

Depression ist eine Volkskrankheit. Das Erscheinungsbild reicht von leichter oder wiederkehrender Trauer bis hin zu schweren Symptomen wie Antriebsarmut, Hilf- und Hoffnungslosigkeit. Im Zentrum der Erklärungen stehen unverarbeitete Verlust- und Trennungserlebnisse, dennoch bleiben die Hintergründe individuell und vielfältig. Wenn zu den depressiven Stimmungen eigene Schuldgefühle hinzukommen, kann die Idee entstehen, dass der eigene Tod der Ausweg aus diesem Leiden sein kann, eine Art Licht am Ende des Tunnels. Suizidalität kündigt sich in der Regel an (präsuizidales Syndrom), kann aber auch plötzlich durch besondere Ereignisse ausgelöst werden. Suizid wird kulturell und religiös sanktioniert und ist für die Angehörigen ein schambesetztes Ereignis, weil damit immer eine Schuldfrage verknüpft wird. Wie viel Schuld haben die engsten Angehörigen am Tod eines Menschen aus ihrer Familie, was hätten sie tun können, um diesen Tod zu verhindern? Insofern sind suizidale Menschen nie allein in einer Krise, sondern meist auch ihre engsten Familienangehörigen. Die Krise beginnt lange vor einem Suizidversuch und verschärft sich danach. Kleine Kinder leiden auf besondere Weise unter dem Suizid eines Elternteils, weil sie entwicklungsbedingt noch keine ausgereiften Bewältigungsstrategien für dieses Trauma haben und zudem bei solchen Ereignissen zu Selbstschuldzuschreibungen neigen. Insofern kann ihr Leiden ein Leben lang anhalten, weil sie Schuldgefühle quälen.

Einschlafen

Herr L. hat im letzten Jahr immer wieder mit dem Gedanken gespielt, sich umzubringen, hat sich im Internet über die verschiedenen Möglichkeiten eines Suizids erkundigt, bis seine Frau auf seine Internetrecherche gestoßen ist. Daraufhin hat sie ihn fürchterlich beschimpft, er sei eine miserable Erscheinung und habe sich einfach feige davonmachen wollen, dann wäre sie mit den zwei Kindern allein gewesen, das könne er ihr nicht antun. Er hat ihre Reaktion verstanden, aber seine Krise hat es eher noch verschärft. Der Sohn hat den Streit seiner Eltern mitangehört und geriet dadurch selbst in eine heftige Krise, weil er vor lauter Angst, seinen Vater zu verlieren, nicht mehr schlafen konnte. Er blieb zu Hause, ging nicht mehr raus und passte darauf auf, dass sein Vater sich nicht umbrachte.

Die suizidale Krise des Mannes begann nach einem längeren, schwelenden Paarkonflikt mit seiner Frau, in dem sie immer wieder damit drohte, ihn zu verlassen. Sie sei es leid, einen depressiven Mann zu ertragen, der es gerade noch zur Arbeit schaffe, den Rest seiner Zeit aber auf der Couch verbringe und ihr die ganze Arbeit mit Haushalt und den Kindern überlasse. Wenn er Depressionen habe, dann solle er sich eben mehr zusammenreißen und sich nicht so hängen lassen, andere hätten auch Depressionen und lebten damit. Zur Not solle er halt zum Arzt gehen und Medikamente nehmen. Er weist sie darauf hin, dass er das schon ein Jahr lang getan habe. Die Medikamente, die der Arzt ihm verschrieben hatte, hätten aber heftige Nebenwirkungen gehabt. Sie hätten ihn abstumpfen lassen, also habe er sie wieder abgesetzt und sei nicht weiter zu diesem Arzt gegangen. Einen anderen Arzt zu suchen habe er keine Zeit und Energie gehabt, seitdem gehe es ihm etwas besser. Seine Frau verstärke seine Depressivität nur, sie gebe ihm das Gefühl, ein schlechter Mann und Vater zu sein. Ständig mache sie ihm Vorwürfe, er sei ihr eine Last, anstatt sie zu entlasten. Die Drohung, ihn mit den beiden Kindern zu verlassen, habe ihm den Rest gegeben. Da er Chemiker sei, wäre es für ihn leicht gewesen, sich nach den entsprechenden Präparaten zu erkundigen. Er hatte sich überlegt, Medikamente zu nehmen, von denen er einschlafen und nie mehr aufwachen würde, das sei für ihn ein sehr angenehmer Gedanke gewesen. Ja, heute sehe er das anders, das könne er den Kindern nicht antun.

Also ist er erst einmal in den Keller gezogen, damit seine Frau ihn nicht mehr sehen müsse, seitdem lebe sie mit den Kindern oben und er allein unten. Nein, gemeinsame Mahlzeiten gibt es nicht mehr, die Kinder sind verschreckt und haben große Angst, dass Papa sich wirklich etwas antut oder die Eltern sich trennen. Wenn seine Frau nicht da sei, erledige er die Auftragsarbeiten, die sie ihm erteile, also Einkäufe, Gartenarbeit, Rasenmähen, Keller aufräumen oder Bad renovieren. In diesem alarmierten Zustand lebt die Familie seit Monaten und alle sind mit ihren Nerven am Ende. Ja, sie habe vor einigen Wochen einen sehr netten Mann kennengelernt, der richtig aktiv und voller Energie sei, sich nicht derart hängen lasse wie er und mit dem sie ab und zu ausgehe. Dieser Mann finde sie schön, was sie von ihrem Mann seit Jahren nicht mehr gehört habe. Er will mehr über diesen anderen Mann wissen, aber sie sagt, das sei ihre Sache, sie habe sich lange genug von ihm bestimmen lassen und unter seinen wechselnden Stimmungen gelitten. Mit ihm sei das Leben nur Stress und schlechte Laune, dazu habe sie keine Lust mehr. Er sieht mich hilflos an und ist verzweifelt, die Konflikte in den Familienbeziehungen scheinen unaufhaltsam zu eskalieren. Wir treffen Vereinbarungen für den täglichen Umgang in der Familie und haben danach Zeit, uns den eigentlichen Themen zu widmen.

Ein unerwünschtes Kind

Sie ist das Kind einer alleinerziehenden Mutter. Ihr Vater hat beide verlassen, als sie noch klein war, und hat eine neue Familie mit vielen Kindern gegründet, zu denen sie aber keinen Kontakt habe. Sie hätten den Vater auch gar nicht mehr gebraucht, er sei vollkommen überflüssig gewesen und habe nur Arbeit und Ärger bereitet, wenn er da war. Nachdem er endgültig die Familie verlassen hatte, sei es viel ruhiger und angenehmer gewesen. Nein, ihre Mutter hatte keine neue Beziehung, sie hat immer gesagt, dass Männer überflüssig sind. Und von ihrer Mutter habe sie sehr gut gelernt, wie eine alleinerziehende Frau eine Familie managen könne, das käme ihr mit diesem Mann auch sehr zugute. Ihre Mutter habe schon immer eine schlechte Meinung von ihrem Schwiegersohn gehabt, das würde sich jetzt bestätigen, sie hätte viel früher auf ihre Mutter hören sollen. Heute verbringe sie mit den Kindern viel Zeit bei Oma, da habe sie ihre Ruhe, weil ihr Mann niemals dahin komme. Vor zwei Jahren habe es einen heftigen Konflikt zu Weihnachten zwischen ihrer Mutter und ihrem Mann gegeben, da habe ihre Mutter den Kontakt abgebrochen. Lachend fügt sie hinzu, im Männerrausschmeißen sei ihre Mutter richtig gut.

Er ist ein unerwünschtes Kind. Seine Mutter war schwanger mit ihm, als sie seinen Stiefvater kennenlernte. Er wusste, dass das Kind nicht von ihm war, aber er liebte sie und wollte sich um das Kind kümmern wie um sein eigenes, und sie liebte ihn dafür umso mehr. Über seinen leiblichen Vater hat seine Mutter selten gesprochen. Er sei ein Nichtstuer gewesen, eine flüchtige Bekanntschaft, und ihre Schwangerschaft war die Folge eines One-Night-Stands. Später wurde das Lied der Temptations »Papa Was a Rolling Stone« für viele Jahre zu seinem Lieblingslied, noch heute höre er es gerne. Darin geht es um einen Jungen, der seinen Vater nie kennengelernt hat und dessen Mutter nur Schlechtes über ihn erzählt.

Anfangs wollte sie das Kind noch abtreiben, aber ihr neuer Mann habe von der Abtreibung abgeraten, weil es schon zu spät war. Seine Mutter und sein Stiefvater haben ihre Partnerschaft gelebt, als ob es ihn nicht gegeben hätte. Sie haben körperlich und materiell für ihn gesorgt, aber emotional war alles tot. Er war oft allein und hatte immer das Gefühl, unerwünscht und überflüssig zu sein. Jahrelang hat er sich in der Schule und beim Sport bemüht, seinen Eltern zu beweisen, dass er ein toller, liebenswerter Junge ist, aber sie haben ihn einfach nicht beachtet. Als seine Frau in der Krise mehrfach sagte, dass er überflüssig sei und sie ihn verlassen wolle, sei dieses alte Gefühl wieder in ihm hochgekommen und es habe sich der Gedanke eingestellt: Wenn ich nicht mehr da bin, geht es allen besser! Dann hatte er manchmal Phantasien, wie sie alle an seinem Grab stehen und weinen, vielleicht würden sie ihn doch ein bisschen vermissen, sicherlich seine Kinder.

Während er dies erzählt, beginnt seine Frau leise zu weinen und zu schluchzen. Sie kann seine Worte nicht ertragen, weil sie dabei auch an ihren Vater denken müsse. Dann spricht sie zum ersten Mal davon, wie sehr sie ihren Vater vermisst hat, wie sehr sie sich nach ihm gesehnt hat, als er plötzlich weg war, und dass sie diese Trauer ihrer Mutter nicht zeigen durfte, weil die Devise ausgegeben worden war: Wir sind alle froh, dass er weg ist, ohne ihn geht alles einfacher, keiner vermisst ihn. Und sie erkennt, dass sie den Vater ein zweites Mal wegschicken will und sich ihre Mutter darüber freut. Und sie bittet ihn, sich nicht umzubringen, weil sie und die Kinder ihn brauchen.

Wie weit ist man in einer depressiven und suizidalen Krise abhängig von den Meinungen anderer? Kann man deshalb weiterleben, weil andere Menschen sagen, dass man noch gebraucht wird? Und kann man sich auch dann umbringen, wenn andere sagen, dass man nicht mehr gebraucht wird? Kann man sich auch umbringen, weil andere dies so wollen? Steckt dann im Suizid noch ein letzter Liebesbeweis, weil man dem Urteil eines anderen folgt, auch wenn es den eigenen Tod bedeutet?

Das Urteil

Seine Erzählung »Das Urteil« widmet Franz Kafka »Fräulein Felice Bauer«. Er hat diese Erzählung in einer Nacht vom 22. auf den 23. September 1912 geschrieben, aus seinem Kopf herausgeschrieben, wo sie bereits nahezu fertig existierte, aber mit Wendungen, wie er sie vorher nie gedacht hatte. Es war ein Kraftakt und ein Befreiungsakt in einem. Den nächsten Tag nahm er sich frei, um dieses Erlebnis still zu feiern. Gleich morgens liest er den Schwestern den Text vor, danach seinen Freunden und anschließend bei einem öffentlichen Autorenabend. Er ist sich seines Textes sicher, keine Zweifel, welch eine Leistung für ihn.

Wie kann man einen inneren Konflikt literarisch bearbeiten? Goethe – eines der großen Vorbilder Kafkas – hatte es mit seinem »Faust« grandios vorgemacht: indem man beide Seiten eines inneren Konflikts mit mächtigen Protagonisten – Faust und Mephisto – besetzt, ihre jeweilige Argumentation entfaltet und die Leser mit auf ihre Reise quer durch die Geschichte nimmt. Kafka hat in seiner Erzählung »Das Urteil« diesen Konflikt ebenfalls durch zwei Protagonisten personalisiert: der junge Kaufmann Georg Bendemann, geschäftlich erfolgreich, in der Familie fest verankert und mit einer Verlobten, die er heiraten möchte, auf der einen Seite und sein Freund, der nach Russland in die Ferne und die Einsamkeit ausgewandert ist, sich von seinen Bindungen losgesagt hat und sich für ein endgültiges Junggesellentum entschieden hat, auf der anderen.

Georg schreibt diesem alten Freund einen Brief, in dem er ihm die freudige Nachricht seiner baldigen Heirat überbringt, und erzählt dies seinem alten Vater, mit dem er nach dem Tod der Mutter seit zwei Jahren alleine lebt und zusammen im Geschäft arbeitet. Er berichtet seinem Vater auch von seinen Überlegungen, dem Freund seine Verlobung zu verschweigen, aus Rücksicht auf dessen Einsamkeit, aber

> »jetzt habe ich es mir wieder überlegt. Wenn er mein guter Freund ist, sagte ich mir, dann ist meine glückliche Verlobung auch für ihn ein Glück ... Ehe ich jedoch den Brief einwarf, wollte ich es dir sagen. – Georg, sagte der Vater und zog den zahnlosen Mund in die Breite, hör einmal! Du bist wegen dieser Sache zu mir gekommen, um dich mit mir zu beraten. Das ehrt dich ohne Zweifel. Aber es ist nichts, es ist ärger als nichts, wenn du mir jetzt nicht die volle Wahrheit sagst ... also täusche mich nicht. Hast du wirklich diesen Freund in Petersburg? Georg stand verlegen auf. Lassen wir meine Freunde sein. Tausend Freunde ersetzen mir nicht meinen Vater« (SE, S. 41).

Georg will nicht mit seinem Vater streiten, der weiterhin zweifelt, und Georg versucht ihn an den letzten Besuch des Freundes vor drei Jahren zu erinnern. »Jetzt wird es bald drei Jahre her sein, da war mein Freund bei uns zu Besuch. Ich erinnere mich noch, dass du ihn nicht besonders gernhattest. Wenigstens zweimal habe ich ihn vor dir verleugnet, trotzdem er gerade bei mir im Zimmer saß. Ich konnte ja deine Abneigung gegen ihn gut verstehen, mein Freund hat seine Eigentümlichkeiten. Aber dann hast du dich doch auch wieder ganz gut mit ihm unterhalten« (SE, S. 43). Er trägt den alten Vater ins Bett und deckt ihn zu, fragt ihn, ob er gut zugedeckt sei.

> »Nein, rief der Vater, dass die Antwort an die Frage stieß, warf die Decke zurück mit einer Kraft, dass sie einen Augenblick im Fluge sich ganz entfaltete, und stand aufrecht im Bett. Nur eine Hand hielt er leicht an den Plafond. Du wolltest mich zudecken, das weiß ich, mein Früchtchen, aber zugedeckt bin ich noch nicht. Wohl kenne ich deinen Freund. Er wäre ein Sohn nach meinem Herzen. Darum hast du ihn auch betrogen die ganzen Jahre lang ... Aber den Vater muss niemand lehren, den Sohn zu durchschauen. Wenn du jetzt geglaubt hast, du hättest ihn untergekriegt, dass du dich mit deinem Hintern auf ihn setzen kannst und er rührt sich nicht, da hat sich mein Herr Sohn zum Heiraten entschlossen« (SE, S. 44–45).

Gregor war schockiert und »sah zum Schreckbild seines Vaters auf, dachte an den Petersburger Freund und sein Vater fuhr fort: ›Weil sie die Röcke gehoben hat, fing der Vater zu flöten an, die widerliche Gans ... weil sie die Röcke so und so und so gehoben hat, hast du dich an sie herangemacht, und damit du an ihr ohne Störung dich befriedigen kannst, hast du unserer Mutter Andenken geschändet, den Freund verraten und deinen Vater ins Bett gesteckt, damit er sich nicht rühren kann. Aber er kann sich rühren oder nicht?‹« (SE, S. 45–46). Er sei der Vertreter des Freundes hier vor Ort gewesen, ruft der Vater, und der Sohn nennt ihn »Komödiant!« Der Vater bekennt, dass er dem Freund viele Briefe geschrieben habe, so dass er alles tausendmal besser wisse, als es ihm Georg geschrieben habe. »Jetzt weißt du also, was es noch außer dir gab, bisher wusstest du nur von dir! Ein unschuldiges Kind warst du ja eigentlich, aber noch eigentlicher warst du ein teuflischer Mensch! – Und darum wisse: Ich verurteile dich jetzt zum Tode des Ertrinkens!« (SE, S. 48). Georg rennt aus dem Zimmer, die Treppe runter aus dem Tor, über die Straße zum Wasser.

> »Schon hielt er das Geländer fest, wie ein Hungriger die Nahrung. Er schwang sich über, als der ausgezeichnete Turner, der er in seinen Jugendjahren zum Stolz seiner Eltern gewesen war. Noch hielt er sich mit schwächer werdenden Händen fest, erspähte zwischen den Geländerstangen einen Autoomnibus, der mit Leichtigkeit seinen Fall übertönen würde, rief leise: ›Liebe Eltern, ich habe euch doch immer geliebt‹, und ließ sich hinfallen. In diesem Augenblick ging über die Brücke ein unendlicher Verkehr« (SE, S. 48).

Der Vater klagt den Sohn an, weil dieser heiraten will. Warum will er denn heiraten, hatte Hermann Kafka seinen Sohn Franz einmal gefragt, er könne doch besser zu einer Prostituierten gehen. Nur weil sie die Röcke gehoben hat, muss er doch nicht gleich heiraten? Wollte der Vater, dass der Sohn Junggeselle blieb, wie der Freund in Petersburg? Der Vater verurteilt den eigenen Sohn zum Tode und entscheidet sich, an seiner Stelle den Freund als Sohn anzunehmen, der Junggeselle geblieben ist? Neben den zentralen Aspekten der Vater-Sohn-Beziehung, die Kafka später in seinem »Brief an den Vater« noch einmal aufgreifen und vertiefen wird, sagt die Erzählung einiges über den Konflikt Heirat versus Junggeselle aus. Georg ist auf Vaters Spuren gewandelt, verfolgt dessen Lebenskonzept, wird ihn als Chef beerben und will ein Mädchen aus gutem Hause heiraten. Aber der Vater enterbt ihn psychologisch und spricht sich für den Freund in der Ferne als wahren Sohn aus. Was heißt das für Franz Kafka, was hat er hier geschrieben? Wenn er das Junggesellendasein wählt, anstatt den Spuren des Vaters zu folgen, ist er dann ein Sohn nach dem Herzen seines Vaters?

In der Erzählung bringt sich Georg auf Geheiß des Vaters um, weil er ein Teil seiner Identität und seines Fleisches ist, tötet damit auch den Vater in sich. Aber der Freund und Junggeselle geht seinen eigenen Weg, bleibt einsam in der Fremde und erhält dennoch – oder deshalb – die Liebe des Vaters. Der Weg als Nachfolger des Vaters ist das Geschäft, die Täuschung und die Heirat mit einem Mädchen, nur weil sie die Röcke gehoben hat. Der Weg des Wahlsohnes ist die Fremde, die Einsamkeit, das Junggesellendasein und die wirtschaftliche Erfolglosigkeit. Die Erzählung ist wie der Traum einer ganzen Nacht, im psychologischen Kern eine symbolische Wunscherfüllung. Kafkas Entscheidung gegen eine Heirat und geschäftlichen Erfolg wird im Urteil vom Vater gutgeheißen und Kafka kann am Ende des Traumes dieser Nacht sich ganz als Sohn nach dem Wunsch seines Vaters sehen. Das erklärt, warum es ihm nach der Niederschrift so gut ging, er hatte harte Traumarbeit geleistet. Er hatte sich gegen die Heirat und für das Schreiben entschieden und dafür – im Traum – die Segnung des Vaters bekommen, ein Sohn nach dem Herzen des Vaters.

Ein Dilemma eines Suizids besteht darin, manchmal nur einen Teil in sich töten zu wollen und nicht die ganze Person, dies aber unmöglich ist, ohne den Rest ebenfalls zu töten. Kafka hat den ungeliebten Sohn vom Vater in den Tod schicken lassen, der gute Sohn konnte weiterleben. Für Herrn L. war diese Trennung in Erwünscht und Unerwünscht nicht möglich. Herr L. konnte den Schmerz des ungewünschten Kindes und des ungeliebten Ehemannes in sich nicht mehr aushalten, und so bekam dieser Teil seiner Person ein besonderes Gewicht. An der Tatsache, ein ungewünschtes und vielleicht auch abgelehntes Kind gewesen zu sein, konnte er nichts mehr ändern, an der Unerwünschtheit als Ehemann schon. Erst an der Schwelle zum eigenen Tod, als er sich über Suizid informierte, wurde ihm klar, dass er sich in seinem Selbstwertgefühl nicht mehr so sehr von anderen abhängig machen wollte. Das war für ihn eine Wende. Ob er sich das Leben nehmen würde, wann und wie er das machen würde, oder ob er sich dazu entscheide, das Leben doch einigermaßen lebenswert zu finden, sei allein seine Sache, egal wie andere das finden. »Manchmal muss man erst am Abgrund stehen, um sich wirklich für das Leben zu entscheiden.« Und dabei dachte er an seine Kinder.

KAPITEL 8

Verteidigung zwecklos

Das Tribunal der Anklage

Menschen tendieren manchmal dazu, persönliche Konflikte zu einem Tribunal der Anklage werden zu lassen. Und das beste Tribunal ist in den Augen der Ankläger so gestaltet, dass von Beginn an eine Verteidigung zwecklos oder gar selbstentlarvend erscheint. Wenn Menschen in ihren Gefühlen sehr verletzt werden, sich absichtlich getäuscht und hintergangen fühlen, dann führt dies unweigerlich zu aggressiven Reaktionen. Daraus kann ein Tribunal entstehen, das nicht nur die Aufdeckung der Verfehlungen zum Ziel hat, sondern auch die eigenen Rachegefühle befriedigen soll. Rache ist eine geplante und gezielte Entladung von Aggressionen im Gegensatz zur spontanen Entladung von Affekten. Wer sich rächen will, der ist nicht nur stark verletzt, der plant gezielt, wie er den anderen ebenfalls verletzen kann, um sich damit Genugtuung zu verschaffen und seine emotionale Regulation wiederherzustellen. Insbesondere bei Liebesaffären kommt es immer wieder zu Tribunalen der Anklage und Rache, sowohl im privaten als auch im paartherapeutischen Kontext.

Das größte Tribunal der Weltliteratur ist die Rache der »Medea« von Euripides. Ihr Mann Jason hat sie mit Glauke, der Prinzessin des Korintherkönigs Kreon, betrogen und sich mit ihr verlobt, obwohl er bereits Kinder mit Medea hatte. Medeas Rache ist einzigartig in ihrer Grausamkeit, sie tötet nicht nur Jasons Geliebte Glauke und ihren Vater Kreon, sondern auch Jasons und ihre gemeinsamen Kinder, lässt ihn aber leben, damit er mit dem unfassbaren Schmerz seiner Verluste weiterleben muss. Der schnelle Tod des untreuen Ehemannes war Medea zu milde für all das Leid, das er ihr angetan hatte. Euripides wollte damit bereits im 5. Jahrhundert v. Chr. auf das Schicksal der unterdrückten und betrogenen Ehefrauen hinweisen. Medea hat seitdem viele Schicksalsschwestern, die allerdings in der Regel subtiler und weniger mordend vorgehen. Eine öffentliche Beschämung, Verachtung und Erniedrigung sind zentrale Elemente ihrer zeitlosen Rachekonzepte. Dabei soll der untreue Ehemann nicht nur zur Rede gestellt, er soll überführt, entlarvt, erniedrigt, beschämt und mit der Anklage auf ewige Zeit verurteilt werden und nicht einmal daran denken, sich verteidigen zu wollen.

Paartherapeuten haben es in solchen schweren Fällen von Untreue und Liebesaffären nicht einfach, denn sie wiedersetzen sich affektgesteuerten Rachekonzepten und stellen vertiefende Fragen, die ein Verstehen ermöglichen sollen. Aber Verständnis für den Täter ist aus der Sicht eines Opfers meist unerträglich und unverschämt und dient letztlich nur dem Ziel, Verantwortungen zu verleugnen. Fragen nach dem Zustand der Paarbeziehung in den Monaten vor der Liebesaffäre, nach den beiderseitigen Veränderungswünschen in der Partnerschaft vor der Krise, nach Liebe, Sexualität, Respekt oder Intimität werden als Manöver der Ablenkung vom grandiosen moralischen Versagen des Täters verstanden. Wenn man dann noch Liebesaffären nicht nur als Ausdruck einer Krise der Paarbeziehung bezeichnet, sondern auch als einen – misslungenen – Lösungsversuch, werden die Toleranzen betrogener Partner auf eine harte Probe gestellt. Im Kontext einer Paartherapie kann die notwenige Krisenintervention und Reflexion meist gesteuert werden, im Privaten gelingt das vielfach schwerer.

Eine Paarbeziehung im Koma

Es gab keinen Zweifel mehr, Herr M. hatte seit mehreren Monaten eine Liebesaffäre mit einer anderen Frau; die ausgedruckten E-mails zwischen den beiden waren eindeutige Beweise. Ihre beste Freundin hatte die beiden eng umschlungen in der Sofaecke eines Cafés entdeckt und dies »in bester freundschaftlicher Absicht« Frau M. mitgeteilt. Dann hatte Frau M. noch ihre 16-jährige Tochter gebeten, die E-mails ihres Vaters zu durchsuchen, weil sie nicht wisse, wie das gehe. Die Tochter war fündig geworden und hat die gesamte entlarvende Korrespondenz zwischen ihrem Vater und seiner Geliebten auf Wunsch ihrer Mutter ausgedruckt. Dass die Tochter die Liebesbriefe ihres Vaters an eine andere Frau auf diese Weise zu lesen bekam, war nach Ansicht von Frau M. nicht nur ein Kollateralschaden, es sollte ihr auch die Augen öffnen für die moralische Verdorbenheit ihres Vaters. Die Tochter weinte, und Frau M. wusste nicht, warum.

Frau M. arrangierte heimlich ein Treffen beim gemeinsamen Sonntagsessen der Familie, zu dem sie auch ihre Freundin einlud. Der Ehemann ahnte nichts Böses, die Freundin war häufiger zu Gast. Nach dem Essen eröffnete Frau M. das Tribunal der Anklage, die Zeuginnen saßen ja mit am Tisch. Die Freundin berichtete von ihren Beobachtungen im Café, die Tochter legte auf Bitten ihrer Mutter stumm den Ausdruck seiner E-mails auf den Tisch. Lediglich der Sohn störte, weil er davon bislang nichts gewusst hatte und »angeekelt« in seinem Zimmer verschwand. Herr M. verstummte, kündigte seinen baldigen Auszug an, verließ den Tisch und die drei Frauen wussten nicht mehr, ob dies ein Sieg oder ein Pyrrhussieg war.

Nachdem Herr M. einige Wochen bei einem Freund untergekommen war und seine Besuche in der Familie mehr als kompliziert geworden waren, einigten sich beide auf eine Paarberatung mit offenem Ausgang, »damit nicht alles in die Brüche geht, was wir uns gemeinsam aufgebaut haben«. Wenn Herr M. an zwei Nachmittagen und einmal am Wochenende in der Familie war, um seine Kinder zu sehen, begegnete ihm seine Tochter stumm und verweigerte das Gespräch, während sein Sohn ihn gern sah, aber mit ihm rauswollte, irgendwohin, nur nicht in der Wohnung bleiben.

Frau M. und Herr M. hatten seit dem Ereignis, das er als das Tribunal bezeichnete, nicht mehr miteinander gesprochen. Sie interpretierte seine Empörung über das Tribunal als reines Ablenkungsmanöver, er beschuldigte sie der seelischen Grausamkeit. Die Stimmung zwischen beiden war aggressiv geladen, als sie zu mir kamen.

Zunächst galt es, einen Modus Vivendi für den gemeinsamen Umgang zu finden. Er blieb vorerst bei dem Freund wohnen, die Kontakte zu den Kindern wurden geregelt, problematisch war die Frage, wie die Kontakte zu der Geliebten gestaltet werden. Sie forderte ultimativ, dass die Geliebte restlos abgeschafft werden müsse, weil sie sonst »an dieser Veranstaltung« nicht mehr teilnehmen werde. Er beharrte darauf, diese Frau weiter sehen zu wollen, denn die Zeit, in der sie über sein Leben bestimme, sei nun endgültig vorbei. Wir einigten uns darauf, die Kontakte zur Geliebten weitgehend zu reduzieren, weil sonst mit der neuen Liebesbeziehung Realitäten geschaffen würden, die von der alten nicht mehr korrigiert werden könnten. Ja, sie habe grundsätzlich noch ein Interesse an ihrem Ehemann, bekundete Frau M., aber von Liebe könne keine Rede mehr sein und überdies erwarte sie endlich mal eine ernsthafte Entschuldigung von ihm für seine Untreue.

Die Ehekrise bestand seit mindestens eineinhalb Jahren, eher länger. Sie hätten sich zunehmend entfremdet. Die Kinder waren in unterschiedlich schwierigen Stadien der Pubertät, als Eltern haben sie aber noch funktioniert. Die Paarbeziehung finde nicht mehr statt. Sie gehen schon lange nicht mehr gemeinsam aus, bleiben eher jeder für sich, haben getrennte Freundeskreise. Wenn sie zusammen sind, streiten sie sich nur noch, ein solcher Streit beginne bei den kleinsten Anlässen und eskaliere dann schnell, eine gute und ernsthafte partnerschaftliche Kommunikation findet nicht mehr statt. Sex habe es noch gelegentlich gegeben, aber eher mechanisch. Darauf habe sie dann keine Lust mehr gehabt und den ehelichen Verkehr eingestellt. Seit einiger Zeit schlafe Herr M. in seinem Arbeitszimmer, offiziell wegen seines Schnarchens. Sie schlafe ruhiger seitdem.

Bei der Geburtstagsfeier eines Freundes, zu der er allein gegangen sei, habe er diese Frau kennengelernt. »Wir fanden uns sympathisch, sie hat Kunstgeschichte studiert und mir angeboten, eine kleine private Führung durch die Hamburger Kunsthalle zu machen. Danach waren wir noch essen …« Frau M. will alles wissen, und ich bitte sie, sich genau zu überlegen, ob sie das will, solche Details hätten nach meiner Erfahrung eine destruktive Langzeitwirkung. Stattdessen würde ich gern noch einmal zum Status quo ante zurückkehren, zur

Beschreibung der Paarbeziehung vor Beginn der Liebesaffäre des Mannes. Wir einigen uns auf den Begriff »komatös«. Frau M. bemerkt, »alle haben sich in der Familie in ihre Zimmer zurückgezogen, nur das Sonntagsessen haben wir noch gemeinsam eingenommen, der Rest war Arbeitsteilung, ich habe mich mehr um unsere Tochter gekümmert und mein Mann um den Sohn, das hat auch geklappt. Außerdem sind wir ja beide voll berufstätig, da bleibt nicht viel Zeit übrig. Wir sind uns gern aus dem Weg gegangen.« Sie hatte vermehrt Kontakte zu ihren Freundinnen und er zu seinen Freunden, beide glaubten, die schwierige Zeit werde schon vorbeigehen. Dann habe diese Frau bei ihm eine Vitalisierung bewirkt, er sei wieder lebendig geworden, habe Sport getrieben und seine Frau gemieden. Ihr sei seine gute Laune aufgefallen, er habe Lieder gepfiffen, wenn er sich allein glaubte. Sie hat mit ihren Freundinnen darüber gesprochen und eines Tages hat ihre beste Freundin sie angerufen und ihren Verdacht bestätigt. Da habe sie eine unglaubliche Wut empfunden, der Rest sei bekannt. Als ich sie frage, wie lange es noch gedauert hätte, dass sie eine Liebesaffäre mit einem anderen Mann angefangen hätte, sagt sie: »Nicht lange.«

Sie hatten ihre Paarbeziehung ins Koma versetzt und mussten sich gegenseitig eingestehen, dass sie es gemeinsam hatten geschehen lassen. Es war ein schleichender Prozess gewesen und sie hatten große Mühe, aus dem Tal wieder herauszukommen. Lange standen sie vor der Frage, ob sie an der Wegkreuzung nach unten ins Tal gehen – sich trennen – oder ob sie den schwierigen Weg bergauf wählen wollen – ihre Paarbeziehung wieder reanimieren. Ich habe ihnen gesagt, mit mir gebe es nur den Weg bergauf, für die Trennung seien Juristen zuständig. Der Anstieg war steil und beschwerlich. Kann man allein durch Briefe eine kompromittierende Liebesaffäre haben? Fontane hatte mit seiner »Effie Briest« genau beschrieben, wie aus einem beinahe unschuldigen Briefwechsel ein Skandal mit ungeahnten Folgen werden konnte. Ob Kafka das Buch kannte?

Felices Tribunal

Anscheinend konnte Kafka keinen Small Talk, schon gar nicht in Briefen. Seine intensive Wahrhaftigkeit wirkte sicher auf manche wie Intimität. So entstand aus einem wahrhaftigen Briefwechsel eine verdächtige persönliche Nähe, die auf Felice zumindest befremdlich wirkte. Die Beziehung von Franz Kafka zu Felice Bauer war ins Stocken geraten, eine Freundin von Felice – Margarete Bloch – schaltete sich als Vermittlerin ein und es kam zu einem virulenten Briefwechsel zwischen Franz Kafka und Margarete Bloch, der letztlich als kompromittierend für Felice angesehen wurde. Anfangs hatte Grete Bloch mit ihm durchaus brieflich geflirtet und auch er schien in seinen Antworten nicht abgeneigt, die Beziehung zu intensivieren, aber sein wahrhaftiges Schreiben bekam einen Anschein von Intimität, der verstörend wirkte. Schließlich merkte Grete Bloch, in welchem Schlamassel sie durch ihren Flirt mit dem zukünftigen Ehemann der Freundin gelandet war, nahm ausgewählte und kompromittierende Auszüge aus den Briefen von Kafka an sie und brachte sie zu Felice. Diese war außer sich und forderte ein Treffen.

Am 12. Juli 1914 kam es im Hotel »Askanischer Hof« in Berlin zu einer Aussprache zwischen Felice Bauer, ihrer Schwester Erna, Franz Kafka und Grete Bloch, die Kafka eher als ein Tribunal der Anklage gegen ihn verstand. Ja, er hatte an Grete offen geschrieben, wie er die Lage einschätzte, dass er die Familie Bauer »am liebsten vergessen würde, dass er ihre Liebe zum Bruder für ein ›Unglück‹ hielt, dass Kafka mehrmals erfolglos versuchte, sich mit Grete Bloch zu verabreden, und dass er sich weigerte, ihre Briefe zurückzugeben« (RS2, S. 502). Das Ergebnis dieses Gesprächs war die Auflösung der Verlobung. Kafka hat anscheinend keinen ernsthaften Versuch gemacht, sich zu verteidigen, weil er die Schuldzuweisungen beinahe dankbar annahm. Er hatte es sich zum Prinzip gemacht, jegliche Kritik an sich und auch seinem Werk nicht nur anzunehmen, sondern durch Selbstkritik zu überbieten. Insofern konnte das Tribunal ohne erkennbare Verteidigung des Angeklagten vollzogen werden. Am nächsten Tag sagt er ein weiteres geplantes Treffen ab, fährt ins

Schwimmbad und anschließend – nach der körperlichen und seelischen Reinigung – weiter nach Lübeck.

Am 19. Juli schreibt er an Brod, dass er nun entlobt sei und »dass es so am besten ist«. Seinen Eltern erklärt er, dass er am liebsten nur noch literarisch arbeiten würde, in Berlin oder München, aber er will von seinen Ersparnissen und nicht von ihrem Geld leben. Hier taucht das durch die Entlobung wieder aktualisierte Thema der Ablösung aus den Familienbeziehungen deutlich auf. Er hat nicht nur die Heirat verpasst, sondern auch seine eigene Ablösung aus der Familie, daher will er am liebsten ganz raus aus Prag. Aber auch diese Pläne scheitern durch die politischen Eskalationen. Am 2. August entsteht der berühmt gewordene Tagebucheintrag: »Deutschland hat Russland den Krieg erklärt. – Nachmittag Schwimmschule« (T2, 2.8.1914). Und einen Tag später: »… vollendete Einsamkeit. Keine ersehnte Ehefrau öffnet die Tür«. Gleichzeitig bekommt er Schwierigkeiten, die für sich und Felice gemietete Wohnung wieder loszuwerden, es sind jetzt Kriegszeiten. Persönlich geht es ihm sehr schlecht, die literarische Verarbeitung seines Traumas im Askanischen Hof gelingt nur teilweise, die Arbeit an seinem Buch »Der Prozess« kommt voran, bereits am 11. August beginnt er damit und schreibt zuerst das Anfangs- und das Schlusskapitel. Aber am 30. November schreibt er in sein Tagebuch: »Ich kann nicht mehr weiterschreiben. Ich bin an der endgültigen Grenze, vor der ich vielleicht wieder Jahre lang sitzen soll« (T2, 30.11.1914). Und gleichzeitig entwickelt er eine Übelkeit vor sich selbst, weil er den Wunsch hat, Felice wiederzubekommen. Er ist psychisch erschöpft und voller Schuldgefühle, denkt im Oktober sogar an Selbstmord und überlegt, was er alles vorher regeln muss und welche Aufträge er um seinen Tod herum an Max erteilen muss. Aber Weihnachten feiert er mit Max Brod und seiner Frau Elsa, nicht mit seiner Familie.

Je stärker die zeitliche Distanz zum Tribunal und zur Entlobung, desto größer wird wieder die Sehnsucht. Am 3. März schreibt Kafka an Felice Bauer und fragt sie, ob sie an eine gemeinsame Zukunft in Prag glauben könne, ist eifersüchtig auf die Bücher anderer Autoren, die sie liest, und empfiehlt seine eigenen, schlägt ihr wieder Flaubert vor und fragt sie, ob sie im Sommer gemeinsam eine Reise machen wollen. Und Anfang April bittet er sie, wieder mehr über ihre Familie zu berichten. Es folgen viele Ansichtskarten mit kurzen Nachrichten. Im Mai schreibt er in sein Tagebuch, dass es ihm besser ergehe, weil er Strindberg gelesen habe. Und es folgen Überlegungen zur Frage, wer ihn eigentlich versteht. »Ottla versteht manches, sogar vieles, Max, Felix manches, manche wie Elli verstehen nur einzelnes, aber dieses mit abscheulicher Intensität, Felice versteht vielleicht gar nichts …« (T3, S. 89–90). Felice versteht gar nichts – nur manchmal, ohne dass sie es weiß? Was will er von dieser Frau? Das hat sie ihn auch Dutzende Male gefragt und nie wirklich eine Antwort bekommen. Er wusste es selbst nicht, er hatte sich in ein Bild von ihr verliebt, und dieses Bild wurde stets durch die Realität konterkariert, wenn er ihr näherkam, und es blühte in der Distanz wieder auf. Sie muss sich idealisiert gefühlt haben, aber dennoch nicht gemeint. Bevor es zur Liebe werden konnte, ging er immer wieder zurück zu einem Status des Verliebtseins, zu einer schwärmerischen Verliebtheit, die sich weigert, sich an der Realität prüfen zu lassen und damit die Chance zu haben, zu einer Liebe werden zu können.

Anfang Juli 1915 trifft er sie in Karlsbad und sie schenkt ihm das Buch, das Freud als das beste der Weltliteratur bezeichnete: Dostojewskis grandioses Werk »Die Brüder Karamasow« mit Widmung, ein Buch, auf dessen Autor er nicht eifersüchtig werden konnte, weil er ihn zutiefst verehrte. Schweigen tritt ein und er fragt sie: »Ist nicht mein Schreiben entsetzlicher als mein Schweigen?« (F, 24.1.1916). Danach erfolgt wieder eine distanzierte Annäherung: Nach dem Krieg werde er nach Berlin übersiedeln, aber zunächst Selbstprüfungen vornehmen, bevor er wieder mit ihr zusammen sein könne. Nach dem Krieg, wann soll das sein? Welche asketischen Selbstprüfungen will er an sich vornehmen? Und wieso sind die Selbstprüfungen wichtiger als ein sofortiges Treffen mit ihr, oder will er sie prüfen und sich dann fragen, ob er sich ihr nähert oder sie gar heiratet? Er degradiert sie zur Statistenrolle, instrumentalisiert sie auf den Wegen seines Leidens und seiner Selbsterkenntnis. Aber Felice ist hart im Nehmen, schlägt einen gemeinsamen Aufenthalt in einem Sanatorium vor, er möchte nach Marienbad. Am 2. Juli holt sie ihn dort am Bahnhof ab und er trägt in sein Tagebuch ein: »Tür an Tür, von beiden Seiten Schlüssel« (T3, 3.7.1916). Es ist sein 33. Geburtstag. Und wenige Tage später, am 6. Juli, schreibt er in sein Tagebuch: »Unmöglichkeit mit F. zu leben. Unerträglichkeit des Zusammenlebens mit irgendjemandem« (T3, 6.7.1916). Was bleibt, sind neuerliche Suizidgedanken. Am 10. Juli schreibt er an Felices Mutter Anna, sie seien jetzt wieder ein Paar. Und wie sieht er seine neuerliche Verbindung mit ihr? Auf einer Postkarte schreibt er ihr, dass sie einen großen und guten Einfluss auf ihn habe und dass es gut wäre, wenn sie beide bald wieder zusammen wären. Ebenfalls auf einer Karte stellt sie ihm am 9. August 1916 die Grundsatzfrage ihrer Beziehung: »Liebster, willst du mich strafen?« (Stach 2018, S. 337). Und wenn ja: »Wofür?«, müsste man ihn fragen. Wahrscheinlich hätte er geantwortet, dass er sie immer vor sich gewarnt habe und dass diese strafende Behandlung der Versuch sei, sie wieder zur Distanz zu zwingen, bis sie sich überdrüssig von ihm abwende, denn mehr habe er nicht verdient.

Aber in der Frage »Willst du mich strafen?« verbirgt sich eventuell ein bedeutsamer Aspekt. Vielleicht will er nicht Felice strafen, sondern seine Mutter Julie. Dies würde bedeuten, dass Felice nur ein Übertragungsobjekt ist, an dem er sich abarbeitet, dass Felice ihn gefühlt an seine Mutter erinnert. Dies würde auch erklären, dass er nahezu ausschließlich gedanklichen Kontakt zu ihr will, und keinen körperlichen. Seine Mutter Julie hat ihren Mann in seiner ganzen Roheit und Grausamkeit wirken lassen, sie hat sich alles mit angesehen – und hat nichts dagegen getan. Seine jahrelangen Versuche, sich Felice durch Tausende Seiten zu erklären, war der Versuch, sich seiner Mutter erklären zu können, sie zu zwingen, sich mit seiner Sicht des Lebens auseinander zu setzen. Dann wäre die Strafe eine längst überfällige Notwendigkeit, sich der Mutter zu erklären, ohne sie jedoch ernsthaft zu Wort kommen zu lassen. Jetzt hörst du mir zu, jahrelang, Hunderte von Seiten – und deine Erklärungen interessieren mich nicht. Das war die Strafe, die der Mutter galt und die Felice traf.

Kafka pendelt weiter zwischen Annäherung und Distanzierung, zwischen Liebessehnsüchten und Ängsten. Er erinnert in seinem ambivalenten Verhalten an Kinder, denen man einen desorganisierten Bindungsstil diagnostiziert. Solche Kinder suchen einerseits die Nähe zur Bindungsperson, weil sie eine tiefe Sehnsucht nach Liebe, Geborgenheit, emotionaler Nähe haben, und sie schrecken mitten in der Annäherung zurück, frieren in ihren Bewegungen ein, weil sie zugleich die Nähe fürchten. Sie handeln, als ob sie sich mitten in der freudigen Annäherung an die Gefahren erinnern, die in der Nähe drohen. Nicht selten haben solche Kinder Misshandlungen erlebt, so dass die Nähe für sie zugleich Gefahr bedeutet, fast immer haben sie Zurückweisung und Frustration erlebt, weil ihre Wünsche nach Zärtlichkeit und Geborgenheit nicht erfüllt wurden. So verharren sie im Niemandsland, halb nah und halb fern.

Inwieweit Julie Kafka ihren Sohn so oder ähnlich behandelt hat, wissen wir nicht. Wir wissen nur, dass sie im Geschäft des Mannes voll mitgearbeitet hat, für die Kinder die meiste Zeit nicht verfügbar war und dass sie ihre alltägliche mütterliche Sorge weitgehend an Kindermädchen aus dem Umland delegierte. Inwieweit diese Kindermädchen den Franz in den Arm genommen, gekuschelt und getröstet haben oder ob eines von ihnen den Jungen zurückgewiesen oder gar geschlagen hat, das wusste vielleicht sogar der erwachsene Franz schon nicht mehr. Aber sein Verhalten in den Beziehungen zu Frauen pendelte zwischen tiefer Liebessehnsucht und Flucht in die Distanz; sobald die physische Nähe möglich war, zog er sich wieder zurück. Mit den Prostituierten war es etwas anderes, hier waren Nähe und Distanz geregelt, denn man bezahlt nur einen Teil für die zeitweise Nähe, den größten Teil der Entlohnung entrichtet der Mann dafür, dass er – frei von verpflichtenden Bindungen – wieder gehen kann.

Mit Grete Bloch war es nur zu einem intensiven Briefwechsel gekommen, von einer erotischen Liebesaffäre konnte keine Rede sein. Dennoch erfasste die unberechtigte Anklage ihn tief, weil sie sein chronisches Schuldbewusstsein berührte. Und diese grundsätzliche empfundene Schuld verhinderte seine Verteidigung. Dennoch hat er das Tribunal im Askanischen Hof seiner Felice – vorerst – nicht verzeihen können, weil die Schuldzuweisung in Gegenwart von Zeugen und Kronzeugen geschah. Dies entsprach einer öffentlichen

Demütigung, zur seelischen Verarbeitung brauchte er einen ganzen Roman. Er handelt von einem Mann, der unschuldig angeklagt und ohne Prozess verurteilt wird. Wieder einmal entstand aus der Verarbeitung einer tiefen psychischen Krise Weltliteratur.

Frau und Herr M. haben den Weg zurück in eine gemeinsame Partnerschaft nicht finden können, weil ihre Kränkungen und Verletzungen zu tief saßen, die Liebesbeziehung zwischen Herrn M. und seiner Geliebten bereits gefestigt war und für beide eine besondere emotionale Bedeutung erlangt hatte. Die Spaltung der Familie war schon lange zu tief gewesen, so dass die Tochter nach der Trennung bei der Mutter blieb und der Sohn zum Vater und seiner »neuen Frau« ziehen wollte. Die Zeit hatte gegen sie gearbeitet. Kafka allerdings ließ die Zeit verstreichen, und je mehr Distanz entstand, desto mehr sehnte er sich nach Felice zurück. Es hat den Anschein, als hätten sie das Tribunal niemals wirklich aufgearbeitet, sie machten nach einer Zeit einfach weiter; er wollte es so und sie hat es geschehen lassen.

KAPITEL 9

Schuld und Sühne

Gerechte Strafen

Weitaus häufiger als im Strafrecht tauchen Strafen im Alltagserleben als aggressive Wunschphantasien derjenigen Menschen auf, die sich als Opfer der Missetaten anderer verstehen und unter diesen leiden. In der Phantasie wird ein Zusammenhang hergestellt zwischen der Schwere des Vergehens und der erwünschten Strafe. Der Demagoge müsste sich in einer Endlosschleife seine eigenen Reden anhören, der Schnulzensänger seine eigenen Lieder, der Lügner seine eigenen Lügen. Diese alttestamentarische Logik besagt: Die Strafe für schlechte Menschen und ihre Taten soll darin bestehen, dass sie selbst zum Opfer der eigenen Taten werden! Und wie müsste der Erfinder einer Tötungsmaschine behandelt werden? Er müsste selbst durch diese Maschine sterben! Wäre dann Gerechtigkeit wiederhergestellt und eine Sünde gesühnt? Ja, zumindest in der Phantasie als Ersatzbefriedigung.

Welche Strafen müssten nach dieser Logik erfunden werden um solche Menschen zu strafen, die einen Krieg beginnen? Sind solche Strafen überhaupt denkbar und wie grausam müssten sie sein? Kafka hat den Versuch gemacht, ein solches Strafszenario für Kriegstreiber und Massenmörder zu entwickeln, und damit für viele die Rationalität des systematischen Massenmordes von Ausschwitz vorweggenommen. Es ist für halbwegs empathische Menschen kaum lesbar, weil das Grauen unerträglich erscheint. Er hat für seine Schrift »In der Strafkolonie« die Arbeit an seinem Roman »Der Prozess« unterbrochen, weil er während des Schreibens seine aggressiven Phantasien herausschreiben musste, denn sie passten nicht in den Roman (nur einmal dringen sie durch im »Prügler-Kapitel«). Diese aggressiven Phantasien haben in der Erzählung von der Strafkolonie eine derart kalte Grausamkeit erreicht, weil ein weiterer Auslöser für die Schrift hinzukam: der Beginn des Ersten Weltkrieges. Die massenhafte Heimkehr der verwundeten und traumatisierten Soldaten nach den ersten Schlachten des Krieges musste von der Bevölkerung verarbeitet werden, denn sie passten so gar nicht zur patriotischen Euphorie bei Kriegsbeginn.

Täter spalten die Perspektive der Opfer ab, um ihre Taten ausführen zu können. Der Verlust mitfühlender Empathie bis zur Entmenschlichung der Opfer ist eine der Voraussetzungen für die Anwendung von massiver Gewalt. Die Hoffnung sagt, wenn man den Täter mit der Perspektive des Opfers konfrontiert, wird er nicht mehr so leicht Täter sein können. Dann kann es sein, dass die Abspaltung der Schuldgefühle bei den Tätern aufgehoben wird und sie von diesen Schuldgefühlen überwältigt werden, falls sie noch zu Schuldgefühlen fähig sind. Im Buch von Bernhard Schlink »Der Vorleser« hat sich die Aufseherin umgebracht, nachdem ihr durch die Lektüre der Dokumente klar wurde, dass sie für den Tod vieler Frauen verantwortlich war. Adolf Eichmann hat diese Klarheit und Einsicht niemals erreicht und Hannah Arendt hat uns erklärt, dass die »Banalität des Bösen« zunächst in der vollständigen Aufgabe des eigenen Denkens und dem Befolgen von Befehlen besteht (Arendt 2011). Die Entmenschlichung der Täter sowie der Opfer hat viele Variationen. Vieles hängt davon ab, inwieweit noch ein Rest an eigenem Denken, Anstand und Moral in den Menschen existiert.

Wenn diese Reste einer moralischen Integrität noch existieren, können sie ein sorgenfreies Weiterleben der Täter erheblich erschweren. Dann sind die Bestrafungsphantasien der Opfer gar nicht so weit von den schuldbeladenen Gedanken der Täter entfernt. Wer Schuldgefühle hat, der hat nicht nur Angst vor Strafen; manchmal wünscht er sie sich geradezu herbei, damit er seine Schuld sühnen kann und nicht mehr unter der moralischen Last der Schuld leiden muss. So jedenfalls erging es dem bettelarmen Studenten Raskolnikov, der eine alte Dame ermordet hatte, um sein Studium mit dem erbeuteten Geld zu finanzieren. Dostojewski hatte 1865 sein epochales Werk

»Schuld und Sühne« (»Verbrechen und Strafe« in der neuen Übersetzung von Swetlana Geiger) geschrieben und Kafka war fasziniert von dem Buch. Die alte Dame hatte sich als wucherische Pfandleiherin betätigt, ein Umstand, der für Raskolnikov die Schuldgefühle moralisch minderte. Obwohl ihm der Mord und damit die Schuld nicht nachgewiesen werden konnte, fühlte er sich dennoch schuldig, trat seine gerechte Strafe in einem sibirischen Arbeitslager an – was Dostojewski aus eigener Erfahrung kannte – und bekannte sich mit Hilfe seiner Freundin zu seiner Schuld. Dieses Bekenntnis erlebte er als Befreiung von der Last der Schuld. Wie weit kann ein Mensch in der Selbstbestrafung gehen, um damit die eigenen Schuldgefühle zu mindern? Kafkas eindeutige Antwort: Bis zum eigenen Tod! Dann hätte ein Suizidversuch das Ziel der Sühne, eine Entlastung von Schuldgefühlen und wäre ein indirekter Versuch einer Entschuldigung? Suizidale Menschen leiden manchmal schon ihr Leben lang an Schuldgefühlen und sehnen sich nach einem Leben ohne diese niederdrückenden Gefühle. Besonders verstörend ist es, wenn sie gar nicht wissen, warum sie unter Schuldgefühlen leiden und ob sie überhaupt berechtigt sind. Franz Kafka war solch ein Mann, ebenso wie Herr R.

Das böse Kind

In seiner Kindheit erlebte Herr R. von seinen Eltern eine Vielzahl unterschiedlicher Strafen für sein »ungezogenes und aufsässiges Verhalten«. Seine Eltern waren der Meinung, dass er ein böses und undankbares Kind war, und fragten sich dauernd laut und klagend, warum und wofür sie mit diesem Kind so gestraft wurden; die beiden Geschwister waren doch nicht so. Herr R. hat bereits als Kind gelernt, sich einen minimalen Rest an elterlicher Liebe zu holen, indem er seinen Eltern in allem Recht gab, alle Schuld auf sich nahm und auf diese Weise ein negatives Selbstkonzept ausbildete. Mit dieser Selbstanklage zeigte er zumindest seine Reue und bekam dafür ein Minimum an negativer Zuwendung von seinen Eltern. Sein eigenes Leid war dagegen ja nicht so wichtig.

Er litt, so lange er denken konnte, unter Selbstbestrafungsphantasien. Wenn er sich in Gedanken bestrafte oder real selbst verletzte, dann ging es ihm für eine Weile besser, dann fühlte er sich im Reinen mit sich, dann hatte er seine Schuldgefühle abgearbeitet. Aber diese Gefühle hielten nicht lange an, danach kam die Scham vor sich selbst. Sein selbstverletzendes Verhalten ging so weit, dass er als Kind und Jugendlicher eine Reihe von Unfällen erlebte, die für alle unerklärlich waren. Warum hatte er das Auto nicht gesehen, warum war er mit dem Fahrrad direkt vor die Mauer gefahren, warum hatte er sich mit dem Messer verletzt, warum war er so tief gestürzt, dass er sich mehrere Brüche zuzog. Für seine Eltern belegten diese Unfälle und Verletzungen seine Bösartigkeit und Undankbarkeit. Als er wieder einmal einen Unfall hatte, bei dem er mit dem Fahrrad unter die Straßenbahn gerutscht war und sich dabei mehrere Knochenbrüche und Prellungen zugezogen hatte, fragte der Vater seinen bandagierten Sohn am Krankenbett: »Warum tust du uns das an?«

Die gleiche Frage hatte ihm vor einigen Wochen seine Frau gestellt. Sie hatte ihm vorgeworfen, dass er sich wie ein böses Kind verhalte, aber nicht wie ein sorgender Vater.

Herr R. gab seiner Frau wieder einmal in allem Recht, was sie ihm vorwarf, und nahm alle Schuld auf sich. Das mache sie wahnsinnig, er könne noch nicht einmal einen eigenen Standpunkt vertreten. Auch dem stimmte er zu und versprach Besserung, ohne zu wissen, wie. In der Erziehung der Kinder war er sehr streng, sprach viel in Bewertungen und Verboten, machte sich allerdings hinterher selbst Vorwürfe, wenn er wieder einmal ein Kind getadelt oder einem anderen etwas verboten hatte. Er bekam es nicht hin, ein liebevoller und gewährender Vater zu sein, das würde er in diesem Leben einfach nicht mehr schaffen. Die verzweifelten Versuche der Kinder, ihm ihre Liebe zu zeigen, konnte er nicht annehmen. Er fühlte sich emotional in einer Zwickmühle: Wenn die heutige Liebe der Kinder echt war, dann hatten seine Eltern viel falsch gemacht und er musste sie hassen; wenn seine Eltern zu Recht der Meinung gewesen waren, dass er ein böses und undankbares Kind gewesen war, dann konnte er heute kein guter Vater sein, musste sich strafend, bewertend und böse seinen Kindern gegenüber verhalten.

Wir sprachen viel über seine Kindheit, darüber, wie er die Rolle des bösen und undankbaren Kindes angenommen und ausgefüllt hatte und welche Leistung er damit für die Familie erbracht hatte. Er hatte alles Böse auf sich genommen und der Familie damit dazu verholfen, nur noch rein und gut sein zu können. Nach und nach kamen die Sünden der Familie in sein Bewusstsein: die Sünden des Großvaters während des Krieges auf dem Balkan, die kriminellen Finanzbetrügereien des Vaters bei dem Versuch, in Deutschland eine Existenz aufzubauen, die Denunziationen anderer Familienmitglieder in der Heimat, die sexuellen Eskapaden seiner Mutter, mit denen sie ihrem despotischen Mann entfliehen wollte. Dabei ist es wahrscheinlich, dass er aus einer dieser Eskapaden der Mutter stammte, er also ein »Bastard« war. Alle in der Familie konnten ruhiger schlafen, weil er als Kind so viele Probleme machte, denn dann war er das Problem und nicht andere. Die intensive Arbeit an der eigenen Familiengeschichte förderte Geheimnisse rund um Böses und Undankbarkeit zutage, von denen er bislang nichts gewusst hatte. Seine Tanten, Onkel und Geschwister halfen ihm dabei, und je mehr er von seiner Familie erfuhr, desto deutlicher wurde ihm, warum er so geworden war. Mithilfe seiner eigenen Familie versuchte er langsam sein negatives Selbstbild zu korrigieren, aber die Schuldzuschreibungen an sich selbst, seine Bestrafungsgelüste, seine bösen Seiten, aber auch seine Depressionen kehrten immer wieder. Es gab Situationen im Alltag, die einen negativen Stress in ihm auslösten, dann war er schnell wie in einem Tunnel, aus dem er nicht mehr herauskam, und diese Erlebnisse bestätigten seine alten Muster. Und es gab Situationen, in denen er sich positiv und wertschätzend verhalten konnte, in denen er sich so verhielt, wie er es sich wünschte und seine Familie ihn liebte. Die negativen Eskalationen galt es ebenso zu verstehen wie die positiven Situationen. Langsam konnte er die auslösenden Trigger für sein negatives Verhalten erkennen, und seine Familie half ihm dabei, sie zu vermeiden. Und zugleich wurden die Bedingungen deutlich, die zu mehr positiver Wertschätzung führen konnten. Es gab viele Rückfälle, aber die Fortschritte waren deutlich und erfreulich. Dennoch war dieser Weg zu einem positiveren Umgang mit anderen und mit sich selbst hart und beschwerlich.

Kafka kannte das, meist war er zu anderen Menschen freundlicher als zu sich selbst. Anfang Oktober 1913 schreibt er in einem Brief an seinen Freund Felix Weltsch: »Manchmal glaube ich, dass ich nicht mehr auf der Welt bin, sondern irgendwo in der Vorhölle herumtreibe« (Stach 2018, S. 243). Mit der Vorhölle beschrieb er seinen inneren Zustand, die äußere Welt sollte bald auch zu einer Hölle werden.

Kriege

Im Sommer 1914 waren für Kafka zwei kriegerische Konflikte ausgebrochen, ein geopolitischer und ein privater. Am 12. Juli kam es zu dem denkwürdigen Tribunal von Felice Bauer, ihrer Schwester Erna und Grete Bloch gegen Franz Kafka, am nächsten Tag reiste er ab. Nicht einmal 4 Wochen später brach der Erste Weltkrieg aus. Sein Chef bei der Allgemeinen Unfall-Versicherungs-Anstalt Marschner verhinderte einen Kriegseinsatz Kafkas, indem er ihn gegenüber den Behörden mehrfach als unentbehrliche Fachkraft bezeichnete. In diesem Krieg wurden zum ersten Mal – dank der Errungenschaften der industriellen Revolution – moderne Massenvernichtungswaffen eingesetzt: Kampfflugzeuge, Panzer, U-Boote, Maschinengewehre, Flammenwerfer, Splittergranaten usw. Beide Ereignisse haben sicher auf unterschiedliche Weise ungeheure Aggressionen freigesetzt, die Kafka bis in die Träume beschäftigten. In diesem Sinne kann seine literarische Arbeit am Prozess, aber vor allem an der Strafkolonie als Ausdruck dieser Verarbeitung zerstörerischer Maschinen und kriegerischer Aggressionen gelesen werden.

Im Oktober 1914 beginnt er einen zweiwöchigen Urlaub, um seine Arbeit am *Prozess* voranzutreiben, kommt aber damit nicht wirklich voran und schreibt stattdessen seine Erzählung »In der Strafkolonie«. Sie handelt von einer riesigen Tötungsmaschine, die mit ungeheurer Präzision über 24 Stunden langsam und unaufhaltsam einen Menschen töten kann, indem sie mit rotierenden Messern dem Menschen zur Strafe eine Botschaft *in* den Körper schreibt. Kafka hat diese Tötungsmaschine erfunden, denn er kannte sich durch seine Arbeit bei der Arbeiterunfallversicherung mit der Funktionsweise tödlicher Maschinen gut aus. Beruflich waren ihm viele Maschinen vertraut, bei denen die Arbeiter reihenweise schwerste Verletzungen und Verstümmelungen erlitten. Und er hat sich gewundert, dass die Arbeiter diese Maschinen nicht wütend zerstört haben, ebenso wie er sich stets wunderte, dass sie in der Arbeiterunfallversicherung so devot auftraten, anstatt alles kurz und klein zu schlagen. Kafka äußerte sich gegenüber Max Brod eindeutig: »Wie bescheiden diese Menschen sind. Statt die Anstalt zu stürmen und alles kurz und klein zu schlagen, kommen sie bitten« (Stach 2012, S. 153). Vielleicht sind diese berechtigten, aber nicht ausgelebten aggressiven Impulse der Arbeiter in die Beschreibung der monströsen Tötungsmaschine mit eingeflossen.

Die Strafkolonie

> »›Es ist ein eigentümlicher Apparat‹, sagte der Offizier zu dem Forschungsreisenden und überblickte mit einem gewissermaßen bewundernden Blick den ihm doch wohl bekannten Apparat. Der Reisende schien nur aus Höflichkeit der Einladung des Kommandanten gefolgt zu sein, der ihn aufgefordert hatte, der Exekution eines Soldaten beizuwohnen, der wegen Ungehorsam und Beleidigung des Vorgesetzten verurteilt worden war« (GW, S. 119).

So beginnt, beinahe harmlos, Kafkas Erzählung »In der Strafkolonie«, die bei vielen Lesern und Hörern Entsetzen auslöste. Kolportiert wird die Geschichte, dass Kafka die Erzählung öffentlich vorgelesen habe und die Zuhörer währenddessen reihenweise den Raum verließen und einige Damen sogar ohnmächtig geworden seien. Kaiser spricht 1931 von einer grandiosen »Strafphantasie« (Handbuch, S. 215), Deleuze und Guattari (1992) sehen in der Tötungsmaschine eine Metapher für die zerstörerische Kraft der modernen Gesellschaften, und Kurt Tucholsky schrieb bereits 1920 von einer Militärgerichtsbarkeit: Er habe während des Lesens einen »faden Blutgeschmack« herunterschlucken müssen (Tucholsky 1920).

Zur Geschichte: Ein Forschungsreisender aus einem fremden Land kommt auf eine Insel, auf der sich eine Strafkolonie befindet. Ein leitender Offizier erklärt ihm nicht ohne Stolz eine nahezu perfekte, fast automatische Tötungsmaschine von ungeheurer Präzision. »Bis jetzt war noch Händearbeit nötig, von jetzt aber arbeitet der Apparat ganz allein« (GW, S.120). Zunächst möchte er ihm die Maschine erklären und ihre Funktionsweise anschließend an einem Verurteilten demonstrieren. Diese Maschine besteht aus drei Teilen, einem Bett, einem Zeichner und der Egge. Der Verurteilte wird mit Riemen festgebunden und dann wird ihm mit den feinen Nadeln der Egge das Urteil auf den Leib geschrieben. Die Maschine wird dazu mit den Urteilen programmiert, indem die Blätter des Urteils in den Zeichner gelegt werden. Nach sechs Stunden sei dann der Verurteilte für kurze Zeit in der Lage, das Urteil auf seinem Körper zu lesen, bevor der langsame Sterbeprozess eingeleitet werde. Während des Schreibens gebe es kleine Düsen, mit denen Wasser eingestrahlt werde, damit das Blut ablaufen könne, um die Schrift lesen zu können. Sobald der Mann auf dem Bett fixiert ist, setzt sich die Maschine durch kleine Zuckungen in Bewegung und beginnt damit, dem Mann das Urteil in den Leib zu ritzen. Diesmal laute der Satz: Ehre deinen Vorgesetzten!

Der Reisende ist verwundert und fragt, ob der Verurteilte nicht vor der Vollstreckung das Urteil kenne. Nein, lautet die Antwort, er erfahre das Urteil ja früh genug während der Strafe. Ob denn der Verurteilte vorher Gelegenheit gehabt habe, sich zu verteidigen? Auch hier lautet die Antwort nein. Die Schuld sei immer zweifellos. Nun fragt der Reisende nach, was denn der Verurteilte sich habe zu Schulden kommen lassen. Er habe den Dienst verschlafen, lautet die Antwort. Während der Nacht habe er die Pflicht, jede Stunde aufzustehen und vor der Tür des Kommandanten zu salutieren. In der Nacht sei der Kommandant um zwei Uhr aufgestanden und habe den Verurteilten schlafend vor seiner Tür gefunden, das sei eine grobe Pflichtverletzung. Der Hauptmann habe ihm diesen Sachverhalt am Morgen mitgeteilt, daraufhin habe er das Urteil aufgeschrieben und den Mann in Ketten legen lassen.

Der Offizier ist von diesem Verfahren ebenso begeistert wie von seiner perfekten Maschine und hofft, dass der Reisende diese Begeisterung teile und seine Sicht nicht durch moderne Gedanken an Humanismus und Gerechtigkeit getrübt sei. Er hoffe zudem einen Zuspruch zum Verfahren bei dem Kommandanten, denn die Unterstützer für dieses Strafverfahren würden selbst in dieser Strafkolonie immer weniger, vor allem unter dem Einfluss der Damen der Offiziere. Der Reisende betont seine strikte Neutralität, er sei Fremder auf fremdem Boden und es gehöre sich für ihn nicht, Stellungsnahmen zu Strafangelegenheiten eines fremden Landes abzugeben. Früher, unter dem alten Kommandanten, seien diese Hinrichtungen noch begehrte und gut besuchte Volksfeste gewesen, bei denen sich die Kinder um die besten Plätze gestritten hätten. Der Offizier wird vertraulich und bittet den Reisenden inständig um Hilfe beim neuen Kommandanten. Seine Antwort ist nach langem Zögern ein klares: Nein.

»›Das Verfahren hat Sie also nicht überzeugt … Dann ist es also Zeit‹ …,Wozu ist es Zeit?‹, fragte der Reisende unruhig, bekam aber keine Antwort. ›Du bist frei‹, sagte der Offizier zum Verurteilten in dessen Sprache« (GW, S. 138). Der Offizier beginnt sich auszuziehen, bis er gänzlich nackt ist, fügt zuvor noch ein Blatt in den Leser mit dem Befehl »Sei gerecht!« und legt sich unter die rotierenden Messer der Egge auf das Bett. Sofort beginnt die Maschine zu arbeiten, gibt keine kreischenden Geräusche mehr von sich, aber beginnt nach einiger Zeit aus dem Zeichner Zahnräder auszuspucken. Dem Offizier, der diese Szenerie ebenso konsterniert verfolgt wie der Verurteilte und der Soldat, wird langsam klar, dass die Maschine dabei ist, nicht nur den Offizier, sondern dabei auch sich selbst zu zerstören. Der Reisende wendet sich ab und verlässt mit dem Verurteilten und dem Soldaten den Schauplatz, geht zurück zur Kolonie und lässt sich dort noch das Grab des alten Kommandanten zeigen. Dann verlässt er mit dem Boot die Insel.

Mit dem Übergang von der individuellen Schuld, die noch mit einer handwerklichen Bestrafung geahndet wurde, zu einer kollektiven Schuld, die durch eine automatisierte Strafmaschinerie verfolgt wurde, entstand ein qualitativ neuer Übergang in die industrielle Moderne und ihre Massenvernichtungswaffen. Diese Strafmaschinerie ist weitgehend losgelöst von jeglicher Schuld – von jeder individuellen Schuld sowieso und von jeder kollektiven auch, falls es die überhaupt gibt. Keine Schuld, erst recht kein gemeinsames Schuldgefühl kann so mächtig sein, um diese monströse Bestrafung zu rechtfertigen. War es das, was Kafka damit in erster Linie sagen wollte?

Herr R. war als ein böses Kind groß geworden, das aus dem Zirkel von Bösartigkeit, Schuld und Strafe schwer herauskam. In seiner Ursprungsfamilie war er in diese Rolle gedrängt worden, bis er sie schließlich verinnerlichte und ein negatives Selbstkonzept ausbildete, damals war es für ihn eine Überlebensstrategie gewesen. Über dieses verinnerlichte böse Kind hatte er gelernt alle Schuld auf sich zu nehmen und so für einen kleinen Rest an Bedeutung und Zuwendung zu sorgen, die er einfach so nicht bekam. Strafen waren dann eine logische und gerechte Folge, sowohl die Strafen durch die Eltern als auch die Selbstbestrafungen. Als er eine eigene Familie gründete und Vater wurde, kamen die Gespenster seiner Kindheit zurück. Er brauchte für viele Situationen komplett andere und neue Verhaltensstrategien, und dies war nur möglich, weil seine gesamte Familie diesen Prozess unterstützte. Besonders seine Strafaktionen gegen seine Kinder und gegen sich selbst blieben hartnäckig, weil sie mit sonderbaren Vorstellungen von Schuld verknüpft waren. Diese allgegenwärtige, beinahe existenzielle Schuld verlangte nach einem Ventil, musste sich in Strafaktionen entladen. Für Kafka war das Schreiben das Ventil, ohne das er sich vielleicht schon mehrmals aus dem Fenster gestürzt hätte.

KAPITEL 10

Du bist mein Menschengericht

Krankheiten in Beziehungen

Schwere körperliche Krankheiten können Beziehungen stärken, weil der drohende Verlust des eigenen Lebens oder der Tod eines geliebten Menschen zu einer Relativierung der alltäglichen Konflikte führt. Beinahe alles erscheint banal und bedeutungslos angesichts von schwerer Krankheit oder gar Tod. Wenn es gelingt, die Krankheit eines geliebten Menschen nicht nur als sein Problem, sondern als ein gemeinsames zu verstehen, dann vertieft dies die Beziehung und führt zu synergetischen Widerständen gegen den gemeinsamen Feind. Die neueste Forschung nennt dieses Phänomen kurz »We disease« – also »Wir sind krank«. Solche Paare gelten nicht nur als glücklicher, sondern auch als erfolgreicher im Kampf gegen Krankheiten.

Schwere Krankheit oder gar drohender Tod können aber auch Beziehungen zerstören. In Eltern-Kind-Beziehungen ist dies unwahrscheinlich bis unmöglich, Eltern lassen ihre Kinder nicht allein sterben, und in der Regel gilt dies auch umgekehrt. Wenn es nicht so ist, sind nicht selten alte, unbeglichene Rechnungen beteiligt. In Paarbeziehungen allerdings ist eine Trennung als Folge einer schweren, lebensbedrohlichen Krankheit durchaus möglich. So kann die Diagnose eine schon länger bestehende, schwelende Konflikt- und Trennungsthematik beschleunigen. Sie kann aber auch mit einer bedrohlichen Zukunft konfrontieren, die von dem einen gelebt werden muss, aber vom anderen nicht gelebt werden will. Beide müssen sich ernsthaft überlegen, wie sie mit der Krankheit umgehen wollen. Der eine muss sich fragen, ob er als hilfsbedürftig und abhängig gepflegt werden will, und der andere Partner hat das Recht, dies für sich abzulehnen. Insofern ist mit einer schweren Krankheitsdiagnose eines Menschen immer auch eine Paarkrise verbunden, die möglichst offen kommuniziert werden sollte. Diese notwendige Kommunikation ist allerdings davon abhängig, ob das Paar solche ernsthaften, intimen Gespräche führen kann und welche Themen noch zu Tage kommen, wenn die Büchse der Pandora erst einmal geöffnet ist.

Die Konfrontation mit dem Tod durch eine schwere Krankheit ist immer auch eine Konfrontation mit dem Tod von Beziehungen. Gibt es in solchen Fällen einen richtigen oder guten Weg und einen falschen und schlechten? Haben hier nicht jede einzelne Person und jede Beziehung ein Recht darauf, dies alles allein zu entscheiden? Und wie können Menschen damit umgehen, wenn der eine Partner angesichts einer schweren Krankheitsdiagnose die Beziehung beenden will, aber der andere nicht? Wer muss was respektieren? Und wie wird eine Trauer um den Verlust von Gesundheit, Leben und Zukunft gestaltet?

Das Ende einer Paarbeziehung

Die Diagnose Prostatakrebs traf beide wie ein Schock. Seine erhöhten PSA-Werte waren noch kein ernsthafter Grund zur Sorge gewesen, aber die weiteren Diagnosen hatten den Anfangsverdacht nicht nur bestätigt, sondern verschärft. Er musste operiert werden mit anschließender chemotherapeutischer Behandlung. Danach ging es ihm sehr schlecht, vor allem seelisch. Er fühlte sich nicht mehr als Mann, bestenfalls als halber. Seine depressive Veranlagung wurde durch die Krankheit erheblich verstärkt. Seine Frau sorgte für ihn, aber sie konnten nicht über die Krankheit und ihre Folgen sprechen. Die Ärzte empfahlen abzuwarten, bis die Behandlung abgeschlossen sei, eine gesicherte Prognose sei noch nicht möglich.

Eines Morgens teilte Herr M. seiner Ehefrau beim Frühstück relativ unvermittelt mit, dass er sich trennen wolle. Er wolle ihr das Leben mit ihm nicht zumuten. Sie solle nicht zu seiner Pflegerin werden. Eine Paarbeziehung sei auch nicht mehr möglich ohne eine lebendige

Sexualität. Er wisse, dass auch ihr der Sex immer wichtig gewesen war, und mit seiner Impotenz infolge der Krankheit könne er sie nicht mehr befriedigen. Ob er jemals wieder zu einer Erektion fähig sein werde, stehe in den Sternen, das wolle er sich und ihr nicht zumuten. Sie weinte und plädierte dafür, diese wie alle anderen vorherigen Krisen gemeinsam durchzustehen. Er blieb bei seiner Entscheidung und sagte, es sei so das Beste für beide. Sie sagte, man könne doch auch anderen Sex haben, mit mehr Zärtlichkeit und Schmusen, das habe sie sich schon immer gewünscht. Für ihn sei das nur eine Notlösung und mit sehr viel Scham besetzt. Er wolle sich selbst und ihr das einfach nicht zumuten. Er könne in die kleine Wohnung ziehen, die sie damals für den Sohn gekauft hatten, die Mieter müssten eben raus, das sei Eigenbedarf. Sie könne allein in der gemeinsamen Wohnung bleiben, so sei es für beide am einfachsten. Sie wehrte sich gegen diese Pläne, wollte drei Tage lang nichts mehr davon wissen und plädierte danach für eine Paarberatung, wo beide mit einem Dritten alle Fragen klären könnten.

Herr M. war durch die Krankheit früh gealtert, seine Frau, 12 Jahre jünger, wirkte gestresst. Ich bat beide zu Anfang der Beratung um Geduld. Der weitere Verlauf der medizinischen Behandlung würde sicherlich auch den Beratungsverlauf beeinflussen. Als Ziel definierten wir eine gemeinsame Entscheidung über die Zukunft ihrer Paarbeziehung, da zurzeit kein Druck für eine schnelle Entscheidung bestehe. Wir sprachen über ihre Paargeschichte, die einige Jahrzehnte umfasste. Wie sie sich kennengelernt hatten, wie die Schwiegereltern auf ihre Heirat reagierten, wie ungeplant die Kinder kamen und sie glücklich machten, über den Stress ihrer frühen Elternschaft, ihre beruflichen Ambitionen und die darin enthaltenen Rückschläge, den ewigen Stress mit den Schulen der beiden Kinder, ihre dauerhaften Freundschaftsbeziehungen, die guten und die neidischen Nachbarschaften, ihre partnerschaftlichen Krisen, ihre stummen und ihre redseligen Zeiten, ihre wunderbaren Reisen in den letzten Jahren, über ihre Liebesaffären, die sie sich mittlerweile gestanden hatten, über die Wandlungen in ihrer Sexualität, über ihre Fähigkeit, meist besser zu wissen, wie es ihm geht, als er es selbst jemals wusste, über ihre Bedürfnisse, sich täglich miteinander auszutauschen und vieles mehr.

Er sprach über seinen gekränkten Stolz als Mann durch die Impotenz, seine Scham damit umzugehen, seine Entscheidung sich mit seiner Krankheit zurückzuziehen. Sie könnten sich weiterhin sehen, insbesondere mit den Kindern und Enkelkindern. Es sei auch nicht klar, wie der weitere Verlauf der Krankheit sei. Neulich habe er einen Film über das Leben des berühmten italienischen Sängers Farinelli gesehen, der mit neun Jahren auf Wunsch seines Vaters kastriert worden war, um ihm seine schöne Gesangsstimme zu erhalten. Während des Films habe er fast die ganze Zeit geweint. Farinelli hatte sich verliebt, konnte diese Liebe aber nicht leben. Für ihn war der Film eine Art Abschied von einem Teil seines Lebens. Vielleicht könne er sich auf seine Hobbys konzentrieren oder Golf lernen. Als Rentner habe er genügend Zeit, einige neue Dinge auszuprobieren.

Sie konnte sich noch nicht mit seinen Entscheidungen abfinden, wollte sie einerseits respektieren, fühlte sich aber andererseits ausgeschlossen. Er hatte seinen ganz persönlichen Rhythmus als Rentner und chronisch Kranker im Alltag gefunden, morgens spazieren gehen, im Café ausführlich die Süddeutsche lesen, einkaufen, möglichst auf dem Markt, eine Kleinigkeit kochen, Mittagspause, lesen, nachmittags eine Zigarre und abends einen Film aus der Mediathek. Sein Golfspiel machte Fortschritte, er nahm sich vor, die gesamte Weltliteratur zu lesen, natürlich auch Kafka, und traf sich mit Freunden, insbesondere einem sehr guten Schachspieler, von dem er noch viel lernen konnte. Er erzählte keinem anderen Menschen von seiner Erkrankung, nur seine Frau und seine Kinder wussten davon. Seine Kinder sah er unterschiedlich häufig, da sie nicht in der gleichen Stadt wohnten. Regelmäßig ging er zu Ärzten. Der Krankheitsverlauf stockte, ging mal besser, mal schlechter. Wenn es ihm schlechter ging, war ihm allerdings unklar, ob es an der Krankheit oder den Medikamenten lag.

Das Paar traf sich jede Woche, mal einmal, mal zweimal. Sie gingen gemeinsam auf den Markt, ins Kino, in ein kleines italienisches Restaurant. Er erzählte ihr von dem Buch, das er gerade las, sie von ihren vielen Telefonaten mit den Kindern und wie es den Enkelkindern gehe. Sie lebten in einem Durchgangsstadium mit offenem Ausgang. Ihre Entscheidung, wie es mit ihnen weitergehen sollte, wurde mehrfach vertagt. Sie hatte sich einige Male mit anderen Männern getroffen, weil sie merkte, dass ihr die Kontakte zu ihren Freundinnen, ihrem Mann und ihren Kindern nicht ausreichten. Sie hatte zugleich die Angst, dass sie beide zunehmend in Parallelwelten leben würden, die sich zunehmend voneinander entfernen.

Verlobung ohne Verständigung

Auch Franz Kafka und Felice Bauer lebten für eine Weile in Parallelwelten. Dann haben sie schreibend ihre Paarbeziehung wiederaufgenommen und sich wieder verlobt, allerdings ohne den Konflikt rund um das Tribunal jemals wirklich aufgearbeitet zu haben. Beide Familien gratulieren zur zweiten Verlobung im Sommer 1916, als hätten sich die verirrten Kinder endlich wiedergefunden. Seinem Tagebuch vertraut er am 18. Oktober 1916 einen Briefwechsel mit Felice an, in dem es um beide Familien geht. Zunächst gesteht Felice ihm ihr Unbehagen mit ihrer Familie, dann schildert er seine Ambivalenzen mit seiner Familie.

> »Du sagst, dass es auch für dich nicht zu den größten Annehmlichkeiten gehören wird, bei dir zuhause mit deiner Familie am Tisch zu sitzen ... Kann ich meine Stellung etwa so umschreiben: Ich, der ich meistens unselbständig war, habe ein unendliches Verlangen nach Selbständigkeit, Unabhängigkeit, Freiheit nach allen Seiten, lieber Scheuklappen anziehn und meinen Weg hin zum Äußersten gehen, als dass sich das heimatliche Rudel um mich dreht und mir den Blick zerstreut ... Weil ich förmlich vor meiner Familie stehe und unaufhörlich die Messer im Kreise schwinge, um die Familie immerfort und gleichzeitig zu verwunden und zu verteidigen, lass mich darin ganz dich vertreten, ohne dass du mich in diesem Sinne deiner Familie gegenüber vertrittst« (T3, 18.10.1916).

Beide würden ihre Familien gern hinter sich lassen, sie will raus aus den vielfachen Verantwortlichkeiten, aber er verharrt – die Messer im Kreise schwingend – in einer Ambivalenz zwischen Verteidigung und tiefer Aggression. Warum er seine Familie verwunden will, lieber die Aggressionen gegen andere als gegen sich selbst ausleben will, ist mehr als verständlich. Anscheinend meint er seine persönliche Freiheit gegenüber der Familie nur mit Messern sichern zu können. Aber gegen wen will er die Familie verteidigen – und wieso mit Messern? Oder ist die Verteidigung nur eine Beschönigung seiner Aggressionen gegen das heimatliche Rudel? Wieder diese tiefe Ambivalenz zwischen Nähe und Distanz.

Auch in ihrer Paarbeziehung waren Nähe und Distanz nach der zweiten Verlobung ein ungelöstes Problem. Die Nähe von Marienbad blieb vorerst nur eine Erinnerung ohne Fortsetzung in ein gemeinsames alltägliches Leben, über viele Monate haben Felice und Franz sich danach nicht mehr gesehen. Am 7. Juli kommt Felice nach Prag, wohnt bei Kafkas Schwester Valli und am 11. Juli brechen Felice und Franz zu einer gemeinsamen Reise mit dem Zug nach Budapest auf. In einem Brief an Ottla resümiert er am 28. Juli 1916: »Auf der Reise ist es mir durchschnittlich erträglich gegangen, aber eine Erholungs- und Verständigungsreise war es natürlich nicht« (T3, 28.7.1916). Nach der Rückkehr schrieb er Felice zwei ausführliche Briefe, die beide nicht beantwortet wurden. Wieder entstanden Distanz und Schlaflosigkeit.

Am Samstag, dem 11. August 1917, erleidet Kafka morgens einen Blutsturz, der Arzt spricht von einem Bronchialkatarrh, in Wahrheit ist es Tuberkulose, aber Kafka selbst sieht es eher als eine psychosomatische Reaktion, einen somatischen Ausdruck seines chronischen seelischen Leidens. Prof. Pick diagnostiziert einen Lungenspitzenkatarrh und empfiehlt eine mindestens dreimonatige Behandlung in einer Lungenfachklinik. Anfang September informiert er Felice über seine akute Erkrankung, sie ist verzweifelt. Am 30. September schickt er ihr einen resignierten Brief mit hilflosen Erklärungsversuchen, ohne wirkliches Mitgefühl für sie:

> »Dass zwei in mir kämpfen, weißt du. Dass der bessere der zwei dir gehört, daran zweifle ich gerade in den letzten Tagen am wenigsten. Über den Verlauf des Kampfes bist du ja durch

> 5 Jahre durch Wort und Schweigen und durch ihre Mischungen unterrichtet worden, meistens zu deiner Qual … Du bist mein Menschengericht … Ich halte nämlich diese Krankheit im geheimen gar nicht für Tuberkulose, oder wenigstens zunächst nicht für eine Tuberkulose, sondern für meinen allgemeinen Bankrott. Ich glaubte, es ginge noch weiter und es ging nicht … Ich werde nicht mehr gesund werden« (F, 30. 9. 1917).

Kein Wort des wahrhaftigen Abschieds an sie, eher Selbstmitleid als Mitgefühl. Selbst bekennende Kafka-Fans haben ihm diesen Abschiedsbrief an Felice übelgenommen, allen voran Elias Canetti. Und Reiner Stach schreibt: »Nach hunderten von Briefen, nach verzweifelter Werbung, nach den erfüllten Tagen von Marienbad, am Ende einer fünfjährigen, wie immer traurigen, aber doch gemeinsamen Geschichte findet Kafka kein Wort des Trostes oder des Dankes. Sein Brief ist eine in funkelnden Bildern sich ergehende Selbstanalyse, gerichtet an ein imaginäres Publikum und ohne Rücksicht auf die Adressatin, deren Leben hier doch ebenso involviert ist wie sein eigenes« (RS3, S. 230).

Ich halte Kafkas Schreiben an Felice für eine Krisenreaktion, denn Tuberkulose war damals nicht nur eine schwere Krankheit, sie war unheilbar. In der Krise mitfühlend mit einer Partnerin zu sein wäre sicherlich wünschenswert gewesen, allerdings auch eine sehr hohe Anforderung. Kafka war ein Mensch, der eine solche Diagnose im ersten Moment kaum verarbeiten konnte. Er hatte alle seine Familienmitglieder und Freunde, die von seiner Krankheit wussten, eindringlich darum gebeten, seinen Eltern noch nichts von der Diagnose zu sagen, und es war Ottla überlassen, alles dem Vater zu beichten, aber nicht der Mutter. Hermann Kafka reagiert erstaunlich gefühlvoll und väterlich besorgt, er erkundigt sich nach dem leidenden Sohn, fragt, wie es ihm gehe und ob er alles habe, was er brauche und wie ernst es um ihn stehe. Hier reagiert er so, wie es sich Franz vielleicht immer gewünscht hatte, ganz wie ein sorgender Vater, und Ottla wird es Franz ausführlich berichtet haben, denn er lebt seit einiger Zeit bei ihr auf dem Lande in Zürau, um sich dort zu erholen. Er wollte immer Bauer werden, gesteht er ihr, und sie glaubt ihm. Sie versorgt ihn wie eine Mutter, er nimmt kräftig zu, liegt viel im Liegestuhl und erholt sich langsam. Er liest alles, was er schon immer lesen wollte: Tolstoi, Dickens, Schopenhauer, Kierkegaard. Und er denkt nach über Gott, das Schreiben hält er für eine Form des Gebetes.

Im Dezember 1917 kommt es zur Weihnachtszeit zu einem letzten Treffen mit Felice in Prag. Die schwere Krankheit macht eine gemeinsame Zukunft zunichte. Sie verabschieden sich traurig, ohne Streit, sie wollen brieflich den Kontakt aufrechterhalten. Später, bei einem Besuch bei Max Brod bricht er förmlich in sich zusammen, weint und schluchzt, wie vielleicht noch nie zuvor. Die Trauer ist dem guten Freund vorbehalten, nicht der Frau, die er heiraten wollte. Später erfährt er über seinen Freund Max, dass Felice 1920 geheiratet hat und sie 1921 ein Kind zur Welt brachte. Ob diese Nachrichten ihn beruhigten?

Für den Umgang mit einer schweren Krankheit kann es keine allgemeingültigen Maßstäbe geben, solche Krisen sind individuell in ihrem Leiden und dem Umgang damit. Kafka hat geleugnet, nach Scheinerklärungen gesucht und die Krankheit letztlich als eine verdiente Strafe für seine falsche Geisteshaltung fehlinterpretiert. Danach hat er sich in sein Leiden zurückgezogen und die Nähe der Person gesucht, die ihm immer am nächsten war, Ottla. Herr und Frau M. haben einen gemeinsamen Weg der Bewältigung gefunden und während dieser Zeit anscheinend Abschied voneinander genommen. Nach einem Jahr kamen sie zu einem »Kontrolltermin« zu mir und waren beide der Meinung, dass sie es so belassen wollten, wie es war. Sie hatten sich mit ihrem neuen, getrennten Leben arrangiert.

KAPITEL 11

Der menschliche Makel

Wie Geheimnisse wirken

Geheimnisse lassen sich in sozialen Medien und Partnerschaftsbörsen zunächst gut verbergen, man zeigt sich nur von seinen schönen, liebenswerten, ehrwürdigen, attraktiven und vorteilhaften Seiten. So scheint es erwiesen, dass Männer sich in solchen Portalen größer und Frauen leichter machen. Aber das sind ja nur äußerliche Eitelkeiten. Manchmal allerdings können Äußerlichkeiten auch bedeutsam sein. Philip Roth schildert in seinem grandiosen Roman »Der menschliche Makel« *(The Human Stain)* die Geschichte eines schwarzen Mannes, der sich als Weißer ausgibt, um in seinem Leben erfolgreicher zu sein. Bei der Geburt jedes seiner Kinderwird er von der Angst heimgesucht, es könnte eine schwarze Hautfarbe haben und damit sein Geheimnis aufdecken. So verbirgt er seine Eltern vor seiner Frau, denn die Eltern sind eindeutig schwarz. Wenn man bedenkt, dass die Hautfarbe in den USA nicht nur als eine Äußerlichkeit gilt *(Black lives matter)*, sondern einen Risikofaktor für Lebensqualität darstellt, erscheint sein gefälschtes Leben als Weißer nicht mehr grotesk, sondern durchaus verständlich.

Idealisierte Selbstdarstellungen und Hochglanzfotos sind Masken der Scham. Gleichzeitig weiß jeder, dass dies ein Spiel mit Fehlersuche ist, denn Ehrlichkeit gilt als naiv. So lange es geht und beinahe um jeden Preis sollen schamhafte Seiten der eigenen Person verborgen bleiben. Die große Hürde ist das erste Dating und es verwundert kaum, dass die Mehrheit der Kontakte nicht über dieses erste Treffen hinauskommt. Der Wunsch ist ein mystischer Glaube an einen Moment der Verzauberung: Der potenzielle Partner soll von der Person so beeindruckt sein, dass er über den Makel hinwegsieht, ihn erst gar nicht bemerkt oder als nebensächlich bewertet. Was allerdings einen Makel darstellt, ist eine zutiefst subjektive Angelegenheit. Sind drei Kilogramm zu viel an Körpergewicht schon ein Makel oder erst dreißig, ist ein Mann unter 180 cm Körpergröße zu klein, einer über 200 cm zu groß? Kafka war 184 cm groß, zudem gutaussehend, hätte also nach diesem Kriterium gute Chancen auf dem Heiratsmarkt gehabt. Ist eine körperliche Behinderung ein Makel, und wenn ja, macht es einen Unterschied, ob die Ursache ein Geburtsfehler, ein Unfall oder ein eigenes Verschulden war? Und wie verhält es sich mit psychischen Einschränkungen? Gilt hier der Krankheitswert nach der ICD-11 als bedeutsamer Indikator oder ist eine seelische Einschränkung noch im Normbereich, beispielsweise eine leichte Depression, Zwangsstörung oder Suchtmittelabhängigkeit?

Menschen verbergen im Internet, was sie selbst als Makel ansehen. Beim Kontakt werden die Schamgrenzen langsam gelockert und mit jedem Schritt der Selbsteröffnung entsteht eine neue Verwunderung. Es ist wie eine Autofahrt entlang der Ostküste von Neuseelands Südinsel. Nach jeder Kurve ist man überrascht, mal sieht es aus wie in Norwegen, mal wie in der Toskana. Solange es bei abwechselnder Schönheit und Verzauberung bleibt, ist die Selbsteröffnung ein Kinderspiel. Aber wir alle haben unsere diversen Makel, die von der Scham behütet und geschützt werden, manchmal so stark, dass manche Menschen behaupten, sie hätten keine. Häufiger ist jedoch die trotzige Selbstbehauptung: Wenn der potenzielle Partner mich nicht so liebt, wie ich bin, dann hat er oder sie mich nicht verdient.

Schwierig wird es, wenn sich die Person wegen eines Geheimnisses oder eines Makels vor sich selbst schämt. Dann können alte, seelische Wunden wieder aufgerissen werden und es stellt sich nicht nur die Frage, wie der andere darauf reagiert, sondern auch, wie man selbst mit dieser aktualisierten Scham vor sich selbst umgehen kann. In diesen Fällen ist das Risiko der Selbsteröffnung eines Makels um ein Vielfaches höher. Dann kann es sein, dass vielleicht der andere mich noch mag, aber ich mich selbst nicht mehr, zumindest für eine Weile, bis die Wunde wieder geschlossen ist. Manchmal entscheiden sich Menschen in solchen schwierigen Situationen trotz aller Scham dafür, sich lieber gleich zu Anfang einer Beziehung zu öffnen, weil sie das Geheimnis nicht in die Beziehung mitnehmen möchten. Wenn dieser Mut nicht belohnt wird, wenn sich daraus eine Katastrophe ergibt, die man gerade verhindern wollte, wenn wieder die Vergangenheit eine gute Gegenwart und Zukunft verhindert, dann ist die persönliche Krise umso tiefer. Frau O. erging es so mit ihrem Mann Herrn N.

Das Geheimnis

Das Paar hatte sich im Internet kennengelernt, hatte den Weg von ersten Likes über Chatten und Telefonieren überstanden und sich beim ersten Dating sehr sympathisch gefunden. Herr N. war überrascht, dass sich eine so tolle Frau mit ihm traf und ihn sogar wiedersehen wollte, Frau O. empfand diesen Mann als kulturell und musisch orientiert und freute sich, dass er nicht gleich am ersten Abend mit ihr ins Bett wollte, sondern sich mit ihr in der Oper verabredeten. Ihre Beziehung begann mit einer unendlichen Leichtigkeit, die mittlerweile einer großen Schwere gewichen war. Leicht waren ihre ersten Treffen, das gemeinsame Lachen, die Besuche im Botanischen Garten und sogar die gegenseitigen Berichte aus dem eigenen Leben. Die Angst vor der Aufdeckung seines persönlichen Makels erschien unnötig, denn sie konnte erstaunlich gut mit seiner Erektionsstörung umgehen und sie hatten eine erfüllte Sexualität. So etwas hatte er schon ewig nicht mehr erlebt. Danach war seine Freude grenzenlos und als sie ihm ihren Makel mitteilte, konnte er sich revanchieren und ihn ebenfalls akzeptieren: Sie hatte ein Kind aus einer früheren Beziehung, das mittlerweile sieben Jahre alt war. Also trafen sie sich zu dritt und er empfand gewisse männliche Errettungsgefühle, weil er bereit war, für eine Frau mit Kind zu sorgen. Dann sei das erste Kind eben schon da, sie könnten ja noch einige weitere bekommen. Sie begegneten sich über Monate, verlegten ihre Treffen aus dem öffentlichen in den privaten Raum und begannen schrittweise, sich in ihrer ökologischen Nische wohlig einzurichten.

Als sie eine gemeinsame Wohnung planten, beschloss Frau O. zur

Sicherheit, einen weiteren schambesetzten Makel offenzulegen, der für sie mittlerweile Geschichte war, den sie aber nicht in die gemeinsame Wohnung mitnehmen wollte. Sie beichtete ihm in einer schönen Abendstunde beim Rotwein, dass sie als junge Frau vor mehr als 15 Jahren eine Zeit lang als Hure gearbeitet habe. Ihr damaliger Freund habe sie dazu mehr oder weniger gezwungen und sie sei so schnell es ging wieder ausgestiegen. An seinen Reaktionen merkte sie, dass dies für ihn kein Fauxpas war. Nach anfänglichem Schweigen wollte er alles darüber wissen und fragte sie aus. Sie antwortete widerstrebend, wollte lieber über die gemeinsame Zukunft sprechen, daraufhin zog er sich zurück. Sie wollte nicht einfach aufgeben und stellte ihn zur Rede, indem sie in ihrer Selbsteröffnung noch einen Schritt weiterging. Sie wollte es ihm erklären. Als Kind war sie über längere Zeit von einem Onkel sexuell missbraucht worden und sie hatte vielleicht versucht, diese Wunde in der Prostitution zu heilen. Sie wollte nicht mehr Opfer sein, sondern selbstbestimmt mit ihrer Sexualität umgehen. Es habe ihr Genugtuung verschafft, mit männlichem Begehren »proaktiv« umzugehen. Er verstand sie nicht, konnte ihre Logik nicht nachvollziehen, war tief gekränkt und verwirrt. Vielmehr wollte er wissen, wie lange und wo sie gearbeitet hatte, wie viele Männer sie täglich bzw. nächtlich bedient hatte, welche Sexualpraktiken diese Männer von ihr verlangt hätten und wo da bitte ihre Selbstbestimmung geblieben sei. Sie antwortete wieder zögernd, ausweichend und prosaisch, aber er konnte damit nicht umgehen, weil er die Phantasien, wie viele Männer sie schon gehabt hatte und was diese alles mit ihr gemacht hätten, aus seinem Kopfkino nicht mehr herausbekam. Wieder zog er sich zurück, wieder ging sie zu ihm. Er konnte keinen Sex mehr mit ihr haben, er hatte keine Lust mehr, die Erektionsstörungen waren stärker denn je.

Sie geißelte sich selbst dafür, ihm von ihrem sexuellen Missbrauch und ihrer Prostitution erzählt zu haben, er hätte es doch niemals herausgefunden. Aber sie wollte, dass er alles über sie erfährt, eben auch die Schattenseiten. Er machte ihr keine Vorwürfe, das war das Schlimmste, denn darauf war sie vorbereitet. Wenn er es getan hätte, dann hätte sie darauf wütend oder erklärend reagieren können, aber so war sie machtlos. Für ihn war der Mensch auch Produkt seiner

Geschichte und »bei so einer Frau könne er in Zukunft sich nie sicher sein«. Das wiederum hat sie sehr verletzt und danach haben sie sich getrennt.

Nach Monaten der Trennung kamen sie zu mir. Sie lernte ihre eigene Logik zu hinterfragen über den Zusammenhang zwischen ihren Missbrauchserfahrungen und ihrer Arbeit als Hure. Im Missbrauch hatte sie auf schmerzliche Weise gelernt, ihren Körper von ihren Gefühlen und ihrem Selbst abzuspalten. »Meinen Körper kannst du haben, aber mich bekommst du nicht!«, hatte sie sich gesagt. Mit dieser »Fähigkeit« der Spaltung erfüllte sie eine wesentliche Voraussetzung für die Arbeit als Hure. Lustvoll war für sie nicht der Sex, sondern das eigene Machtgefühl dabei. Irgendwann hatte sie genug davon. Schwer war für sie die Trennung von ihrem damaligen Freund, weil der zugleich der Vater ihrer Tochter war. Ihre Mutter hat ihr sehr bei dem Neuanfang geholfen.

Für Herrn N. hatte sich in den Monaten nach der Trennung sein inneres Bild von ihr verändert. Bei der Trennung war sie für ihn nur noch die Hure von damals, er erstickte in Bildern sexueller Szenen, in denen sie die Hauptrolle spielte. Er erkannte, dass diese Bilder seine Bilder waren, seine eigenen sexuellen Phantasien. Dies war im Zusammenhang mit seiner Erektionsstörung sehr erkenntnisreich. Während der Trennungszeit relativierte sich das Bild von ihr, und es trat wieder die Frau zum Vorschein, mit der er gute Gespräche geführt hatte, im Wald spazieren ging und sich sehr gut verstand. Und die Frau, die eine sehr sorgende und liebevolle Mutter war. Er erkannte, dass er sie auf etwas Schmutziges reduziert hatte und sie viele andere, liebenswerte Seiten besaß. Also beschlossen sie einen Neuanfang. Kafka konnte sich in einer ähnlichen Beziehung nicht zu einem Neuanfang durchringen und allein Gerüchte rund um Julie reichten dazu aus.

Julie

Am 25. Dezember 1917 hatte Kafka in einem Brief an Felice die Verlobung aufgelöst. Wenige Monate später Anfang April beginnt sich die Spanische Grippe in ganz Europa auszubreiten. Die Menschen sind durch den Krieg und den Hunger extrem in ihrer Abwehr geschwächt, so dass die Pandemie mehr als 20 Millionen Menschenleben kostet. Im Oktober bekommt Kafka mehr als 40 Grad Fieber und erfährt, dass auch er an der Spanischen Grippe erkrankt ist. Ihm bleibt nichts erspart. Danach wollte er sich nur noch zurückziehen.

Im Januar 1919 begab er sich auf dringenden Rat seines Arztes zu einem Erholungsurlaub nach Schelesen. Dort lernte er Julie Wohryzek kennen, die ebenfalls lungenkrank war, aber dennoch eine lebendige, unkomplizierte Ausstrahlung hatte. Sie flirteten, kamen sich näher, lachten viel gemeinsam, verbrachten immer mehr Zeit miteinander und wussten dennoch, dass sie sich wieder trennen mussten. Als ihr Aufenthalt beendet war, merkte er, dass er sich verliebt hatte und dass es ihr ähnlich erging.

Nach seiner Rückkehr nach Prag suchen und finden sie sich, intensivieren ihre Liebesbeziehung und leben eine Leichtigkeit, die er nicht mehr für möglich gehalten hatte. Da sie beide noch bei ihren Eltern wohnen, genießen sie ihre Verliebtheit in der umliegenden Natur, lachen viel, verstehen sich gut, verloben sich im Sommer und beschließen ihre Heirat noch im gleichen Jahr. Er redet mit ihr über Ehe, Familie und Kinder, sie will weder das eine noch das andere – und lacht dazu. Diese Leichtigkeit war sicher wohltuend für einen Mann, dem immer alles zu schwer war, aber es fragte sich, ob ihm dies auf Dauer reichen würde.

Nur Ottla wurde – wie immer – über alles informiert, ansonsten behielt er diese Begegnung für sich. Auch seinem Tagebuch vertraut er nichts an: zwischen dem 10. November 1917 und dem 11. Dezember 1919 gibt es gerade einmal 2 Seiten Eintragungen. So schreibt er am 30. Juni 1919: »Im Riegerpark gewesen. An den Jasminbüschen mit J. auf- und abgegangen. Lügenhaft und wahr, lügenhaft im Seufzen, wahr in der Gebundenheit, im Vertrauen, im Geborgensein. Unruhiges Herz« (T3, 30.6.1919). Das Grundthema bleibt, Liebessehnsucht und Angst, aber anscheinend weniger dramatisch. »Immerfort der gleiche Gedanke, das Verlangen, die Angst. Aber doch ruhiger als sonst…« (T3, 6.7.1919). Er genoss ihr »fast zauberhaftes Wesen« und sie konnte mit seinen Eigentümlichkeiten umgehen. Alles schien unkompliziert, bis auf ihre Familien. Auch in dieser Paarbeziehung war die Familie – neben der wohltuenden Leichtigkeit – ein zentrales, weil ungelöstes Thema. Als er Mitte September seiner Familie von seinen Eheplänen berichtet, kommt es zu schweren Konflikten mit seinem Vater, die Kafka in seinem »Brief an den Vater« literarisch verarbeitet, dazu später mehr.

Julie stammte aus einer armen, mittellosen und einfachen Familie mit mehreren Töchtern und einem Sohn. Je mehr er versuchte, diese Beziehung vor seiner Familie und seinen Freunden geheim zu halten, desto mehr stieg deren Interesse, was in geheimen Nachforschungen kulminierte. Max Brod befragte eine Freundin, die die Familie Wohryzek kannte, das Ergebnis: »St. Ungünstig über W. … alle Dirnen – … wie es ihm sagen? – Vielleicht wissen es seine Eltern?« (RS3, S. 306). Auch die Familie erhielt ähnliche Auskünfte, man sprach von kompromittierenden sexuellen Freizügigkeiten der Töchter der Familie Wohryzek, und damit war für Hermann Kafka wieder einmal deutlich, dass sein Sohn verführt worden war durch eine Gans, die wieder einmal ihre Röcke gehoben hatte. Wahrheit oder Rufmord, Drama oder Intrige, man weiß es nicht genau.

Julie und Franz blieben bei ihren Heiratsplänen und suchten eine Wohnung in Prag, was sich als große Herausforderung herausstellen sollte. Sie hatten Glück, fanden eine Wohnung etwas außerhalb – zu einem absurd hohen Preis – und machten als Nächstes den Termin beim Standesamt. »Am Ende fehlten achtundvierzig Stunden. Da langte die Nachricht ein, dass die Wohnung, obgleich fest zugesagt, nun doch an einen anderen Interessenten vergeben war« (RS3, S. 310). Kafkas Ambivalenzen blühten wieder auf, er sah diese Wohnungsabsage als Omen an, als himmlische Warnung und Fügung, und verschob die Hochzeit auf eine unbestimmte Zukunft, das Aufgebot wurde abbestellt. Sie sah das Ganze pragmatisch, war enttäuscht, aber zweifelte nicht am Zustandekommen der Hochzeit, er aber sah darin einen Wendepunkt und sprach von einer abgelaufenen Frist.

Die Angst hatte wieder Besitz von ihm ergriffen und er marterte sein Hirn mit Schuldzuweisungen und Selbstvorwürfen, eine solche Hybris gezeigt zu haben, wirklich heiraten zu wollen und damit ein fröhliches Mädchen unglücklich zu machen. Er sei ein lungenkranker, nervöser, verlorener Mann, der nicht heiraten solle. Eine grandiose Selbstbestrafung für die Heiratsabsicht, nur weil ein anderer Mensch den Wohnungsvermieter bestochen hatte und deshalb die Wohnung bekam? Und diese Strafaktion wurde natürlich begleitet von starken Kopfschmerzen und chronischer Schlaflosigkeit. Hatte er wieder die Aggressionen gegen den bösartigen Vater – nur weil sie die Röcke gehoben hat – gegen sich selbst gelenkt, ein Mechanismus, den er anscheinend schon früh als Kind gelernt hatte. Und jetzt war anscheinend der richtige Zeitpunkt, sich diesen Vater einmal vorzunehmen. Vom 5. bis 19. November 1919 schreibt er den 103 Seiten langen »Brief an den Vater« als unmittelbare Reaktion auf die Demütigungen, zu denen sich sein Vater im Zusammenhang mit der geplanten Hochzeit mit Julie hatte hinreißen lassen.

Die Beziehung lag auf Eis, und Julie verstand die Welt nicht mehr, sie wusste auch nichts von den familiären Nachforschungen, denn Franz hatte es ihr nicht gesagt. Er zog sich zurück ins Lesen und Schreiben, machte allein eine Reise nach Meran – und dann lernte er Milena kennen, verliebte sich in sie, wie nicht anders zu erwarten schriftlich in Briefen. Briefe gaben ihm die Möglichkeit der mittleren Distanz. Oder, um es etwas drastischer mit den Worten von Marcel Reich-Ranicki zu sagen: »Mit Hilfe von Briefen konnte er sich die Frauen vom Leibe halten und gleichwohl ihre Nähe, ja ihre Anwesenheit spüren« (Reich-Ranicki 2013, S. 208).

Die Absage der Wohnung war vielleicht der Anlass gewesen, seine Beziehungsängste waren wahrscheinlich der eigentliche Grund. Und welche Rolle spielten die Informationen, die Töchter der Familie Wohryzek seien »alle Dirnen«? War dies ein Makel, mit dem er nicht leben konnte? Wahrscheinlich waren seine Selbstzweifel noch größer als jeder Makel einer Frau. Der größte Makel war wahrscheinlich, dass Julie ihn liebte und sogar heiraten wollte. Also musste mit dieser Frau etwas grundlegend nicht stimmen – und damit war er selbst ihr zentraler Makel.

Während Kafka, soweit bekannt, niemals mit Julie über die Gerüchte gesprochen hat, haben Herr N. und Frau O. den Makel vielseitig analysiert und dabei die Scham überwunden. Dies führte zu einer Intimität, einem Wissen über die Geschichte und Gefühle des anderen. Aber er hatte wiederkehrende Phantasien über ihre Prostitution und sie weigerte sich, ihm durch detaillierte Erzählungen weiteren Stoff für sein Kopfkino zu geben. Sein Kopf war damit nicht zufrieden, aber sein Körper feierte das Ende der Erektionsstörungen.

KAPITEL 12

Das Ungeziefer

Fremd in der eigenen Familie

Das starke Gefühl, fremd in der eigenen Familie zu sein, kann verschiedene Gründe haben, wie z. B. eigene Abgrenzungsbedürfnisse, unerfüllbare oder unangebrachte Anforderungen der Familie, eine Infragestellung der familiären Werte oder ein fundamental anderes Denken, divergierende Interessen, wichtige Freundschaften außerhalb der Familie, deren Nähe angenehmer ist, oder ein grundsätzliches Bestreben nach Selbstständigkeit und Unabhängigkeit.

Alle diese Faktoren kommen in der Pubertät zusammen. Auslöser dieser psycho- und familiendynamischen Veränderungen sind biologische Reifungsprozesse, Stichworte dazu sind Hormone und eine Vielzahl neuer synaptischer Verknüpfungen. Es ist die Zeit, in der sich die Jugendlichen von ihren Familien lösen. Alle Primaten verlassen in dieser Zeit ihre Familien, u. a. auch, damit es nicht zu sexuellen Beziehungen zwischen Blutsverwandten kommt. Nur die Menschen bleiben in ihren Familien, weil sie noch finanziell von ihnen abhängig sind. Solche Ablösungsprozesse sind in der Regel beiderseitig, die Jugendlichen distanzieren sich von ihren Familien und die Eltern müssen sich von ihren Kindern lösen. Je heftiger die Familienkonflikte während der Pubertät, desto wahrscheinlicher ist eine gelingende Ablösung. Wenn diese Ablösungsprozesse nicht in der Zeit der Pubertät vollzogen werden können, müssen sie manchmal nachgeholt werden. Dies kann dazu führen, dass erwachsene Menschen verspätet in eine pubertäre Phase geraten und zu Denk- und Handlungsweisen neigen, die für ihr Alter eher unpassend erscheinen.

Sowohl die Jugendlichen als auch die Familien denken in dieser für alle schwierigen Zeit in ihren Wunschphantasien häufig an Trennungen, um endlich einem konfliktreichen Alltag zu entfliehen. Aber anstatt sich trennen zu können, müssen sie weiterhin zusammenleben und ihre Konflikte ertragen und austragen. Wenn die physische Trennung versperrt ist, erscheinen Möglichkeiten der psychischen Distanzierung und des Rückzugs sehr attraktiv. Dies kann räumlich geschehen durch geschlossene Türen oder zeitlich durch andere Tages- und Nachtaktivitäten. Begleitet wird die Distanzierung nicht selten durch gegenseitige Abwertungen des Lebensstils und der moralischen Werte, wodurch die eskalierenden familiären Konflikte eine bedrohliche Dimension erreichen. Allerdings ist dies eine Gratwanderung, denn die Kränkungen und Verletzungen können derart stark werden, dass bleibende Schäden in den Beziehungen entstehen.

Das Ungeziefer

Die entnervten Eltern der Familie P. sind zu einem Gespräch erschienen, um ihre Verzweiflung über die Entwicklungen ihres Sohnes zu berichten. Sie seien am Ende ihrer Geduld und ihrer pädagogischen Möglichkeiten mit diesem Jungen, der einmal so süß als Kind gewesen war. Unter Tränen zeigt die Mutter Bilder des Jungen aus seiner Kindheit. Sie haben dringend darum gebeten heute erst einmal allein kommen zu dürfen. Außerdem habe der Sohn sich strikt geweigert, mit einem »Psycho« zu sprechen, da sollten sie mal alleine hingehen, sie hätten es nötig. Der Vater gesteht, dass er sogar schon an Trennung gedacht habe, dabei wolle er sich gar nicht von seiner Frau trennen. Aber er könne es zu Hause nicht mehr aushalten. Ich bitte beide um eine Beschreibung der häuslichen Situation aus ihrer Sicht, dabei ergibt sich folgendes Bild.

Der Sohn O. ist vierzehn Jahre alt und wohnt seit einem halben Jahr im Souterrain, weil seine Schwester es mit ihrem Bruder Tür an Tür nicht mehr ausgehalten habe. Seitdem sei die Wohnsituation des Sohnes noch viel schlimmer geworden, weil die Tochter immer auch sein Zimmer mit aufgeräumt habe. Jetzt hause er dort im Souterrain in Bergen von alter Wäsche und Essensresten, so dass sich schon Mäuse und Ungeziefer in seinem Zimmer aufhielten. Im Haus habe er grundsätzlich Kopfhörer auf mit lauter Musik, sei also nicht ansprechbar. Auf Anklopfen an seine Zimmertür reagiere er nicht, häufig sei die Tür auch versperrt. Wenn man dann nach einer Weile reingehe, würde er entweder auf Ansprache nicht reagieren oder den Besucher anbrüllen, ob er nicht lesen könne. An seiner Tür habe er ein Schild angebracht: »Betreten der Baustelle verboten«. Und in seinem Fenster hängt ein weiteres Schild: »Füttern verboten«. Herr P. bemerkt mit einem leicht ironischen Grinsen, mit diesem Schild habe sein Sohn den Nagel auf den Kopf getroffen, er lebe dort wie ein Tier mitten in Ungeziefer. Frau P. habe ihrem Sohn angeboten, sein Zimmer aufzuräumen und seine Wäsche zu waschen, das habe er abgelehnt. Sie hat ihm einen großen Wäschekorb vor die Tür gestellt und den neuen Staubsauger, beides stand dort eine Woche, bis sie es wieder weggeräumt habe.

Ich frage die Eltern, wann sie das letzte Mal versucht hätten, ein ruhiges und ernstes Gespräch mit ihrem Sohn zu führen. Das sei vor einigen Monaten gewesen und hätte darin geendet, dass sie sich gegenseitig angebrüllt hätten, danach hätte der Sohn jedes weitere Gespräch verweigert. Es gibt keine gemeinsamen Mahlzeiten mehr und mittlerweile sei dies den Eltern und ihrer Tochter auch sehr recht. Der Sohn ernähre sich vorwiegend nachts am Kühlschrank, der manchmal morgens einfach leergefressen sei. Ein freundliches Lebenszeichen sei vor zwei Wochen ein Zettel auf dem Tisch gewesen, darauf stand: »Brauche Pizza, Cola und Chips«. Ja, die Mutter habe ihm alles gekauft in der Hoffnung, dass sie dann das restliche Essen für sich haben würden. Aber der Junge verschlinge eine Unmenge von diesem Zeug. Es sei zwar von Vorteil, dass er jetzt im Souterrain wohne und es damit im Haus ruhiger und gesitteter zugehe, allerdings könne er nun über die Kellertreppe jederzeit seine Freunde empfangen und die äßen anscheinend auch gern Pizza mit Cola und Chips.

Die Schule habe sich in letzter Zeit mehrmals gemeldet und von vielen Fehltagen ihres Sohnes berichtet, damit sei seine Versetzung mittlerweile ernsthaft gefährdet. Herr P. berichtet, dass er daraufhin mit seinem Sohn gesprochen habe und sich auch nicht abwimmeln ließ. O. sagte ihm, dass ihn die Schule nicht mehr interessiere, er könne dieses stundenlange Gelaber einfach nicht mehr ertragen. Nach gutem Anfang sei das Gespräch wie immer im gegenseitigen Anbrüllen geendet, dabei habe der Sohn in die Tür getreten, so dass das Holz gesplittert sei. Ja, die Wut seines Sohnes sei zum Teil verständlich, räumt er einsichtig ein, weil er ihn in dem Gespräch als Ungeziefer bezeichnete, das sei ihm so rausgerutscht, als er während des Gesprächs mehrere Käfer über den Teppich laufen sah. Seitdem habe er seinen Sohn nicht mehr gesehen, er verlasse morgens das Haus und abends sei der Sohn mittlerweile bei einem Freund, komme erst spät zurück und verbringe einen großen Teil der Nacht vor dem Computer. Sie haben schon daran gedacht, ihm den Computer wegzunehmen, wissen aber nicht, ob es dann nicht zu weiteren Eskalationen komme. Sie befürchteten, dass er dann ganz zu seinem Freund gehe oder es zu körperlichen Auseinandersetzungen komme. Nein, eine Freundin gebe es noch nicht, er habe ausschließlich Freunde, die ähnlich drauf seien, und sie können sich auch nicht vorstellen, dass irgendein Mädchen ihren Jungen attraktiv finde. In seinem Zimmer stinke es, die Essensreste überall und die Schmutzwäsche ergäben zusammen mit seinen Körperausdünstungen einen unerträglichen Gestank.

Dieses Leben des Sohnes hätten sie nie für möglich gehalten, sie seien eine ordentliche Familie, die immer viel Wert gelegt habe auf gutes Benehmen, Ordnung und Leistung. Ja, insbesondere die Leistung sei ihnen immer wichtig gewesen, ein Lebensmotto sei der Satz: »Jeder ist seines Glückes Schmied.« Beide Eltern sind berufstätig, die zehnjährige Tochter sei schon sehr selbständig. Beide Kinder hätten schon immer auch ihr eigenes Taschengeld verdient. Sie wohnen im eigenen Reihenhaus und sind sehr stolz darauf. Beide Kinder sind in der Schule leistungsmäßig stets im oberen Drittel gewesen, daher treffe sie die Entwicklung des Sohnes besonders.

Meine Frage nach ihren bisherigen Versuchen, ihre Familienprobleme zu lösen, führt sehr schnell zu einem Streit zwischen den Eltern über die Internatslösung. Frau P. beklagt, dass ihr Mann den Sohn »entsorgen« wolle, indem er ihn in ein Internat stecken möchte, bis diese Phase vorbei sei. Herr P. hält diese Idee für die »sauberste« Lösung. Das koste dann leider viel Geld, aber aus seiner Sicht sei dies die beste aller schlechten Lösungen. Solange der Sohn sich wie Ungeziefer verhalte und im eigenen Dreck hause, finde er keinen menschlichen Zugang mehr zu ihm. Neulich habe er sich selbst dabei erwischt, wie er seine Frau fragte, was das Ungeziefer mache. Soweit habe man ihn schon gebracht, dass er von O. so spreche, aber er habe das nicht zu verantworten. Seine Frau weint und berichtet, sie habe sich von dem leiblichen Vater ihres Sohnes getrennt, weil sie sich in ihren neuen Mann verliebt hatte, ihr Ex-Ehemann habe damals sehr unter der Trennung gelitten. Aber seit er eine neue Familie habe, sei sein Interesse an seinem Sohn stark zurückgegangen. Der Sohn verhält sich dennoch weiterhin loyal zu seinem leiblichen Vater, obwohl sie kaum noch Kontakt miteinander haben. Wenn ihr Sohn ins Internat müsse, dann werde sie auch gehen, dann sei für sie die Familie zerstört.

Nach einer von den Eltern überbrachten Extra-Einladung an den Sohn O., er möge mir dabei helfen, seine Familie zu verstehen, kommt er zu einem Einzelgespräch zu mir. Er macht einen zurückhaltenden und fast scheuen Eindruck, scheint intelligent zu sein, wir sprechen über Musik und Literatur. Seit einigen Monaten fühle er sich vollkommen fremd in der Familie. Selbst seine Schwester wolle nicht mehr mit ihm wohnen, obwohl sie bislang immer zu ihm gehalten hatte, also habe er sich in den Keller zurückgezogen. Er habe sich schon immer als Fremdkörper in der Familie gefühlt, für seine Mutter sei er der Ballast, den sie in die neue Ehe mitgebracht habe, seine Schwester sei das geliebte gemeinsame Kind und sein Stiefvater habe ihn auch immer als Belastung erlebt, vor allem finanziell. Sein leiblicher Vater habe ein neues Leben, er sei als Sohn aus der gescheiterten Ehe einfach überflüssig. Kontakt habe er noch zu seinen guten Freunden, den meisten gehe es in ihren Familien ähnlich wie ihm. Die Schule werde er schon noch schaffen, aber im Moment habe er einfach keinen Bock auf Schule. Ja, er rauche Gras, aber ohne THC, also nur mit CBD, das sei legal und man könne sich das im Internet bestellen. Im Gespräch wirkt er gar nicht aggressiv, eher depressiv. Ja, er weiß, dass sein Stiefvater ihn in ein Internat stecken möchte. Er habe sich schon im Internet erkundigt, das sei so etwas wie eine vorgezogene Bundeswehr, also Zucht und Ordnung ohne eigenes Hirn, ganz wie sein Stiefvater.

Die Asbestfabrik

In einem Brief vom 28. August 1913 schreibt Kafka: »Ich lebe in meiner Familie unter den besten liebevollsten Menschen fremder als ein Fremder. Mit meiner Mutter habe ich in den letzten Jahren durchschnittlich nicht zwanzig Worte täglich gesprochen, mit meinem Vater kaum jemals mehr als Grußworte gewechselt … Für die Familie fehlt mir jeder mitlebende Sinn« (Kafka 1975, S. 272). Das ist eine typische Kafka-Interpretation seiner Situation, ein großes *mea culpa*. Und sie stimmt nicht, bestenfalls zur Hälfte. Anstatt den Konflikt mit der Familie zu riskieren – dafür fühlt er sich allerdings zu schwach –, gibt er sich selbst einmal wieder die Schuld für die Misere. Schuldeingeständnis als Versuch, angstbesetzte Konflikte zu vermeiden? Am 8. Mai 1913 schreibt er an Felice: »In der Endsumme dulden ja doch meine Eltern mehr von mir, als ich von ihnen, nur sind sie allerdings auch fähig, mehr auszuhalten« (Stach 2018, S. 221).

Kafkas Drama, das letztlich in seiner Erzählung »Die Verwandlung« mündete, beginnt mit der Heirat seiner Schwester Elli und der Asbestfabrik ihres Ehemannes. Elli heiratete am 27. November 1910 einen gewissen Karl Hermann, der als tüchtiger Mann mit Geschäftssinn galt. Es war zwar eine arrangierte Ehe, aber Elli fand ihn als Mann durchaus attraktiv. Er war anscheinend so geschäftstüchtig wie ihr Vater, der sich in dem jungen Mann durchaus wiedererkannte.

Karl Hermann hatte eine Geschäftsidee, die er mit der Heirat glücklich verbinden wollte – auch dies eine Parallele zu Hermann Kafka. Er wollte eine Asbestfabrik gründen, weil er der Meinung war, dass die zunehmende Industrialisierung diesen Werkstoff in Zukunft immer mehr benötigen werde. Die Mitgift für Elli sollte zum Startkapital der Asbestfabrik werden. Das Geschäftsrisiko war bei einer Asbestfabrik eindeutig größer als bei einem Galanteriewarenladen. Um dieses Risiko für die Familie Kafka zu minimieren kam Hermann Kafka auf die einleuchtende Idee, seinen Sohn Franz, immerhin ein promovierter Jurist, als Gesellschafter der Asbestfirma einzusetzen. So glaubte man, aus nächster Nähe die Geschäfte der Fabrik verfolgen und kontrollieren zu können. Allein, man hatte die Rechnung ohne den Wirt gemacht.

> »Bereits nach wenigen Wochen fingen Kafkas Eltern an zu begreifen, dass ihr advokatorisch ausgeklügelter Plan einen Haken hatte. Ihr Sohn ließ sich im familieneigenen Betrieb nicht mehr blicken. Kaum war die Maschinerie in Gang, nahm er die früheren Gewohnheiten wieder auf, ging am Nachmittag spazieren oder saß am eigenen Schreibtisch vor Heften und Büchern, und es kam sogar vor, dass er am Abend das Haus verließ, während in der Wohnstube Vater und Schwager die Sorgen der Fabrik verhandelten« (RS2, S. 27).

Hat jemand wirklich mit Franz vorher gesprochen, wie er zu diesem Plan steht? Und hat Franz ernsthaft versucht, sich seiner Familie zu erklären? Wenn er es getan hätte, dann hätte er seiner Familie Folgendes erklären müssen: Ich habe einen Beruf, dem ich nachgehen muss, und ich habe die Passion meines Lebens entdeckt, ich will Schriftsteller sein. Beides kann, will und muss ich miteinander verbinden. Insofern will ich den halben Tag arbeiten, die andere Hälfte lesen und schreiben. Daneben bleibt keine Zeit – und vor allem keine Lust –, mich für eine Asbestfirma meines Schwagers zu engagieren. Insofern, liebe Familie, verstehe ich eure Gedanken, aber meine Pläne für mein Leben sind andere, und ich bitte euch, auch mich zu verstehen. Lasst uns nach einer anderen Lösung suchen, daran will ich mich gern beteiligen.

In einem Brief an Felice Bauer vom 1. November 1912 hat er seinen Tag sehr detailliert beschrieben:

> »Von 8 bis 2 oder 2⅓ Bureau, bis 3 oder ½ 4 Mittagessen, von da ab schlafen im Bett … bis ½ 8, dann 10 Minuten Turnen, nackt bei offenem Fenster, dann eine Stunde Spazierengehn allein

> oder mit Max oder mit noch einem andern Freund, dann Nachtmahl innerhalb der Familie … dann um ½ 11 (oft wird aber auch sogar ½ 12) Niedersetzen zum Schreiben und dabeibleiben je nach Kraft, Lust und Glück bis 1,2,3 Uhr, einmal auch schon bis 6 Uhr früh« (RS2, S. 118).

Franz hat diesen Plan an seine Freundin Felice geschickt, aber seine Familie, mit der er lebte, kannte ihn nicht. Nur Ottla wusste von seinen schriftstellerischen Ambitionen und der Bedeutung, die sie für ihren Bruder haben. In dem nichtkommunizierten Familienkonflikt hat sich Ottla letztlich auf die Seite des Vaters und ihrer Schwester gestellt und Franz aufgefordert, sich aktiv an der Leitung der Asbestfabrik zu beteiligen. Dieser »Verrat« seiner Lieblingsschwester hat Kafka sehr geschmerzt und ihm das Gefühl des Ausgestoßenseins, des einsamen Fremdlings in der Familie gegeben und ihn dazu getrieben, die Geschichte von Gregor Samsa zu schreiben. Samsa bedeutet im Tschechischen der Einsame. Nur wenn man diese Vorgeschichte kennt, kann man Kafkas literarische Verarbeitung verstehen.

Die Verwandlung

Der erste Satz ist fester Bestandteil der Weltliteratur: »Als Gregor Samsa eines Morgens aus unruhigen Träumen erwachte, fand er sich in seinem Bett zu einem ungeheuren Ungeziefer verwandelt« (SE, S. 85). Er fragt sich, was geschehen ist, ob er vielleicht nur träumt? Und so versucht er weiter zu schlafen, aber er kann sich nicht auf die rechte Seite drehen, auf der er immer einschläft, weil sein monströser Körper ihn daran hindert und er immer wieder auf den Rücken rollt. Ist es vielleicht der Stress im Beruf? Gregor Samsa ist Reisender mit Musterkollektionen von Tuchwaren (so wie es Hermann Kafka jahrelang war, bevor er seine Familie gründete). Tagaus, tagein ist er unterwegs und abends muss er die Fahrpläne der Bahn für die Reisen am nächsten Tag studieren. Die Arbeit ist Routine, aber er muss arbeiten, weil die ganze Familie von seinem Einkommen lebt und es obendrein noch Schulden der Eltern gibt, die er abarbeiten muss.

Verwundert betrachtet er seinen Körper, der ihm nicht recht gehorchen will. Er ist ein Mensch, der im Körper eines hässlichen Tieres gefangen ist. Seine Stimme ist piepsig, hat etwas Tierisches. Der Prokurist seiner Familie kommt, um sich nach seinem Fernbleiben zu erkundigen und ihn zur Ordnung zu rufen. Die Eltern sind verzweifelt, er kommt nicht aus seinem Zimmer, bis es ihm mit großer Anstrengung gelingt, mit dem Maul den Schlüssel zu drehen und die Tür zu öffnen. Er versucht mit seiner Tierstimme den Prokuristen zu beruhigen, aber der weicht angeekelt vor ihm zurück und verlässt fluchtartig die Wohnung. Die Mutter ruft: »Hilfe, um Gottes Willen Hilfe!«, und der Vater macht sich tatkräftig an die Aufgabe, das monströse Ungeziefer mit Zeitung und Stock in sein Zimmer zurückzudrängen, dabei stößt er wie ein Wilder Zischlaute aus. Die Schwester Grete stellt ihm Milch ins Zimmer, sein Lieblingsgetränk, aber es schmeckt ihm nicht, erst als sie Käse und faulige Reste bringt, mag er wieder etwas essen. Er schläft unter dem Kanapee, krabbelt an den Wänden und der Decke. »In den ersten vierzehn Tagen konnten es die Eltern nicht über sich bringen, zu ihm hereinzukommen« (SE, S. 118). Die Schwester versorgt ihn zwei Mal täglich mit Essen, kehrt die Reste zusammen, aber sein Zimmer wird nicht mehr gereinigt und so langsam ist er mit Essensresten und Staub bedeckt. Keiner redet mehr mit ihm, Möbel werden aus seinem Zimmer geräumt, weil er sie als Tier nicht mehr braucht, er wird als Sohn nur noch erinnert, seine jetzige Existenz ist die eines – immer weniger geduldeten – Ungeziefers.

Als er eines Tages aus seinem Zimmer kriecht – die Schwester sagt, er sei ausgebrochen – löst dies bei der Mutter Panik aus und der heimkommende Vater versucht ihn mehr oder weniger gewaltsam, in sein Zimmer zurückzudrängen. Schließlich wirft er Äpfel nach ihm und einer davon verletzt ihn am Rücken.

> »Die schwere Verwundung Gregors, an der er über einen Monat litt – der Apfel bleibt, da ihn niemand zu entfernen wagte, als sichtbares Andenken im Fleische sitzen –, schien selbst den Vater daran erinnert zu haben, dass Gregor trotz seiner gegenwärtigen traurigen und ekelhaften Gestalt ein Familienmitglied

> war, das man nicht wie einen Feind behandeln durfte, sondern dem gegenüber es das Gebot der Familienpflicht war, den Widerwillen herunterzuschlucken und zu dulden, nichts als zu dulden« (SE, S. 128–129).

Das Familienmitglied fordert als ein Gebot der Familienpflicht lediglich, geduldet zu werden. War das sein Wunsch?

Gregors Wunde schränkt seine Beweglichkeit ein, aber er bekam

> »für diese Verschlimmerung seines Zustandes einen seiner Meinung nach vollständig genügenden Ersatz dadurch, dass immer gegen Abend die Wohnzimmertür, die er schon ein bis zwei Stunden vorher scharf zu beobachten pflegte, geöffnet wurde, so dass er, im Dunkel seines Zimmers liegend, vom Wohnzimmer aus unsichtbar, die ganze Familie beim beleuchteten Tische sehen und ihre Reden, gewissermaßen mit allgemeiner Erlaubnis, also ganz anders als früher, anhören durfte« (SE, S. 129).

Hatten sie gemerkt, dass sie ihn verletzt hatten, dass sie nicht ein Tier verscheucht, sondern einen Menschen verletzt hatten? War diese Einladung durch die geöffnete Zimmertür eine Wiedergutmachung an dem Sohn, den sie fälschlicherweise als Tier behandelt hatten? Es passierte nicht viel im Wohnzimmer, der Vater schlief in seiner Dienstuniform im Sessel ein, die Mutter nähte feine Wäsche für ein Modegeschäft und die Tochter lernte Stenographie und Französisch für ihr berufliches Fortkommen. Man schwieg. An diesem Schweigen durfte der verlorene Sohn einvernehmlich teilnehmen. Ansonsten hatte keiner mehr Zeit, sich um Gregor zu kümmern, alle mussten nun arbeiten und Gregor schlief kaum noch. Die Schwester stellte ihm zwar weiterhin das Essen hin, aber er aß auch nichts mehr.

So vegetierte er ohne Schlaf und Nahrung vor sich hin und sein eintöniges Leben wurde nur dadurch unterbrochen, dass irgendwer mal wieder ausrangierte Möbel in sein Zimmer stellte, das mehr und mehr als Abstellkammer diente. Man brauchte Platz für die – finanziell notwendig gewordene – Untervermietung; es wohnten neuerdings drei bärtige Herren zur Untermiete in der Wohnung. Sie setzten sich an den Wohnzimmertisch und das Essen wurde aufgetragen, danach ging Grete in die Küche, um Violine zu spielen. Die Herren waren sehr angetan von der Musik und baten sie, im Wohnzimmer weiterzuspielen, so dass auch Gregor in ihren Genuss kam. Er war fasziniert. »War er ein Tier, da ihn die Musik so ergriff? Ihm war, als zeige sich ihm der Weg zu der ersehnten unbekannten Nahrung. Er war entschlossen, bis zur Schwester vorzudringen, sie am Rock zu zupfen und ihr dadurch anzudeuten, sie möge doch mit ihrer Violine in sein Zimmer kommen, denn niemand lohnte hier das Spiel so, wie er es lohnen wollte« (SE, S. 139). Er wird entdeckt, es entsteht große Aufregung, besonders bei den drei Untermietern, der Vater versucht sie zu beruhigen, drängt sie aus dem Zimmer, sie erklären daraufhin, daß sie »mit Rücksicht auf die in der Wohnung und Familie herrschenden widerlichen Verhältnisse« augenblicklich kündigen (SE, S. 141). Der Anblick von Gregor schaffte spontane Gewissheit, dass in der Familie widerliche Verhältnisse herrschten. Alle waren geschockt und Grete fand als erste Worte: »Liebe Eltern, so geht es nicht weiter. Wenn ihr das vielleicht nicht einsehet, ich sehe es ein. Ich will vor diesem Untier nicht den Namen meines Bruders aussprechen, und sage daher bloß: wir müssen versuchen, es loszuwerden. Wir haben das Menschenmögliche versucht, es zu pflegen und zu dulden, ich glaube, es kann uns niemand den geringsten Vorwurf machen« (SE, S. 142). Das ist der Moment des Verrats durch die Schwester, sie spricht vom Untier, das nicht mehr der Bruder ist. Diese Sinneswandlung der Schwester, die ihn bislang als Einzige weiterhin versorgt hat, ist zugleich sein Todesurteil. Der Vater stimmt ihr zu, dass es an der Zeit ist, dieses Untier loszuwerden, die Mutter ist sprachlos. Grete spricht von ES, nicht von ihm, von dem Tier, nicht von dem Menschen. »Wenn er uns verstünde … dann wäre vielleicht ein Übereinkommen mit ihm möglich. Aber so …« (SE, S. 143). Man hat nicht versucht, sich mit ihm zu verständigen, sondern geht davon aus, dass die Verwandlung des Bruders in ein Ungeziefer vollendet ist, der Beweis liegt auf der Hand. »Wenn es Gregor wäre, er hätte längst eingesehen, dass ein Zusammenleben von Menschen mit einem solchen Tier nicht möglich ist, und wäre freiwillig fortgegangen. Wir hätten dann keinen Bruder, aber könnten weiterleben und sein Andenken in Ehren halten. So aber verfolgt uns dieses Tier, vertreibt die Zimmerherren, will offenbar die ganze Wohnung einnehmen und uns auf der Gasse übernachten lassen« (SE, S. 143). Gregor, vollkommen geschwächt, dreht sich mühsam um und bewegt sich zurück in sein Zimmer. Als er es erreicht hatte, wurde sofort die Tür hinter ihm verschlossen.

Gregor hatte Schmerzen, aber nicht nur körperliche, denn er hatte alles gehört.

> »An seine Familie dachte er mit Rührung und Liebe zurück. Seine Meinung darüber, dass er verschwinden müsse, war womöglich noch entschiedener, als die seiner Schwester. In diesem Zustand leeren und friedlichen Nachdenkens blieb er, bis die Turmuhr die dritte Morgenstunde schlug. Den Anfang des allgemeinen Hellerwerdens draußen vor dem Fenster erlebte er noch. Dann sank sein Kopf ohne seinen Willen gänzlich nieder, aus seinen Nüstern strömte sein letzter Atem schwach hervor« (SE, S. 145).

Die Bedienerin kommt früh am Morgen und weckt alle in der Familie mit den Worten: »Sehen Sie nur mal an, es ist krepiert; da liegt es, ganz und gar krepiert!« (SE, S. 146). Herr Samsa dankt Gott, Grete spricht davon, wie mager ER war (im Tod ist er wieder ganz Mensch), die Zimmerherren kommen aus ihrem Zimmer und werden vom Vater sofort der Wohnung verwiesen, und die Familie zieht sich zurück, um den Tod des Sohnes zu beweinen. Sie alle setzen Schreiben auf, dass sie heute nicht zur Arbeit kommen, sie wollen gemeinsam trauern, aber zuvor weist die Bedienerin sie noch darauf hin: »Also darüber, wie das Zeug von nebenan weggeschafft werden soll, müssen sie sich keine Sorge machen. Es ist schon in Ordnung« (SE, S. 149). Sie hat Gregor auf ihre Art entsorgt, abends soll sie entlassen werden. Dann fahren Vater, Mutter und Schwester mit der Elektrischen ins Freie vor die Stadt und sprechen über die Zukunft. Sie wollen sich eine kleinere und billigere Wohnung nehmen, und während sie darüber sprechen, fällt den Eltern auf, wie ihre Tochter Grete »zu einem schönen und üppigen Mädchen aufgeblüht war«, und daher denken sie daran, »auch einen braven Mann für sie zu suchen« (SE, S.150).

Man hat rekonstruiert, dass der Wohnungsgrundriss der Familie Samsa dem der Familie Kafka entspricht. Die Parallelen zwischen Franz' Leben in seiner Familie und dem Leben Gregor Samsas sind vielfältig und offensichtlich. Die Verwandlung in ein ekelhaftes Ungeziefer, das in der Familie zumindest geduldet werden möchte, dann aber zunehmend seine Existenzberechtigung verliert, weil es als Parasit in der Familie haust und diese zunehmend in den Ruin treibt, ist eine grandiose Metapher für den Familienkonflikt der Familie Kafka, wie Franz ihn sieht. Zugleich war der Panzer des Käfers in seinem Verständnis auch ein Schutz gegenüber der Familie, er hatte sich darin zurückgezogen. Ob ihn irgendjemand in der Familie verstanden hat? Zumindest war die Tiermetapher ein Teil der Familienkultur der Kafkas. »Sein Vater benutzte Tiermetaphern zur Abwertung der Menschen seiner Umgebung. Die ungeschickte Köchin war ein ›Vieh‹, der schwindsüchtige Ladengehilfe ein ›kranker Hund‹, der am Esstisch kleckernde Sohn ein ›großes Schwein‹. ›Wer sich mit Hunden zu Bett legt, steht mit Wanzen auf‹, hatte Hermann … geflucht.« (RS2, S.210–211). Hinzu kommt, dass sich Franz selbst in seinem Zimmer, das obendrein ein Durchgangszimmer war, in seinen sozialen Beziehungen, aber auch in der Arbeit, wo er es immer wieder mit verstümmelten Opfern moderner Produktionsmaschinerien zu tun hatte, nicht wirklich als Mensch fühlte. Man braucht Menschlichkeit in seiner nahen Umgebung, um sich wirklich als Mensch fühlen zu können. So schreibt er: »Oft – und im Innersten vielleicht ununterbrochen – zweifle ich daran, ein Mensch zu sein« (RS2, S.216). Wer stets an sich selbst zweifelt, sogar am eigenen Menschsein, und wer sich selbst beschuldigt für entstandene Konflikte oder Probleme, ja mit diesen Schuldzuweisungen an die eigene Adresse sogar die Entstehung von Konflikten vermeiden möchte, weil die feste Überzeugung besteht, diese Konflikte nicht durchstehen zu können und damit anderen zu schaden, der ist von Gedanken an den eigenen Suizid nicht weit entfernt, der denkt an den eigenen Tod mit einer erlösenden Logik – für sich und für andere.

Sich das Leben zu nehmen oder in die Asbestfabrik zu gehen war für Franz Kafka zur einzig denkbaren Alternative geworden, weil er die Schriftstellerei als eigene Option anscheinend schon aufgegeben hatte. So schreibt er im Oktober 1912 an Max Brod,

> »dass es für mich jetzt nur zwei Möglichkeiten gab, entweder nach dem allgemeinen Schlafengehen aus dem Fenster zu springen oder in den nächsten 14 Tagen täglich in die Fabrik und in das Bureau des Schwagers zu gehen. Das erstere gab mir die Möglichkeit, alle Verantwortung sowohl für das gestörte Schreiben als auch für die verlassene Fabrik abzuwerfen, das zweite unterbrach mein Schreiben unbedingt – ich kann mir nicht den Schlaf von 14 Nächten einfach aus den Augen wischen – und ließ mir, wenn ich genug Kraft des Willens und der Hoffnung hatte, die Aussicht, in 14 Tagen möglicherweise dort anzusetzen, wo ich heute aufgehört habe« (Kafka 1975, S. 179).

Er hat es sich gründlich überlegt und sich gegen den Fenstersturz entschieden, obwohl ihm das Schreiben dieses Briefes als Abschiedsbrief durchaus verlockend erschien.

Erklärungsnot

Datiert vom 10. April 1917, bekam Kafka einen bemerkenswerten Leserbrief, der in jeder Hinsicht einzigartig ist (RS3, S. 251). Es ist sowohl der einzige Leserbrief, den er je bekam, als auch einzigartig in seinem Inhalt:

> *Sehr geehrter Herr,*
> *Sie haben mich unglücklich gemacht. Ich habe Ihre Verwandlung gekauft und meiner Kusine geschenkt. Die weiß sich die Geschichte aber nicht zu erklären. Meine Kusine hats ihrer Mutter gegeben, die weiß auch keine Erklärung. Die Mutter hat das Buch meiner anderen Kusine gegeben und die hat auch keine Erklärung. Nun haben sie an mich geschrieben. Ich soll ihnen die Geschichte erklä-*

ren. Weil ich der Doctor der Familie wäre. Aber ich bin ratlos. Herr! Ich habe Monate hindurch im Schützengraben mich mit dem Russen herumgehauen und nicht mit der Wimper gezuckt. Wenn aber mein Renommee bei meinen Kusinen zum Teufel ginge, das ertrüg ich nicht. Nur Sie können mir helfen. Sie müssen es, denn Sie haben mir die Suppe eingebrockt. Also bitte sagen Sie mir, was meine Kusine sich bei der Verwandlung zu denken hat.
Mit vorzüglicher Hochachtung
Ergebenst Dr. Siegfried Wolff

Ob Kafka auf den Brief geantwortet hat, weiß man nicht. Heute weiß man aber, dass dem armen Doktor hätte geholfen werden können (siehe oben).

Das Ungeziefer, der Sohn der Stieffamilie, ging freiwillig und angeblich auch gern ins Internat. Zuvor gab es noch eine Aussprache bei einem gemeinsamen Essen. Der Sohn hielt die Mutter davon ab, sich von ihrem Mann bzw. seinem Stiefvater zu trennen. Er argumentierte vernünftig und schaffte zusammen mit zwei Freunden bei seinem Auszug auch noch Ordnung in seinem Zimmer im Souterrain. Es blieb sein Zimmer und ihm wurde beim Abschied versichert, dass er an den Wochenenden und in den Ferien immer willkommen sei. Das beruhigte die Mutter und die Schwester, die beide beim Abschied weinten.

KAPITEL 13

Es war, als sollte die Scham ihn überleben

Scham und Schuld

Schuld und Schuldgefühle sind nicht das Gleiche: Man kann schuldig sein, ohne Schuldgefühle zu haben, und man kann Schuldgefühle haben, ohne schuldig zu sein. Die Frage der Schuld bezieht sich auf objektivierbare Sachverhalte, die Schuldgefühle sind zutiefst subjektiv. Wer schuldig ist ohne Schuldgefühle, hat seelische Probleme, und wer Schuldgefühle hat und unschuldig ist, auch.

Die Scham geht mit Schuldgefühlen oft einher. Sie hat die psychische Funktion, unangenehme, peinliche oder intime Aspekte einer Person zu maskieren und dadurch vor der Öffentlichkeit zu schützen. Scham kann die unmittelbare Reaktion auf Schuldgefühle sein und enthält damit einen Hinweis auf eine mögliche Schuld. Zugleich ist die Scham ein Zeichen moralischer Integrität eines Menschen, denn Scham ist ein soziales Gefühl: Man schämt sich nur im Angesicht des anderen. Und wer sich schämt, hat etwas zu verbergen. Daher sind Schuld- und Schamgefühle oftmals miteinander verknüpft und können sich gegenseitig verstärken. Wer sich schuldig fühlt, der schämt sich, und wer sich schämt, verstärkt damit seine Schuldgefühle, ein Teufelskreis, aus dem die Betroffenen manchmal nicht mehr herauskommen. Kann man sich auch schämen und schuldig fühlen für Taten, die man nicht begangen hat? Kafka meint ja – und er muss es wissen.

Eine Frau trennt sich

Frau S. hat Schuldgefühle, weil sie sich von ihrem Mann trennen will bzw. schon getrennt hat, so genau wisse sie das selbst nicht. Sie empfindet ihn als lieblos und kaum zugewandt, es gebe keine emotionale Nähe zwischen beiden. Ihr Mann kreise nur um sich selbst, frage sie niemals, wie es ihr gehe, wolle ständig von ihr bewundert werden. Es gebe keine intimen, persönlichen Gespräche des Paares, im Übrigen sei die Paarbeziehung sowieso mit den Kindern verschwunden, falls sie überhaupt jemals existierte. Ihr Mann versteht überhaupt nicht, warum sie sich trennen will, und meint, Frauen neigten im Klimakterium zu vollkommen irrationalen Handlungen, aber das gebe sich mit der Zeit. Dies habe er von einem Freund bestätigt bekommen, der selbst Frauenarzt sei und es ja wissen müsse. Also zeige er seiner Frau seine Liebe, indem er ihre Meinung als vorübergehende Verwirrung ignoriere, er sei eben ein toleranter Mensch. Diese Argumentation hat Frau S. den Rest gegeben und sie hat gleich am nächsten Tag ihre Koffer gepackt. Sie ist zunächst zu einer Freundin in ein leeres Zimmer gezogen und ist dort erst einmal glücklich. Aber sie leidet unter starken Schuldgefühlen und weiß nicht, warum. Außerdem hat sie nur diese eine Freundin eingeweiht, kein anderer Mensch darf es wissen. Sie schämt sich für ihre Handlungen, für das Scheitern ihrer Ehe, für ihren Mann, für alles. Sie ist verzweifelt und hat andauernd Kopfschmerzen, die sie mit ihrer Trennung in Verbindung bringt.

Herr S. sieht derweil keine Veranlassung, weiter an der Paarberatung teilzunehmen, es sei offensichtlich, dass seine Frau psychische Probleme habe, und sie solle ruhig weiterhin zu mir kommen, bis sie wieder bei Sinnen sei, er werde alles bezahlen. Diese generöse Haltung ihres Mannes hat Frau S. in noch tiefere Verzweiflung gestürzt. Allerdings merkte Herr S. an, dass seine Toleranz nicht grenzenlos sein könne. Die Zeit von Ostern bis zum Beginn der Sommerferien solle seine Frau nutzen, um »wieder vernünftig« zu werden, im Sommer solle sie wieder die Alte sein, der Urlaub sei geplant und das Ferienhaus sei gebucht. Sie solle sich mal zusammenreißen, dann werde sie es schon wieder hinkriegen, früher habe sie sich auch nicht so hängen lassen, sie sei doch sein »tapferes Mädchen«. Diesen Ausdruck habe ihr Vater auch immer gebraucht, wenn er ihr deutlich machen wollte, dass ihre Meinung nicht zähle und sie sich fügen möge. Nein, auf ihre Meinungen, Bedürfnisse oder Wünsche habe in ihrer Ursprungsfamilie keiner Rücksicht genommen, sie musste sich stets fügen und unterordnen und so habe sie gelernt, ein tapferes Mädchen zu sein.

Die Tochter von Frau und Herrn S. sei das glatte Gegenteil, sie komme mehr nach ihrem Vater und sei überaus selbstbewusst und der Ansicht, Fehler würden immer nur von anderen begangen. Sie hat ihr Abitur weitgehend hinter sich, es stehen noch mündliche Prüfungen an, aber die werde sie schon schaffen. Sie sei schon immer Papas Liebling gewesen und von ihm verwöhnt worden. Für das Abi habe er ihr ein Auto versprochen, ein gebrauchtes, kleines, rotes Stadtauto. Sie wisse noch nicht, was und wo sie studieren wolle, und lasse diese Frage auf sich zukommen – erst einmal noch die mündlichen Prüfungen schaffen und dann Party machen. Der Auszug ihrer Mutter komme für sie zu einem denkbar ungünstigen Zeitpunkt, außerdem könne sie ihre Mutter leider überhaupt nicht verstehen. Ihr Vater sei als Mann doch toll, sorge für die Familie, arbeite 50–60 Stunden in der Woche für nichts anderes als seine Familie, so einen Mann wolle sie später auch mal heiraten. Die Argumente ihrer Mutter, sie fühle sich einsam, unverstanden, schlecht behandelt, könne sie einfach nicht nachvollziehen. Mehr könne man von einem Mann doch nicht verlangen, als ihr Vater an Engagement zeige.

Frau S. ist unglücklich über die Haltung ihrer Tochter, aber sie sei schon immer ein Papakind gewesen. Ihr Mann habe sie vor allem materiell verwöhnt, ihr alles gekauft, was sie haben wollte, und ihr von seinen Dienstreisen immer Präsente mitgebracht, seiner Frau allerdings nie. Die beiden würden jetzt in einer Art ehelicher Gemeinschaft zusammenwohnen und sich mitleidvoll fragen, was mit ihr los sei. Verständnis für ihren Auszug könne sie weder von ihrem Mann noch von ihrer Tochter erwarten, das verstärke leider weiter ihre Schuldgefühle, besonders nachts. Sie liege stundenlang wach und grübele, wie es weitergehen könne. Dann fahre sie am Morgen in die Wohnung, mache der Tochter das Frühstück und räume auf. Die

Tochter hat sich im Bad ausgebreitet mit ihren Sachen und fragt die Mutter, was sie hier wolle, sie sei doch ausgezogen, dieses Hin und Herr könne sie nicht ertragen, sie solle sich mal überlegen, was sie wolle.

Wir sprechen über ihre verschiedenen Möglichkeiten, wie es weitergehen kann und soll. Ich frage sie, warum sie ihrem Mann noch nicht die Wahrheit gesagt habe. Auf seine Äußerung, sie möge bis zum Sommerurlaub wieder die Alte sein, habe sie unterwürfig reagiert und ihm zugesichert, sich zu bemühen. Das habe ihn erst einmal beruhigt, sie habe sich aber vor sich selbst geschämt. Nein, wenn sie sich vorstellt, dass sie ihrem Mann ehrlich sagen würde, wie es ihr gehe, sei das ein Horrorszenario. Er würde sie nicht ausreden lassen, sie zusammenbrüllen, sie als blöd und dumm und gestört beschimpfen, sie demütigen und erniedrigen. Und sie würde stumm werden und nichts mehr sagen können. Also denken wir darüber nach, ob sie ihm einen Brief schreiben kann, in dem sie ihre Sicht erklärt, in der Hoffnung, etwas davon möge bei ihrem Mann ankommen. Sie betont aber gleich, dass sie diesen Brief nur für sich schreiben und nicht abschicken will, davor habe sie zu viel Angst. Sie arbeitet zwei Wochen an diesem Brief an ihren Mann und er wird lang. Sie bemerkt selbst ihre unterwürfige und devote Haltung in dem Brief, für alle deutlichen Worte, zu denen sie sich durchringt, bittet sie im nächsten Satz um Verständnis und Entschuldigung. Aber sie schafft es, eine Bilanz ihrer Paarbeziehung der letzten zwanzig Jahre zu ziehen und deutlich zu machen, aus welchen Gründen sie auszieht und nicht mehr zurückwill. Am Schluss schreibt sie von einer persönlichen Quarantäne, in die sie sich begeben wolle. Sie wolle die Zeit nutzen, über sich und ihr Leben nachzudenken und währenddessen keinen persönlichen Kontakt mehr zum Ehemann haben, die Tochter werde sie gern weiterhin sehen, obwohl sie auch von ihr immer wieder gekränkt werde.

Nachdem wir den Brief durchgesprochen haben und an einigen Stellen ihre Sicht verdeutlichen konnten, hat sie beschlossen, den Brief abzuschicken. Sie war fürchterlich aufgeregt, als sie den Brief in den Postkasten steckte, hatte sofort massive Schuldgefühle und bekam starke Kopfschmerzen. Ihr Mann hat wochenlang nicht auf den Brief reagiert und als er sich meldete, war dies eine Mitteilung, die sie befürchtet und erhofft hatte. Er habe eine andere Frau kennengelernt und habe seine Unterlagen bei seinem Rechtsanwalt eingereicht, seine Toleranzen seien eben nicht endlos und für die Zerstörung der Familie sei sie verantwortlich. Frau S. war entlastet, endlich sei sie ihn los, hoffentlich würde seine neue Beziehung halten, aber sie hatte Schuld- und Schamgefühle, weil sie ihre Familie zerstört hatte. Es war harte Arbeit für sie bis zu der Einsicht, dass nicht sie die Familie zerstört habe, sondern ein liebloser, narzisstischer Ehemann, bei dem sie es viel zu lange ausgehalten hatte.

Eines Tages kam sie strahlend in die Praxis und berichtete von einem Mann, den sie kennengelernt hatte und der genauso sei wie sie: »feige, voll mit Minderwertigkeitsgefühlen, unter dem Pantoffel seiner Frau, unterwürfig und selbstlos«. Sie würden sich ausgezeichnet verstehen, jeden Tag miteinander über soziale Medien kommunizieren und sich gegenseitig ihr Schicksal erzählen. Sie sei verliebt, fühle sich endlich wieder als Frau und als Mensch gesehen, werde respektvoll und auf Augenhöhe behandelt. Dass es solch einen Mann in diesem Leben noch gebe, hätte sie schon nicht mehr geglaubt. Ob aus dieser Beziehung etwas werde, wisse sie nicht, aber erst einmal fühle sie sich seit langer Zeit mal wieder richtig gut. Und wie durch ein Wunder habe sie kaum noch Schuldgefühle, dieser Mann sei die Bestätigung dafür, dass sie richtig gehandelt habe. Aber scherzend merkt sie an, dass sie beide lernen müssten, aus ihrer extrem rücksichtsvollen Haltung herauszukommen. Wenn beide jeweils auf den anderen warten würden, kämen sie nie dazu, in einem Restaurant überhaupt nur die Bestellung aufzugeben.

Der Prozess

Kafka hat niemals eine psychotherapeutische oder psychiatrische Behandlung gemacht, obwohl sie ihm sicher gutgetan hätte. Wie fast alles in seinem Leben, vielleicht außer Literatur und dem Schreiben, war auch die Sicht auf die Psychotherapie und die Psychoanalyse mit Angst besetzt. Diese Angst sagte ihm: Wenn du dich in eine Psychotherapie begibst, wirst du dich verlieren, auflösen, nicht mehr haben. Allein durch den Gedanken an eine Psychotherapie fühlte er seine gesamte Identität bedroht, denn Gegenstand einer solchen Therapie wären nach seiner Meinung nicht einzelne Aspekte seiner Persönlichkeit, einzelne Konflikte, Themen, Haltungen oder Ängste, sondern der Kern seiner Persönlichkeit. Seine Angst war überwältigend: »Ja, ich bestehe aus ihr und sie ist vielleicht mein Bestes« (RS3, S. 408).

Er hatte das Schreiben, mit dem er sich immer wieder – mehr oder weniger erfolgreich – am Leben erhalten konnte, eine wahrhaft harte, selbstreflexive Arbeit an der eigenen Seele, die sicher manchmal zu schonungslos war. So konnte er seine inneren Konflikte bearbeiten und damit seine Seele zumindest kurzzeitig entlasten. Zeitlebens war er von Schuldgefühlen geplagt und beschäftigte sich mit Fragen der Schuld, berechtigten und unberechtigten Schuldgefühlen, tiefen Schamgefühlen und angemessenen und aggressiven Formen von Strafen und Selbstbestrafungen. So entstanden u. a. seine Werke »Der Prozess«, der »Brief an den Vater« und »Das Urteil «, die – neben ihrer literarischen und humanistischen Bedeutung – als sublime Bearbeitungen seiner inneren Konflikte gelesen werden können.

Sein Roman »Der Prozess« (1915) beginnt mit einer Schuld ohne Schuldgefühle, einem Vorwurf ohne Grundlage, einer Anklage ohne Substanz, also einer Verleumdung: »Jemand musste Josef K. verleumdet haben, denn ohne dass er etwas Böses getan hätte, wurde er eines Morgens verhaftet« S. 1). Der erste Satz ist die Grundlage der spontanen Identifikation des Lesers mit dem armen, unschuldigen Angeklagten Josef K., der ein Opfer der Verleumdung geworden ist. Aber spätestens der letzte Satz stellt diese Opfersicht radikal in Frage: »… es war, als sollte die Scham ihn überleben« (P, S. 211). Überkam ihn eine Scham aus der erniedrigenden Situation heraus oder hatte Josef K. einen Grund sich zu schämen, sogar über den Tod hinaus? War er also doch schuldig oder war die Scham Folge seiner unberechtigten Schuldgefühle? Zwischen der Niederschrift des ersten und des letzten Satzes vergingen nur wenige Tage des Sommers 1914, weil Kafka zunächst den Anfang und direkt danach das Ende des Romans schrieb. Handelt das Buch von Unschuld und unberechtigten Schuldgefühlen oder von Schuld, verdrängten Schuldgefühlen und berechtigter Scham? Es handelt von all dem und noch viel mehr, vor allem von den Verwirrungen und Rätseln rund um Schuld, Scham und Strafen, aber auch von Macht und Ohnmacht, Machtmissbrauch und Herrschaft, Gewalt und Willkür. Viele Interpreten haben Kafka prophetische Fähigkeiten unterstellt, denn die Geschichte des 20. Jahrhunderts hat mit Gestapo, KGB, Konzentrationslagern und Gulag, mit Massenmorden und unmenschlichen Grausamkeiten eine Wirklichkeit geschaffen, die mit realem Horror die literarischen Alpträume Kafkas unendlich weit übertrifft. Die Brutalität der Geschichte nur wenige Jahre nach seinem Tod hätte selbst Kafka sich kaum träumen lassen, und das will etwas heißen.

Der Auslöser für das Buch »Der Prozess« war beinahe unschuldig. Vordergründig handelte es sich lediglich um das Treffen im Hotel »Askanischer Hof« in Berlin zur Aussprache zwischen Menschen, die bislang brieflich verkehrt und sich dabei so verstrickt hatten, dass die Beteiligten in einem Knäuel aus Schuld und Scham verwickelt waren. Die Beziehung zwischen Felice Bauer und Franz Kafka steckte in einer Sackgasse und die zur Hilfe gerufene Freundin Grete Bloch hatte alles noch komplizierter gemacht. Kafka beginnt mit der Niederschrift von »Der Prozess« wenige Wochen nach dem Treffen im Askanischen Hof und er beendet sie mit der 2. Verlobung mit Felice Bauer einige Monate später. Auch das Buch behandelt einen Zeitraum von einem Jahr, von der Verhaftung bis zur Hinrichtung. Die zeitlichen, thematischen und biographischen Zusammenhänge sind deutlich, aber das Buch geht weit darüber hinaus. Felice Bauer heißt im Prozess Fräulein Bürstner, ihre Bluse ist die gleiche wie die von Felice Bauer. Grete Bloch wurde an einem Montag geboren und wird daher im Buch zu Fräulein Montag, der schreckliche Direktor Stellvertreter hat ebenfalls seine reale Vorlage, Frau Grubachs beschwichtigende Aussagen sind denen von Kafkas Mutter Julie sehr ähnlich. Aber solche Bezüge finden sich bei den meisten Literaten, sie geben nur Hinweise auf mögliche biographische Zusammenhänge, sind aber noch keine Erklärungen an sich. Man kommt dem Buch am nächsten, wenn man es als so komplex ansieht, dass es durch eine Sichtweise allein niemals verstanden werden kann, anders ausgedrückt: »Kafkas Process ist ein Monstrum« (RS3, S. 537).

Die Handlung des Buches ist schnell erzählt. Der Bankangestellte Josef K. wird eines frühen Morgens – es ist sein 30. Geburtstag – von zwei Beamten aufgesucht, die ihm mitteilen, dass er verhaftet sei und ein Prozess gegen ihn eröffnet werde. Weder wird ihm der Grund der Anklage mitgeteilt, noch wird er eingesperrt; er kann sich weiterhin frei bewegen und zur Arbeit gehen, soll sich aber für den Prozess bereithalten. »Das Verfahren ist nun einmal eingeleitet und Sie werden alles zur richtigen Zeit erfahren« (P, S. 8). Seine verzweifelten Versuche, sich zu erkundigen, worin sein Verschulden bestehe, warum er angeklagt werde und wie es nun in seinem Verfahren weitergehen werde, scheitern allesamt. Die Erklärung erfolgt später: »Das Verfahren ist nämlich im Allgemeinen nicht nur vor der Öffentlichkeit geheim, sondern auch vor dem Angeklagten« (P, S. 105). Selbst sein Anwalt, den er einschaltet und der sich – wie bei Kafka so häufig – während eines Besuchs im Bett aufhält, kann keine Auskünfte erhalten, vertröstet ihn stets auf später. Josef K. irrt durch die Vorstadt auf der Suche nach Gerichtsstellen, findet Gerichte und Bedienstete auf Dachböden in Elendsvierteln, bekommt nirgendwo Auskünfte, sondern bestenfalls verwirrende Andeutungen, gerät dabei immer mehr in Zweifel über Recht und Gesetz, Schuld und Willkür, seine diffuse Angst verbreitet sich düster, während seine Lage immer verzweifelter und der Ausgang immer klarer werden. Am Ende wird er von zwei Schergen in einen Steinbruch außerhalb der Stadt begleitet, wo er brutal ermordet wird. Soweit die Handlung, die nichts von der rätselhaften, labyrinthischen Mehrdeutigkeit und emotionalen Verwirrung beschreibt, die den Prozess so einmalig macht.

In einem Film ist dies allerdings gut gelungen. Orson Welles hat das Buch 1963 verfilmt, mit Anthony Perkins in der Hauptrolle und sich selbst als seinen schleimigen Rechtsanwalt, in weiteren Rollen Jeanne Moreau und Romy Schneider. Welles bewertete ihn als den besten Film, den er je gemacht habe. Gefilmt wurde in einem alten Bahnhof in der Nähe von Paris in Schwarz-Weiß in nahezu permanentem Halbdunkel und ebenso düsterer Musik. Kafka hätte sich als passionierter Kinogänger sicher über den Film gefreut, weil hierin die emotionale Atmosphäre – eine Mischung aus Angst, Zweifel,

Unsicherheit, Ohnmacht, Schuld und Scham – auf bedrückende Weise umgesetzt wurde. Und wahrscheinlich wäre er an einigen Stellen der Einzige gewesen, der im Kino gelacht hätte.

Schuld scheint sich in dem Roman nicht auf eine konkrete Fehlhandlung oder gar ein Verbrechen zu beziehen, sondern existenziell zu sein, das wird auch Josef K. deutlich. Der nahende Prozess beherrscht zunehmend sein Leben, seine Gefühle und Gedanken. Er überlegt, eine detaillierte Beschreibung seines gesamten Lebens anzufertigen und beim Gericht einzureichen, dabei auf jedes einzelne Ereignis einzugehen und zu erklären oder besser zu rechtfertigen, warum er so und nicht anders gehandelt habe. Es sollte eine grandiose existenzielle Rechtfertigung seines Lebens sein, um jeglichem Vorwurf von Schuld zu begegnen. Diese Rechtfertigung seines Lebens will er in der Hoffnung einreichen, dass ihm dann vergeben werde. Wenn aber sein Leben selbst die Schuld ist und kein einzelnes schuldhaftes Vergehen, wer ist dann das Opfer und wer ist der Ankläger? Und wer kann ihm diese existenzielle Schuld vergeben? Niemand – vielleicht Gott!

Aber die Gerichte sind sehr weltlich, sie sind alle schmutzig und handeln vollkommen willkürlich. Die Richter lassen sich Frauen bringen, um ihre sexuellen Bedürfnisse zu befriedigen, und sie lesen lieber Pornohefte als Gesetzestexte. Die Handlanger der Gerichte arbeiten in permanentem Aktenstaub und kollabieren, wenn sie frische Luft atmen müssen. Und ernstgemeinte Eingaben an diese Gerichte erscheinen vollkommen zwecklos. Gerichtsinstanzen finden sich zwar, aber es sind die niederen Gerichte, die kaum Bedeutung haben und nichts entscheiden können, dies scheint nur dem Obersten Gerichtshof oder dem Hohen Gericht vorbehalten zu sein, das allerdings anonym bleibt. Die bekannten Gerichte passen in ihrem Erscheinungsbild zum Grad ihrer Bedeutungslosigkeit. »Im Fußboden dieser Kammer – um nur noch ein Beispiel für diese Zustände anzuführen – ist nun schon seit mehr als einem Jahr ein Loch, nicht so groß, dass ein Mensch durchfallen könnte, aber groß genug, dass man mit einem Bein ganz einsinkt. Das Advokatenzimmer liegt auf dem zweiten Dachboden, sinkt also einer ein, so hängt sein Bein in den ersten Dachboden hinunter und zwar gerade in den

Gang, wo die Parteien warten« (P, S. 104–105). Das ist absurde Komik, ein Anlass für heftiges Gelächter, wenn die Sache nicht so ernst wäre. Das Lachen bleibt einem im Halse stecken.

Auf der Suche nach dem Gericht, das ihn anklagt, erfährt er, dass das Gericht alles und überall ist und beinahe jeder zum Gericht gehört. Eingaben sind sinnlos und die wirklichen Entscheidungen werden weder einer Öffentlichkeit noch den Angeklagten bekannt gemacht. Das ist die absolute anonyme Macht, das Gericht ist überall, aber entschieden wird nur durch das Oberste Gericht, das allerdings kein Angeklagter je zu sehen bekommt. Der deutsche Faschismus wirkt wie eine umfassende und übersteigerte Realisierung des Buches »Der Prozess« bis in die Tiefenschichten der menschlichen Seelen und Beziehungen.

Die Herrschaft ist total, weil sie anscheinend bis in das Unbewusste der Menschen reicht. Es sind unsichtbare Verbindungen zwischen der äußeren Macht und der inneren Ohnmacht, sie erlauben keinen Rückzug in die Innerlichkeit bei äußeren Bedrohungen, weil diese seelischen Strukturen bereits von den Erwartungen des Systems besetzt sind. So wird Josef K. zu einem ersten Verhör bestellt, ihm wird aber nur der Tag und der Ort mitgeteilt, nicht die Zeit. Er geht davon aus, dass es morgens um 9.00 Uhr sein soll, macht sich auf den Weg, verspätet sich aber um eine Stunde und der Richter begrüßt ihn mit den Worten: »Sie hätten vor einer Stunde und 5 Minuten erscheinen sollen.« Woher wusste Josef K., wann er zu erscheinen habe, und woher wusste der Richter, zu welcher Zeit Herr K. sich entschieden hatte zu kommen. Und am Ende weiß Herr K., dass ihn seine Henker abholen werden, und bereitet sich darauf vor: »Ohne dass ihm der Besuch angekündigt gewesen wäre, saß K. schwarz angezogen in einem Sessel in der Nähe der Türe …, in der Haltung wie man Gäste erwartet.« Die äußere Macht ist verinnerlicht bis in die seelischen Tiefenschichten, man denkt unwillkürlich an Orwells »1984«, Adornos »Autoritärer Charakter«, Heinrich Manns »Der Untertan« oder Hannah Arendts »Eichmann in Jerusalem«. Totale Herrschaft geht bis in die Gedanken und Gefühle der Einzelnen. Es sind weniger die offiziellen Dekrete der politischen Macht, sondern vor allem die unausgesprochenen Erwartungen der Herrschenden, die von den Menschen vorauseilend antizipiert und bereits unterwürfig befolgt und ausgeführt werden, ohne dass jemand sie ausgesprochen hat. Das selbständige Denken wurde in vorauseilendem Gehorsam bereits aufgegeben.

Am Ende der Geschichte bekommt Josef K. eine Ahnung von dieser Herrschaft. »Wo war der Richter, den er nie gesehen hatte? Wo war das hohe Gericht, zu dem er nie gekommen war? Er hob die Hände und spreizte alle Finger. Aber an K.'s Gurgel legten sich die Hände des einen Herrn, während der andere das Messer ihm ins Herz stieß und zweimal dort drehte. Mit brechenden Augen sah noch K. wie nahe vor seinem Gesicht die Herren Wange an Wange aneinander gelehnt die Entscheidung beobachteten. ›Wie ein Hund!‹ sagte er, es war, als sollte die Scham ihn überleben« (P, S. 210–211). Bei Kafka ist die Schuld ein konstitutiver Teil des Lebens und es bleibt nur noch die Scham als Ausdruck dieser existenziellen Schande. Und es gibt kein Jüngstes Gericht, keine letzte Instanz, die für alle Sünder geschaffen ist und die nach allgemeingültigen Kriterien urteilt, sondern ein letztes Gericht für jeden Einzelnen, jeder muss sich vor sich selbst rechtfertigen. Selten ist dies in der Literatur eindringlicher formuliert als in der Legende vom Türhüter, dem zentralen Kapitel in Kafkas »Der Prozess«. Dazu später.

Es hat den Anschein, als existiere die Schuld weit vor einem schuldhaften Ereignis, als sei die Schuld bereits in den Menschen vorhanden, bevor diese sich schuldhaft verhalten. Frau S. war sich keiner Schuld bewusst. Ihre einzige Verfehlung bestand vielleicht darin, es viel zu lange in der Beziehung zu diesem Mann ausgehalten zu haben oder gar den falschen Mann geheiratet zu haben. Dennoch hatte sie Schuldgefühle, die sie selbst nicht verstand und die sie anscheinend in die Beziehung mitgebracht hatte. Wer solche Schuldgefühle in sich trägt, den begleiten sie, wo immer er lebt. Darin wären sich Franz Kafka, Josef K. und Frau S. einig gewesen. Offen bleibt die Frage, ob jeder Mensch Schuld existenziell in sich trägt, vielleicht als Folge des Sündenfalls und der Vertreibung aus dem Paradies, oder ob sie manchen Menschen schon früh in ihrer Entwicklung zugeschrieben wurde, so dass sie diese verinnerlicht haben. Denn manche Menschen schaffen es gegen alle Widerstände und

Realitäten, sich von eigener Schuld zu bereinigen, indem sie anderen die Schuld zuweisen. Und wenn dies Kinder betrifft, die abhängig und um die Liebe der Eltern bemüht sind, dann nehmen sie solche Zuweisungen an und integrieren sie in ihre Persönlichkeit als Teil ihrer Natur oder sogar als von Gott gegeben. Dabei waren es nur die Eltern.

KAPITEL 14

Ein Käfig ging einen Vogel suchen

Verantwortung und Freiheit

Jeder Mensch hat zunächst eine Verantwortung für sein eigenes Leben. Diese Eigenverantwortlichkeit beinhaltet auch die Verantwortung für die Familie, die Kinder oder die Paarbeziehung. Die Verantwortung für die Kinder betrifft die elterliche Sorge und im weiteren Sinne das Kindeswohl. Die Verantwortung für die Beziehung zum anderen Elternteil und zum Partner ist dagegen Verhandlungssache, muss abgestimmt bzw. synchronisiert werden und ändert sich zudem ständig im Verlauf einer Beziehung.

Sind wir auch verantwortlich für das Glück des Partners, für dessen leibliches und seelisches Wohlergehen? Menschen sind immer abhängig von der emotionalen Zuwendung durch andere, ohne diese Zuwendung erleiden wir eine emotionale Unterzuckerung, die bestenfalls für einen relativ kurzen Zeitraum zu ertragen ist. Insofern ist in einer abhängigen Beziehung die Sorge für den Partner auch eine umgeleitete Eigensorge, denn der kluge Egoist kooperiert. Wenn der Partner mit seinem Leben glücklich und zufrieden ist, dann kann dies auch die eigene Zufriedenheit steigern, umgekehrt ebenso. Zumindest sollten Gefühle der Unzufriedenheit oder gar des Unglücks beim Partner eine verantwortliche Reaktion bei einem selbst auslösen. Und darüber hinaus müssen die Lebensziele so aufeinander abgestimmt werden, dass die Zufriedenheit des einen nicht zu einem Unglück des anderen führt. In Bezug auf die materielle Welt sind Ziele einfach zu formulieren, dabei geht es um zukünftige Anschaffungen, wie Auto, Kleingarten oder Haus, und das familiäre Budget setzt die Grenzen des Machbaren, so dass nur noch um Prioritäten gerungen werden kann.

Die Lebensziele, Sehnsüchte, Wünsche oder Hoffnungen, was man im Leben erreichen möchte, wie man leben möchte, was ein persönliches Glück bedeuten würde, all dies lässt sich manchmal schwer bestimmen, unterliegt Schwankungen, ist Ergebnis von Bilanzierungen und geht nicht selten im Alltag verloren. So entstehen Gefühle der Unzufriedenheit und des Unglücklichseins auf stille Weise hinter dem Rücken der Betroffenen, ganz zu schweigen von den unbewussten Gefühlen. Und wenn diese latenten Gefühle manifest werden, ist es manchmal schon zu spät. Insofern kann der Moment der Kommunikation schon zu spät sein, weil der andere bereits Lösungen für sich gefunden hat. »Ich dachte, meine Ehe sei gut, bis ich meine Frau fragte, wie sie sich fühlt« war vor Jahren der Titel eines Beziehungsbuches. Herr P. hat sich getraut, seiner Frau diese Frage zu stellen, und beam eine ehrliche Antwort.

Und täglich grüßt das Murmeltier

Frau P. hatte um eine Einzelsitzung gebeten, um mir mitzuteilen, dass sie »eine kleine Liebesaffäre« habe, von der ihr Mann nichts wisse. So glaubt sie zumindest. Sie habe abends, weil sie kein TV mehr sehen wollte, sich ein wenig in Internetportalen umgesehen und dort einen Mann angetroffen, mit dem sie spontan eine Liebelei angefangen habe. Erst sei es um alltägliche Kleinigkeiten gegangen, sie habe einfach gut mit ihm kommunizieren können. Er habe ihr »zugehört«, sei verständnisvoll auf sie eingegangen und so seien sie in einen täglichen Chat geraten, den sie heute nicht mehr vermissen möchte. Sie stehe kurz davor, diesen Mann zu treffen, aber das könnte Folgen haben, die sie nicht mehr rückgängig machen könne. Ja, sie habe richtig Lust darauf, den Mann kennenzulernen, und sei bereit, dafür einige Grenzen zu überschreiten.

Wir besprechen die verschiedenen Optionen, die sie hat. Sie kann den Mann, der einige Hundert Kilometer entfernt wohnt, auf halbem Weg treffen und mit ihm ein Wochenende im Hotel verbringen und ihrer Familie erzählen, sie sei auf einer beruflichen Fortbildung. Wahrscheinlich würden ihr alle in der Familie glauben. Ich erinnere sie an ihre wahrscheinlich glückliche Ausstrahlung nach ihrer Rückkehr, verliebten Menschen sehe man ihren Zustand an. Ja, ihr Mann würde es wahrscheinlich nicht merken, aber ihre 13-jährige Tochter mit Sicherheit. Die zweite Möglichkeit – den Termin mit dem Mann hinauszuschieben (Triebaufschub) – findet sie nicht so prickelnd, jetzt sei der Zeitpunkt richtig, *now or never*. Die dritte Möglichkeit, den Kontakt zu dem Mann abzubrechen, sei einfach keine Option, dafür sei es zu schön mit ihm. Sie hätten auch schon ein paar Male miteinander telefoniert, er habe eine angenehme männliche Stimme, manchmal höre sie sich diese aufgezeichneten Gespräche noch einmal an. Ich frage sie, ob sie schon einmal überlegt habe, dass es zur Trennung von ihrem Mann kommen könne. So weit wolle sie nicht denken, das stehe überhaupt nicht zur Diskussion. »Vielleicht nicht für Sie, aber vielleicht bald für Ihren Mann?«, merke ich an. Ich solle nicht so pessimistisch sein, ob die Psychologie so sei oder nur ich, fragt sie mich. »Wir beide!«, antworte ich. »Allerdings nennen wir das Realismus.« Am Ende des Gesprächs verständigen wir uns darauf, ihre heimliche Liebschaft, die noch gar keine sei, in der nächsten Sitzung mit ihrem Mann anzusprechen und ihr Handeln auch von seiner Reaktion abhängig zu machen.

In der nächsten Sitzung bitte ich Frau P. ihrem Mann das zu sagen, was wir in der letzten Einzelsitzung besprochen haben. Sie berichtet, sie habe in einem Chatportal einen Mann kennengelernt, der sehr einfühlsam sei und ihr mittlerweile viel bedeute, obwohl sie ihn noch nie gesehen habe. »Ich weiß«, antwortet der Mann, »es ist gut, dass du das ansprichst, darauf habe ich gewartet. Ich bin Informatiker und weiß, was auf digitalem Weg in unserem Haus rein- und rausgeht.« Sie schlägt sich vor die Stirn und wird wütend. »Hast du meine Mails kontrolliert?« Bevor die Diskussion eine technische Wendung nimmt, bitte ich Frau P. ihrem Mann zu sagen, was dieser andere Mann ihr bedeute. Herr P. reagiert sehr unterkühlt, um nicht die Kontrolle zu verlieren. Frau P. spricht von einem einfühlsamen Mann, der ihr zuhört, sich für sie interessiert, ihr das Gefühl gibt, eine lebendige und begehrenswerte Frau zu sein, ihr kleine aufmerksame Nachrichten schickt, kurzum, ein Mann, wie sie ihn schon lange nicht mehr erlebt habe. Nachdem sie berichtet, dass diese »Beziehung« seit drei Monaten laufe und für sie emotional immer mehr an Bedeutung gewonnen habe, bitte ich beide, mir ihre Paarbeziehung vor Beginn dieser digitalen Liebschaft zu beschreiben.

Sie beschreiben eine funktionale und eingespielte Beziehung. Beide haben sich arbeitsteilig darum gekümmert, dass der familiäre Alltag mit drei Kindern laufe. Er arbeitet sehr viel, weil er in Projekten arbeite und daher immer enge Termine habe, zu denen das Projekt abgeschlossen sein müsse, aber er habe auch viel Homeoffice. Er kümmere sich um die Finanzen, das Auto, den Einkauf und die naturwissenschaftlichen Hausarbeiten der drei Schulkinder. Janis ist 14 Jahre alt, Rebecca 12 und Hugo 8. Er würde auch gern mehr kochen, das mache ihm Spaß, aber alle in der Familie verhinderten dies, weil sein Kochen eher ein Zufallsprodukt sei und Mama einfach besser kochen könne. Damit sei sein Arbeitspensum erfüllt, außerdem mache er gern Sport und laufe viel, weil er damit seinen Kopf von lästigen Gedanken befreien könne. Frau P. schildert ihre Sicht auf die Beziehung und dabei wird deutlich, dass beide Eheleute den jeweils anderen mit keinem Wort erwähnen. Er arbeitet und kümmert sich um die Kinder, sie arbeitet und kümmert sich um die Kinder, die Paarbeziehung scheint in ihrem Leben nicht zu existieren. Sie arbeitet bei einer Finanzbuchhaltung halbtags und macht im Haushalt alles, was ihr Mann nicht schafft. Alles habe sich so eingespielt. Der Alltag sei komplett durchorganisiert und Störungen dürfe es nicht geben; wenn ein Kind krank sei, gehe die ganze Familie schnell und effizient in einen Krisenmodus. Ich frage nach ihrer Paarbeziehung und stoße auf Erstaunen und Schweigen. Gemeinsame Freizeitaktivitäten gebe es nur mit den Kindern, als Paar seien sie schon ewig nicht mehr weggegangen, dazu fehle die Zeit und, ehrlich gesagt, meist auch die Lust. Ja, Sex hätten sie noch miteinander, aber sehr selten und die Initiative dazu müsse immer von ihr ausgehen, »von ihm kommt nichts«. Und wenn sie Sex haben, sei dieser auch eher routiniert, sie seien halt schon ein altes Ehepaar, das 16 Jahre zusammen sei. Die Gespräche zwischen beiden beschränken sich auf organisatorische Absprachen des Alltags. Außerdem haben sie noch einen Hund, den hatte sich Frau P. angeschafft als ihr kleines Baby, mit dem gehe sie abends immer alleine eine Runde um den Block, während ihr Mann fernsehe. Er hat einen brandneuen, riesigen Fernseher angeschafft, den er wegen seiner technischen Daten phantastisch finde, und sie habe nur bemerkt, dass durch den großartigen Fernseher das TV-Programm auch nicht besser würde. Also habe sie sich nach dem abendlichen Hundespaziergang an den PC gesetzt. Außerdem haben sie sich nicht auf ein gemeinsames TV-Programm einigen können, er sehe nur Sport und sie gern Serien ohne Gewalt. Sie fragt mich, ob ich den Film »Und täglich grüßt das Murmeltier« kenne, dieser Film beschreibe exakt, wie sie sich fühlt. Da sei der Mann im Chat eine echte Abwechslung. Ich frage Herrn P., ob er mit diesem durchorganisierten Alltag zufrieden sei, und er antwortet, das sei nun mal so im Leben und er habe darauf gewartet, dass es irgendwann anders werde, wenn die Kinder aus dem Haus sind. Jetzt würde ihm klarwerden, dass er mit dem Abwarten anscheinend die falsche Strategie habe, es sei eher ein »Warten auf Godot«. Herr P. fragt seine Frau, was er tun könne, um ihre Beziehung zu ändern, oder ob es schön zu spät sei. Sie weint und lacht und sagt, es sei nie zu spät, mit dem Leben anzufangen.

Samuel Beckett stand in der Tradition Kafkas, seine Werke hätten ihm sicherlich sehr gefallen. Kafka hat viel über das Warten und das aktive Leben nachgedacht und geschrieben. »Alle menschlichen Fehler sind Ungeduld« (ZÜ 2), schreibt er im Oktober 1917. In seinem Roman »Der Prozess« hat er eine Parabel über einen Mann geschrieben, der sein Leben lang vor einem Tor darauf wartet, eingelassen zu werden, und über dieses Warten hinweg vergisst zu leben. Erst am Ende merkt er es, als es aber schon zu spät ist.

Die Legende vom Türhüter

Das Warten auf den anstehenden Prozess beherrscht das Leben von Josef K. und selbst Arbeitstermine wandeln sich zu Gerichtsterminen. Josef K. wird als Prokurist der Bank beauftragt, einem Geschäftspartner aus Italien den Dom zu zeigen, aber der Italiener kommt nicht. Stattdessen wird er von einem Geistlichen im Dom erwartet, der anscheinend genau über seine Anklage informiert ist. Er eröffnet ihm, dass es schlecht um ihn stehe und er schuldig gesprochen werde. Herr K. antwortet, dass er nicht schuldig sei: »Ich bin aber nicht schuldig, sagte K., es ist ein Irrtum. Wie kann denn ein Mensch überhaupt schuldig sein. Wir sind doch hier alle Menschen, einer wie der andere. – Das ist richtig, sagte der Geistliche, aber so pflegen die Schuldigen zu reden« (P, S. 194). »Du missverstehst die Tatsachen, sagte der Geistliche. Das Urteil kommt nicht mit einem Mal, das Verfahren geht allmählich ins Urteil über« (P, S. 194–195). Schuld, Anklage, Verfahren, Urteil – das ist die logische Reihenfolge im Prozess des Lebens von der Geburt bis zum Tod.

»In dem Gericht täuschst du dich, sagte der Geistliche, in den einleitenden Schriften zum Gesetz heißt es von dieser Täuschung: Vor dem Gesetz steht ein Türhüter. Zu diesem Türhüter kommt ein Mann vom Lande und bittet um Eintritt in das Gesetz. Aber der Türhüter sagt, dass er ihm jetzt den Eintritt nicht gewähren könne« (P, S. 196–197). Der Mann fragt, ob er später Einlass bekommen könne, und der Türhüter antwortet, dass es möglich sei, er aber nicht wisse, wann. Und er weist den Mann darauf hin, dass er natürlich hineingehen könne, er aber wissen müsse, dass nach ihm noch viele weitere Türhüter wachen würden, die viel mächtiger seien als er. Daraufhin resigniert der Mann und beschließt zu warten, bis ihm Einlass gewährt werde. Es vergehen Tage, Wochen, Monate und Jahre. Immer wieder bittet er um Einlass und immer wieder wird er abgewiesen. Am Ende fragt der alte, gebrechliche Mann den Türhüter: »Alle streben doch nach dem Gesetz … wieso kommt es, dass in den vielen Jahren niemand außer mir Einlass verlangt hat? Der Türhüter erkennt, dass der Mann schon am Ende ist und um sein vergehendes Gehör noch zu erreichen brüllt er ihn an: Hier konnte niemand sonst Einlass erhalten, denn dieser Eingang war nur für dich bestimmt. Ich gehe jetzt und schließe ihn« (P, S. 198). Worin besteht die Täuschung? In dem Glauben des Mannes, jemals in das Gesetz eintreten zu können? In dem Glauben, dass alle vor dem Gesetz gleich sind? In dem Glauben, erst wirklich leben zu können, wenn man in das Gesetz eingetreten ist? In dem Glauben an die eigene Unschuld? Oder in dem Glauben an die eigene Ohnmacht?

Die Freiheit der Verantwortung

Der Mann verbringt sinnlos sein Leben als Wartender vor dem Tor und wird dabei immer älter und gebrechlicher. Und der Geistliche sagt ihm: »Du suchst zuviel fremde Hilfe« (P, S. 195). Ist die Täuschung also eine Selbsttäuschung, eine Täuschung über die eigene Ohnmacht? Wenn der Mann die Position des passiv Wartenden aufgegeben hätte, dann hätte er mehrere Optionen gehabt: einfach durch das Tor gehen, oder weggehen und sein Leben weiterführen. Das Risiko, durch das Tor zu gehen, wäre bei jedem neuen Tor und Türhüter jeweils neu gewesen, aber er wäre dann immerhin auf dem Boden des Gesetzes gewesen, Ausgang ungewiss. Wegzugehen, zu leben wie zuvor und sich nicht um Einlass zum Gesetz zu bemühen wäre nicht gleich eine Ungesetzlichkeit oder Gesetzlosigkeit, sondern vielleicht eine Freiheit gewesen, die er hätte nutzen können und müssen, seine eigenen moralischen Maximen zu entwickeln. Er wäre auf sich selbst zurückgeworfen und hätte den Druck der Freiheit gespürt, seine eigenen Vorstellungen zu entwickeln von Gut und Böse, richtig und falsch, Schuld und Unschuld. Und da das Tor nur für ihn war, wäre die Lösung auf dem Boden des Gesetzes die gleiche gewesen: eine für ihn passende, individuelle Moral zu entwickeln, allerdings auf dem Boden des geltenden Gesetzes. Damit wären beide Lösungen vom Ziel her gleich gewesen: die ganz individuelle, moralische und existenzielle Konfrontation mit Schuld und Unschuld. Beim Eintritt durch das Tor auf dem Boden des Gesetzes, außerhalb auf dem Boden der Freiheit. Der zweite Weg klingt anstrengender, denn Freiheit muss gestaltet werden. Wer dies nicht sieht, der täuscht sich in sich selbst.

Herr P. hat gewartet und dabei seine Aufgabe und Verantwortung darin gesehen, sein eigenes Leben zurückzustellen. Er hatte sich damit abgefunden, bis die Kinder aus dem Haus sind, auf ein eigenes Leben weitgehend zu verzichten. Ohne es zu merken, hat er damit aber auch eine Entscheidung für seine Ehe getroffen und diese Entscheidung hat seine Frau nicht mitgetragen, denn sie hatte ein anderes Lebenskonzept. Sie wollte eine lebendige Frau sein und bleiben, die ihr Leben nicht mit Warten verbringt. Sie wollte nicht ein Vogel im Käfig sein.

KAPITEL 15

Das große Glück und der große Irrtum

Seelenverwandte

Die von Algorithmen gesteuerten Suchmaschinen der modernen Partnerschaftsbörsen suggerieren die Möglichkeit, den idealen Partner finden zu können, ohne endlos nach ihm suchen zu müssen und dabei die kostbare Lebenszeit mit falschen, unpassenden Partnern verplempern zu müssen. Voraussetzung für die Beantwortung der Frage, wer ideal passt, ist das Wissen um die eigene Person: Nur wer sich wirklich kennt, kann sagen, wer wirklich passt. Die große Unbekannte der Partnerschaftssuche ist also nicht die andere, sondern die eigene Person.

Die äußerliche Beschreibung der eigenen Person gelingt den meisten Menschen halbwegs realistisch, aber die Beschreibung der eigenen Seele ist doch meist Opfer von selbsttäuschender Schönfärberei. Zur schönen eigenen Seele darf demnach nur eine andere schöne Seele passen. Damit wird, geschönt von unserer psychischen Abwehr, ein ideales – und letztlich nicht real existierendes – Selbstbild zur Konstanten erklärt, zu dem eine passende Variable gesucht wird. Das ist dann die selbsttäuschende Darstellung einer anderen Person, und so begegnen sich in doppelter Täuschung zwei Menschen, die sich demaskieren müssen, um an die Wahrheit zu gelangen, ohne zu verzweifeln. Kein Wunder, dass die Zufallsbegegnungen immer noch eine höhere Trefferquote haben sollen und das Geschäft mit der Sehnsucht nach dem idealen Partner eher ein grandioses Profitgeschehen ist. Kafka hatte zur Suche nach einem idealen Lebenspartner eine weise, philosophische Meinung: »Wer sucht findet nicht, wer nicht sucht, wird gefunden« (Kafka (2019), Aphorismus Nr. 66, S. 137).

Was ist ein idealer Partner? Für Liebe, Sex, Freizeit, gemeinsame Hobbys oder die Erziehung der eigenen Kinder? Der unbescheidene Mensch von heute antwortet prompt: für alles und möglichst bald! Zumindest in einer Metapher können wir eine absolute Passform beschreiben, seitdem es Platons »Symposion« gibt. Dort schreibt er von zwei Hälften einer Kugel, die einmal von Zeus persönlich getrennt wurden und die seitdem auf der Suche nach ihrer anderen Hälfte sind. Auch Kafka beklagte diese Trennung in zwei Personen, als er in einem Brief an Felice Bauer am 13. 5. 1913 schrieb, »die Trennung in zwei Menschen ist unerträglich«. Ob es nun nur eine einzige passende andere Hälfte gibt oder ob viele Hälften zueinander passen können, lässt Platon weise offen, aber Romantiker aller Zeiten wissen schon, dass es nur um die einzige passende Person gehen kann. Dabei kann »Passen« sowohl positiv als auch negativ gedacht werden und dies auch noch in vielen Variationen. Passen nur positive seelische Seiten zusammen, wie freundlich und liebevoll, was wahrscheinlich in unendlicher Langeweile münden würde, oder passen auch negative Seiten zusammen, wie egozentrisch und beharrlich, die sich wahrscheinlich beharrlich egozentrisch zu Parallelen wandeln würden, die sich bestenfalls im Unendlichen treffen. Wahrscheinlich wäre eine Passform am besten die zwischen einer freundlichen und liebevollen Person mit einer egozentrisch und beharrlichen. Die egozentrische könnte durch die Paarbeziehung freundlicher und sozialer werden und die freundliche Person könnte von der egozentrischen lernen, auch mal eigene Interessen anzumelden und durchzusetzen. Dies wäre ein positiv-negatives Passen.

Letztlich ist es die Frage, ob man mit der Partnerwahl eine (narzisstische) Bestätigung der eigenen Person sucht oder ob es um eine persönliche Entwicklung geht, die nur aus gegenseitigen, manchmal durchaus auch konflikthaften Reibungen zu persönlichen Veränderungen führen kann. Es ist die uralte Frage, welche der beiden Volksweisheiten stimmt: »Gegensätze ziehen sich an« oder »Gleich und Gleich gesellt sich gern«. Heute ist man sich in der Psychologie der Partnerwahl einig, dass Gegensätzliches von Gleichem das Beste für die persönliche Entwicklung beider Partner sei. Klassische Dilemmata bzw. Grundkonflikte der Partnerschaft sind dann z.B.: Nähe und Distanz, Abhängigkeit und Unabhängigkeit, Bewundern und Bewundertwerden. Im Konzept der Seelenverwandtschaft treffen sich dann zwei Menschen, die aufgrund ihrer Entwicklungen den gleichen Grundkonflikt haben, aber in ihren Kompetenzen die gegensätzlichen Pole besetzen. Dann trifft eine Nähe-Frau einen Distanz-Mann, ein Abhängigkeits-Mann eine Unabhängigkeits-Frau oder ein Mann, der Bewunderung braucht, eine Frau, die nicht nur bewundern kann, sondern die auch gern mit einem bewunderten Mann zusammen sein möchte. Wir alle wissen, dass Menschen noch viel komplexer sind als einfache Partnerschaftskonstellationen zu einem gegebenen Zeitpunkt. Danach müssten viele Variablen interagierend in der Zeit gedacht werden, verbunden mit chaostheoretischen und stochastischen Modellen. Das ist mathematisch möglich, Algorithmen können das, aber ob Menschen als wandelnde Fehlerfaktoren dazu geeignet sind, erscheint fraglich. Wir lernen manchmal nur durch Irrtümer.

Der große Irrtum

Der erste Eindruck des Paares bestätigt eine perfekte Partnerwahl – äußerlich. Zwei sehr schöne Menschen, jung, sportlich und gutaussehend. Frau T. ist schön und charmant, er sieht gut trainiert aus und ist ein attraktiver Mann. Sie haben sich in einem Partnerschaftsportal kennengelernt und sofort ineinander verliebt, kein Wunder, denke ich. In meiner Arbeit habe ich allerdings mit den Jahren gelernt, mich nicht so sehr vom ersten Eindruck leiten zu lassen, und frage daher vorsichtig nach. Sie haben beide studiert, arbeiten in großen Betrieben, sind leistungsorientiert und verdienen jeweils so viel Geld, dass sie allein davon eine Familie ernähren könnten. Wo ist das Problem, mit dem sie zu mir kommen? Herr U. beteuert, dass er sie liebe, aber dass ihre Partnerwahl irgendwie ein großer Irrtum gewesen sei.

In ihrer Paarbeziehung gibt es wiederkehrend heftige Gewaltausbrüche, die von ihr ausgehen. Er hat dies bislang ertragen, hat alle deeskalierenden Maßnahmen versucht, ist aber immer wieder gescheitert. Sie beschreiben den letzten Gewaltausbruch, um mir das traurige Elend zu demonstrieren. Sie waren auf einer Party und wurden, sobald sie nicht nah beieinanderstanden, von anderen »angebaggert«. Sie sind es gewohnt und können locker damit umgehen. Sie haben verabredet, sich auf Partys immer wieder zu küssen, um damit dem Rest der Gäste ihre Partnerschaft deutlich zu machen. Auf der letzten Party hat das nicht geklappt, sie haben sich aus den Augen verloren, es waren große Räume und auf dem Heimweg haben sie sich gegenseitig vorgeworfen, nicht auf den anderen geachtet zu haben. Er war lange von einer anderen Schönheit in ein Gespräch verwickelt worden und sie verlangte einen kompletten Bericht dieser Begegnung. Dabei verwickelte er sich in Widersprüche, verwechselte die eine Frau mit einer anderen und schon gab es Missverständnisse, die er zu später Stunde nicht mehr glaubhaft auflösen konnte. Sie hatten sich noch in die Küche gesetzt und plötzlich überkam sie eine ungeheure Wut. Sie schleuderte ihm ihr volles Glas Rotwein an den Kopf. Er erlitt eine Jochbeinprellung und einen Schnitt an der Stirn, der noch in der Nacht in einer Notfallambulanz eines Krankenhauses genäht werden musste. Sie entschuldigte sich für ihren Ausbruch, machte aber ihn dafür verantwortlich. Er hatte starke Schmerzen und sprach tagelang nicht mehr mit ihr, dann gab es die Versöhnung, er vergab ihr mal wieder, aber es blieb ein Rest an Groll, der ihm sagte, so könne es nicht weitergehen. Die Geschichte der Gewalt ergab immer das gleiche Muster, das im Kern in ihrer chronischen Eifersucht bestand, und die Liste der Verletzungen bei ihm reichte von Prellungen über Verbrennungen bis zu Verletzungen, die behandelt werden mussten. Er provoziere sie halt beständig durch sein Flirten mit anderen Frauen, stehe nicht wirklich zu ihr und bekomme damit seine verdiente Strafe. Ja, in den letzten Beziehungen, die sie hatte und die nie lange dauerten, sei das auch so gewesen, aber das liege nicht an ihr, sondern an den Männern. Der Mann beteuerte, sicher hier und da geflirtet zu haben mit anderen schönen Frauen, aber es gebe klare Grenzen für ihn, er liebe seine Frau und das wisse sie auch, sie sei nun einmal die attraktivste, intelligenteste und wunderbarste Frau, die er je kennengelernt habe und er wolle auch weiterhin mit ihr zusammenleben, aber mit diesen Gewaltausbrüchen könne er sich nicht mehr abfinden.

Frau T. berichtet, dass Beziehungen für sie immer schwierig gewesen seien, nicht nur Partnerschaften. Sie sei ein wahrheits- und gerechtigkeitsliebender Mensch und könne es nicht ertragen, wenn Lüge und Ungerechtigkeit in einer Beziehung bestehen. Dann raste sie aus und das tue ihr auch leid, dann werfe sie mit allem, was in der Nähe sei und verliere die Kontrolle. Als junge Erwachsene sei sie vor einigen Jahren nach einem heftigen Gewaltausbruch für einige Wochen in einer psychiatrischen Klinik gewesen, der behandelnde Psychiater habe die Verdachtsdiagnose einer Borderline-Persönlichkeitsstörung gestellt. Daraufhin habe sie ihm seinen schönen Schreibtisch umgekippt, aber er habe nur gegrinst und dies als eine umgehende Bestätigung seiner Verdachtsdiagnose angesehen. Beim Herausgehen habe sie ihm noch einige Bilder von der Wand gerissen und habe sich selbst entlassen. Seitdem meide sie »Psychos« und sie werde mich sehr genau beobachten, wie ich mit ihren Problemen umginge, bislang habe sie aber kein Misstrauen. Ich danke ihr für das mir entgegengebrachte Vertrauen und frage ihn, ob er Gewalt aus früheren Beziehungen kenne.

Sein Vater hat ihn regelmäßig körperlich gezüchtigt und seine Mutter habe zugesehen oder den Raum verlassen, wenn es zu heftig wurde. Sein Großvater habe seinen Vater als Kind auch heftig geschlagen und sein Vater hat als Kind darunter gelitten, war aber selbst als Vater zum Schläger geworden. Nein, die Schläge des Vaters seien nicht unkontrolliert gewesen, sondern im Gegenteil sehr kontrolliert und gezielt, teilweise auf Anweisung der Mutter. Er habe aus Liebe geschlagen, um ihn auf den rechten Weg zu bringen, habe der Vater immer gesagt. Und es sei immer gerecht und fair zugegangen. Als er dann fünfzehn Jahre alt war, habe er nach einer Tracht Prügel seinem Vater sehr ernst und auf Augenhöhe gesagt, dass dies das letzte Mal gewesen sei, und der Vater hat verstanden und es nie wieder versucht. Auch bei seiner Frau glaube er, dass sie es aus Liebe und einem Gerechtigkeitsempfinden tue. Er überlege immer sehr lange, weshalb sie wieder ausgerastet sei, und meistens könne er sie auch verstehen, weil er sich dumm angestellt habe. Aber er könne so nicht weiterleben, wenn er jederzeit mit einem Wut- und Gewaltausbruch rechnen müsse, ohne dass er vorher die Möglichkeit habe, sich zu erklären. Jetzt sei der Punkt erreicht wie damals bei seinem Vater, jetzt sei Schluss. Wenn sie ihn noch einmal schlage, würde er sofort gehen. Sie bereut und gelobt Besserung, aber nur, wenn er bei ihr bleibt, bei Trennung könne sie für nichts garantieren.

Nach einem neuerlichen Gewaltausbruch von ihr bittet er um ein Einzelgespräch. Er schildert den Vorfall und seine Verletzungen und beteuert, dass er sich diesmal wirklich trennen wolle, allerdings Angst vor ihren wütenden Reaktionen habe. Wir besprechen sein Ausstiegsszenario, aber eine Woche später stehen beide wieder vor der Tür. Er sieht mich schulterzuckend an und sagt, dass er sie liebe. Er habe die gemeinsame Wohnung verlassen und sei ausgezogen für ein paar Tage zu einem Freund, dann habe sie ihm eine lange Mail geschrieben und er habe seine Liebe zu ihr wieder gespürt. Was hat sie ihm geschrieben, so dass er trotz all seiner realen Erfahrungen wieder zu ihr zurückkehrte?

Schreibend verlieben

Kann man sich schreibend verlieben? Diese Frage hat Kafka immer beschäftigt, aber seitdem er mit Milena Jesenská brieflich verkehrte, wusste er definitiv, dass es geht, sogar sehr gut. Sie hatte ihm geschrieben, weil sie mit den Übersetzungen seiner Werke Geld verdienen wollte. Sie war in chronischen Geldsorgen, und das war nicht nur kriegsbedingt – von ihrem Ehemann Ernst Pollack bekam sie keinerlei finanzielle Unterstützung, er ging seiner Wege und sie musste für sich selbst sorgen. Tagsüber schrieb sie Artikel für Tageszeitungen und nachts arbeitete sie an Übersetzungen. Zunächst übersetzt sie Kafkas »Der Heizer« ins Tschechische und Anfang Mai 1920 erhält sie dafür Lob aus Meran. Sie schreibt ihm, dass sie auch lungenkrank sei, und er empfiehlt ihr, nachts nicht mehr an Übersetzungen zu arbeiten. Ernst Pollack kennt Kafka und hält ihn für den besten modernen deutschsprachigen Schriftsteller. Sie fragt Kafka ohne Umschweife nach seinen aktuellen Liebesbeziehungen. Er schreibt ihr zurück, seine Beziehung zu Julie Wohryzek »lebt noch, aber ohne jede Aussicht auf Ehe« (Stach 2018, S. 447). Er hatte Milena kurz im Winter in Prag kennengelernt, aber nachträglich hat er sich nicht mehr an ihr Aussehen erinnert. In ihren Briefen nennt sie ihn Frank, weil er seine Briefe mit FranzK unterschrieb, und sie blieb bei Frank, solange sie sich kannten.

Milena

Milena hat bereits ein bewegtes Leben hinter sich. Im Vergleich zu Felice und Julie war sie die Intellektuelle, die sich viel mit Literatur beschäftigt hatte. Ihr Vater war Professor für Zahnmedizin, überzeugter Nationalist, Antisemit, Patriarch, ihre Mutter stammte aus reichem Hause und ertrug die herrschaftlichen Eskapaden und diversen Liebschaften ihres Mannes. Milena lebte das Leben ihres Vaters, studierte auf seinen Wunsch auch ein paar Semester Medizin, verkehrte schon früh in künstlerischen und literarischen Kreisen, war sexuell promiskuitiv aus freiheitlicher und emanzipativer Überzeugung, genoss das Leben in vollen Zügen. Als sie Kafka kennenlernte, war sie erst vierundzwanzig Jahre alt, hatte in der Zeit aber mehr erfahren als seine bisherigen Freundinnen zusammen. »Zwei Abtreibungen. Zwei Selbstmordversuche. Ladendiebstähle und Urkundenfälschung. Eine lesbische Beziehung. Drogenmissbrauch. Ein Dreivierteljahr in einer psychiatrischen Anstalt. Einige Tage im Gefängnis, wiederum wegen Diebstahls. Arbeit als Kofferträgerin« (RS3, S. 349). Und sie war sehr intelligent und gutaussehend, eine brisante erotische Mischung, die sie zu nutzen wusste. Sie las Romane der Weltliteratur, spielte Klavier, kannte sich mit Kunstgeschichte aus und konnte jede menschliche Tiefe aushalten, die bis dahin nur Kafka zu kennen glaubte. Sie rebellierte ständig gegen den herrschenden Vater, klaute ihm Morphium aus seinem Medizinschrank und bestellte alles auf seine Rechnung, was sie sich wünschte. Nach abgebrochenem Medizinstudium, Diebstählen, Abtreibungen und der Androhung, den – aus Sicht ihres Vaters windigen – jüdischen Schriftsteller Ernst Pollack heiraten zu wollen, wurde es dem Vater zu bunt. Da sie noch nicht ganz volljährig war, ließ er sie von einem befreundeten Kollegen in eine psychiatrische Anstalt einweisen mit der Diagnose: »Krankhaftes Fehlen moralischer Begriffe und Gefühle.« Als auch das nicht half, ihre Überzeugungen zu ändern, beschloss er, das Problem auf andere Weise zu lösen. Er stimmte der Heirat zu, gab ihr eine Mitgift, bestand aber darauf, dass sie beide aus Prag verschwinden, so dass sie seinen guten Ruf und seine politischen Ambitionen nicht mehr beschädigen konnten. Mit Ernst Pollack hatte sie eine Fortsetzung ihres Unglücks geheiratet, einen Mann wie ihren Vater, nur nicht so erfolgreich und finanzstark. Er war egozentrisch, verstand sie nicht, lebte sein Leben, ohne sie finanziell zu unterstützen, und brachte seine jeweiligen Geliebten mit in die gemeinsame Wohnung. Sie musste sich allein durchschlagen, und als sie wieder einmal bei einem Diebstahl erwischt worden war und der Richter sie bei der Verhandlung befragte, sagte sie als Begründung einen berühmt gewordenen Satz: »War ich in erotische Krise« (RS3, S. 357). Sie befand sich in Wien in einer Diaspora ohne sozialen Halt und kämpfte schlicht ums Überleben.

Ende Mai 1920 schickt sie Kafka eigene Texte und lädt ihn nach Wien ein. Er sagt ab, »weil ich die Anstrengung geistig nicht aushalten würde. Ich bin geistig krank« (Stach 2018, S. 450). Gleichzeitig sagt er ein geplantes Treffen mit Julie in Karlsbad ab und teilt ihr mit, dass er in einem intensiven Briefwechsel mit einer anderen Frau sei. Milena lässt nicht locker, will, dass er nach Wien kommt, und provoziert ihn intellektuell, indem sie sich über die Inhaltsleere seiner Briefe beklagt. Kafka reagiert auf ihre Distanzierungen schnell mit heftigen Liebesprojektionen, geht in einem Brief vom 12. Juni 1920 zum vertraulichen Du über. »Du gehörst zu mir, selbst wenn ich dich nie mehr sehen würde … Du bist für mich keine Frau, bist ein Mädchen, wie ich kein Mädchenhafteres gesehen habe« (Stach 2018, S. 452). Nach langem Drängen fährt er am 28. Juni 1920 nach Wien, um sich mit ihr zu treffen. Es werden vier unbeschwerte und glückliche Tage mit Milena.

Milenas Beschreibung dieser Zeit ist ein Zeugnis dafür, dass sie ihm sehr nahe war und ihn verstand. Alle seine Themen sind in drei Sätzen enthalten: Angst, Atmen, Natur, Husten, Schlaf, Krankheit.

»Wenn er diese Angst spürte, hat er mir in die Augen gesehen, wir haben eine Weile gewartet, so als ob wir keinen Atem bekommen könnten oder als ob uns die Füße wehtäten und nach einer Weile ist es vergangen. Es war nicht die geringste Anstrengung nötig, alles war einfach und klar, ich habe ihn über die Hügel hinter Wien geschleppt, ich bin vorausgelaufen, da er langsam gegangen ist, er ist hinter mir hergestampft, und wenn ich die Augen schließe, sehe ich noch sein weißes Hemd und den abgebrannten Hals, und wie er sich anstrengt. Er ist den ganzen Tag gelaufen, hinauf, hinunter, er ist in der Sonne gegangen, nicht ein einziges Mal hat er gehustet, er hat schrecklich viel gegessen und wie ein Dudelsack geschlafen, er war einfach gesund, und seine Krankheit war uns in diesen Tagen etwas wie eine kleine Erkältung« (RS3, S.379).

Am 4.Juli, einen Tag nach seinem 37. Geburtstag, fährt er zurück nach Prag. Abends trifft er sich mit Julie, um ihr mitzuteilen, dass er sich wegen Milena von ihr trennt.

Julie reagiert konsterniert und will sich an Milena wenden mit der Frage, warum sie neben ihrer Ehe mit Ernst Pollack in Wien noch einen Liebhaber in Prag brauche. Wahrscheinlich hat sie sich lange überlegt, ob sie kämpfen soll, aber an seinen Reaktionen gemerkt, wie aussichtslos dies sein würde. Ende Juli zieht sie sich resigniert aus der Beziehung zu Kafka zurück, um nicht weiter leiden zu müssen. Milena informiert ihren Ehemann von ihrer Beziehung zu Kafka, sie liebe nun mal beide und wolle keinen verlieren, erklärt sie Frank. Und bei Kafka folgt wieder das gleiche Spiel von Annäherung und Distanzierung: am 19.Juli schreibt er ihr, dass sie nicht so oft schreiben möge, weil er das nicht aushalten könne, und vier Tage später schreibt er: »Deine Briefe, die mir jeden Morgen die Kraft geben, den Tag zu überstehn« (Stach 2018, S.462). Er muss die Kontrolle behalten, aber das gelingt ihm bei Milena nicht wirklich.

Er geht wieder zur Arbeit und Milena lebt mit Ernst Pollack in Wien. Jetzt will sie von Kafka wissen, wie es weitergeht, bittet ihn zu einem persönlichen Gespräch nach Wien zu kommen, aber der reagiert erst einmal gar nicht. Er sagt ab, weil er sich beruflich nicht freimachen könne. Als Ersatz schlägt er Treffen an den Wochenenden vor; er hat sich nach den Zugverbindungen erkundigt, sie könnten sich in der Nacht von Samstag auf Sonntag von 2 Uhr nachts bis 7 Uhr morgens sehen. Der Plan passt zu seiner Schlaflosigkeit, aber nicht für sie. Die Alternative wäre auf halbem Wege in Gmünd, dann hätten sie viel mehr Zeit. Sie ärgert sich über ihn und reagiert gekränkt, weil er keine Ausrede gegenüber seinem Arbeitgeber erfinden, sondern unbedingt ehrlich sein will. Aus ihrer Sicht setzt er falsche Prioritäten. Die Beziehung gerät in eine Pattsituation, in der beide miteinander kämpfen und zugleich wissen, dass es um mehr geht als um Terminfragen oder Finanzprobleme. Dann kommt es doch zu einem Treffen in Gmünd, ihrem letzten Beisammensein. Sie besprechen sich, gehen spazieren und übernachten im selben Hotel. Er merkt, dass sie von Pollack nicht loskommt, aber das ist nur vordergründig für ihre stille Trennung, die wieder so endet, wie sie angefangen hat, in Briefen, die weniger werden und mit zeitlichen Verzögerungen gelesen werden. Milena schreibt an Kafka über ihren inneren Liebeskonflikt zwischen ihm und Pollack: »Am liebsten liefe ich auf einem dritten Weg davon, der weder zu dir noch zu ihm führt, irgendwohin in die Einsamkeit« (Stach 2018, S. 453). Die Beziehung stirbt langsam und die Kafka-Biographen trauern ihr nach: »Eine Schriftstellerehe hätte es werden können, in einer Wohnung mit zwei Schreibtischen, mit wechselseitigem Über-die-Schulter-Schauen, Kommentieren, Lehren und Lernen, eine intellektuelle Gemeinschaft, wie sie in Kafkas näherer Umgebung noch keinem Menschen gelungen war …« (RS3, S. 397). Die Schriftstellerehe ist eine verständliche Romantisierung, weil allein der Gedanke fasziniert, wie sie sich gegenseitig hätten herausfordern können, ihre intellektuellen und literarischen Potentiale zu fördern. Aus psychologischer Sicht interessiert allerdings weniger, wie schön es hätte sein können, als vielmehr realistisch, welche – bewussten und unbewussten – Motive die Menschen dazu brachten, so zu denken, zu handeln und zu fühlen, wie sie es taten, und nicht anders.

Auf den ersten Blick war sie eine faszinierende Frau, intellektuell, vielseitig interessiert, lebenserfahren, bewandert in Literatur, Kunst, Musik; auf den zweiten Blick war sie eine Grenzgängerin, psychisch instabil, süchtig, depressiv und suizidal. Alle diese Themen kannte er sehr gut aus seinem eigenen Leben, bis auf die Sucht. Eine Liebesbeziehung zwischen Milena und Frank wäre dem Bild zweier Ertrinkender, die sich aneinander festhalten, um nicht unterzugehen, sehr nahe gekommen.

Seelenverwandte

Wahrscheinlich waren sie zunächst einmal Seelenverwandte insofern, als sie beide unter einem despotischen Vater zu leiden hatten. Milenas Vater war ein angesehener Zahnarzt, ein Spezialist für Kiefererkrankungen, der seine Familie nach seinen Bedürfnissen dirigierte und dessen cholerische Anfälle ebenso gefürchtet waren wie diejenigen des Hermann Kafka. Ihre Revolte gegen diesen Vater gestaltete sie aktiv und nicht literarisch sublimiert wie Kafka.

Vielleicht rächte sie sich an ihrem Vater auch stellvertretend für ihr demütige Mutter – ebenfalls eine denkbare Parallele zu Kafka –, indem sie ihm Geld klaute, sein Konto leerte, auf seine Kosten einkaufte, seine Unterschrift fälschte, seine Kleidung an arme Menschen verschenkte und ihm Fläschchen von Morphium aus seiner Praxis entwendete. Es war lange Zeit eine Art offener Kriegszustand zwischen Milena und ihrem Vater und es ist gut vorstellbar, dass Kafka dies alles mit Bewunderung zur Kenntnis nahm, denn dahinter schimmerte ein weiteres, ihm ebenfalls sehr vertrautes Thema durch: die Suche nach Identität in Freiheit. »Es war, als suchte sie fieberhaft nach den eigenen Grenzen, nach Orientierung, vielleicht nach Autorität, es war, als schlage sie mit der Faust gegen die Brust des Vaters, wo sie jedoch meist nur die Brieftasche traf« (RS3, S. 352). Diese verzweifelte Suche nach Identität jenseits vorgegebener Schablonen war ein weiteres Lebensthema, das sie mit Kafka einte, es war vielleicht noch bedeutsamer als die Rebellion gegen den despotischen und cholerischen Vater.

Hinzu kam eine intellektuelle Beziehung zwischen beiden, die durchaus auf Augenhöhe war. Sie war nicht nur fasziniert von seinen Schriften, sie übersetzte sie ins Tschechische und machte kritische

Anmerkungen dazu. Sie schrieb regelmäßig Feuilletons, übersetzte Autoren wie Sinclair, Werfel oder Döblin und sie las alle Schriften von Kafka. Kein Wunder, dass die Phantasien der Kafka-Fachleute über eine Liebesbeziehung – vielleicht sogar Ehe und Familie – zwischen Milena Jesenská und Franz Kafka schon immer überschäumend waren (siehe M. Reich-Ranicki), allerdings ohne dabei seine chronische Erkrankung zu bedenken. Faszinierend dabei ist die Idee der gegenseitigen Ergänzung auf der Grundlage der Seelenverwandtschaft. Milena schien das progressiv auszuagieren, was er in stummer Klage ertrug, und er konnte das schreiben, was sie fühlte. Aber eine Ehe, gar eine Familie mit Kindern, wie sie sich Kafka immer romantisch erträumte, erscheinen doch wenig realistisch, zumindest auf Dauer. Vielleicht hätte es eine Schaukelbeziehung zwischen den beiden gegeben wechselnd zwischen Annäherung und Distanzierung, Angriff und Rückzug, Verzweiflung und Selbstzweifel, Aggression und Depression und es wäre die Frage gewesen, wie lange sie diese sicherlich mit Intensität geführten Konflikte in ihrer Partnerschaft hätten ertragen können.

Wahrscheinlich hätte er ihr weniger Vorwürfe gemacht als sich selbst. Kafka schreibt Milena am 2.12.1920 in altbekannten Selbstvorwürfen: »Im Umkreis um mich ist es unmöglich, menschlich zu leben« (Stach 2018, S. 479). Wieder einmal zu viele Gründe für seine Ängste und Zweifel. Aber eigentlich trauert er um Milena und damit um alles, was für ihn Familie und Liebe hätte sein können. Er trauert um »das unendlich tiefe warme erlösende Glück neben dem Korb eines Kindes zu sitzen der Mutter gegenüber« (T3, 19.1.1922). Das klingt doch sehr romantisch und wenig realistisch. Und er fährt dann verbittert fort: »Dagegen das Gefühl des Kinderlosen: immerfort kommt es auf dich an ob du willst oder nicht, jeden Augenblick bis zum Ende, jeden nervenzerrenden Augenblick, immerfort kommt es auf dich an und ohne Ergebnis. Sisyphus war ein Junggeselle« (T3, 19.1.1922). Was er nicht sieht: Sisyphus muss ein Optimist gewesen sein, sonst hätte er den Stein nicht immer wieder den Berg heraufgerollt (Camus 1992).

Paarbeziehungen von außen und von innen betrachtet

Es gibt eine Außenansicht auf Paarbeziehungen und es gibt eine Binnenansicht. Von außen betrachtet, aus der Sicht guter Freunde und der ganzen Familie, war die Paarbeziehung zwischen Frau T. und Herrn U. eine »toxische« Beziehung und insofern haben alle dem Mann geraten, sich möglichst bald von dieser zu Gewaltausbrüchen neigenden Frau zu trennen und in Sicherheit zu bringen. Keiner konnte es verstehen, dass er wiederholt solche Gewaltausbrüche von ihr ertrug, starke Schmerzen hatte und dennoch bei ihr blieb. Seine Binnenansicht war, dass sie ihm die Möglichkeit eröffnete, das Thema Gewalt in einer nahen Beziehung zu aktualisieren, um diesen alten Konflikt auf neue, diesmal erwachsene Weise zu lösen. Er wollte beweisen, dass seine Liebe stärker ist als ihre Aggression, dass sie dies irgendwann erkennen würde und danach nie mehr gewalttätig wäre. Was er dabei nicht gesehen hat, ist, dass die Motive der Gewaltanwendung bei seinen Eltern gänzlich andere waren als die Motive von Frau T. und dass ihre Fähigkeit, aus innerer Einsicht ihr Verhalten zu ändern, begrenzt war.

Die Außenansicht auf das Paar Frank und Milena besagt, dass sie ein ideales Paar hätten sein können. Eine intellektuelle Beziehung auf Augenhöhe mit einem ungeheuren Potential an intellektuellen und literarischen Möglichkeiten. Die Binnenansicht war mehrfach komplex. Wieder einte sie das Thema der überfälligen Ablösung von einem schwierigen Elternhaus. Aber Milena hatte in Ernst Pollack einen würdigen Nachfolger ihres Vaters gefunden, der sie lieblos, selbstsüchtig und rücksichtslos behandelte und gegen den sie mit allen Kräften ihre Autonomie beweisen wollte. Dieser wahrliche Überlebenskampf forderte ihre ganze Lebenskraft und ihren Stolz als Frau heraus. Anscheinend war sie mit diesem Thema noch lange nicht fertig, sie wollte beweisen, dass sie einen längeren Atem hatte – als ihr Vater, Ernst Pollack und alle Männer. Und Franz Kafka, genannt Frank, hätte in einer Paarbeziehung mit Milena keine Frau gehabt, die für ihn ein Realitätsanker gewesen wäre. Diese Bodenhaftung hatte er in Felice hineinprojizieren können, teilweise auch in

Julie, aber bei Milena wäre ihm das nicht gelungen, weil sie diese selbst nicht hatte. Was bleibt, ist Trauer. Im April 1921 schreibt er an Max Brod: »Milena ist mir unerreichbar, damit muss ich mich abfinden« (Stach 2018, S. 490).

KAPITEL 16

Demütigung und Verachtung

Der despotische Vater

Es gibt einen biologischen Vater, der als Erzeuger gilt, einen sozialen Vater, der ein Kind im Alltag versorgt, und einen rechtlichen Vater, der die rechtliche Verantwortung für ein Kind hat. Manche Kinder haben demnach nicht nur einen Vater, sondern zwei oder gar drei. Aus der Sicht des Kindes ist der soziale Vater sicherlich der wichtigste, weil er sich jenseits von Biologie oder Recht im Alltag als Vater sorgend verhält und – im Idealfall – feinfühlig und empathisch ein Kind entsprechend seinen Entwicklungsbedürfnissen fördert. Ein Vater ist aber auch das andere Elternteil neben der Mutter und hat nicht zuletzt die Aufgabe, das Kind aus der engen, anfangs symbiotischen Beziehung zur Mutter herauszulösen und damit den Individuationsprozess des Kindes zu unterstützen (Guter Spielvater). Außerdem ist der Vater – auch wieder im Idealfall – Partner der Mutter und mit dieser in einer lebendigen Paarbeziehung.

Die wissenschaftliche Psychologie hat zu lange die Mutter-Kind-Beziehung fokussiert und dabei sicherlich sowohl die Beziehungen zum Vater als auch die Geschwisterbeziehungen vernachlässigt. Ein Vater ist ein moderner Mythos und insofern historischen und kulturellen Wandlungen ausgesetzt: der alte Familienpatriarch, der Arbeitervater des 19. Jahrhunderts, der verlorene Vater der Kriegszeiten, der Vater als Alleinernährer in der Nachkriegszeit des Wirtschaftswunders, der Scheidungsvater als Folge weiblicher und mütterlicher Emanzipation. Heute spricht man vom neuen Mann und Vater, der die Familie mit seiner Frau partnerschaftlich organisiert und ein zugewandter und fördernder Vater seiner Kinder sein will.

Ein Vater ist zugleich Teil der einzigartigen Identität eines Kindes. Wenn Kinder ihren Vater nicht kennen bzw. nur aus Erzählungen der Mutter, dann wird der Vater in der kindlichen Phantasie immer größer und bedeutsamer, dann erfindet sich ein Kind einen Vater, der meist mit dem realen keinen Vergleich aushält. Dann erhält die Phantasie des Kindes die Aufgabe, sich kompensatorisch einen Vater zu erfinden, der im Seelenleben des Kindes väterliche Aufgaben übernimmt (»Mio, mein Mio«; Astrid Lindgren).

Manche Kinder begeben sich allerdings auf die Suche nach dem realen Vater, weil ihnen der Vater in der Phantasie nicht ausreicht. John Irving ist ein bedeutender Literat zum Thema Kindheit. Er hat ein Buch von über 1000 Buchseiten geschrieben, »Bis ich dich finde« (Irving 2015), in dem die Geschichte eines Jungen beschrieben wird, der sich als Sohn einer alleinerziehenden Mutter auf die Suche nach seinem leiblichen Vater macht. Irvings besondere Leistung besteht darin, durchgängig die Sicht des Kindes auf die Welt und die menschlichen Beziehungen einzunehmen. Das kleine Kind sieht die Arbeit der Mutter als freundliche Arbeit für die Menschen, die wie nach einer Wunderheilung gelöst den Raum verlassen, der erwachsene Sohn erkennt, dass dies die Arbeit einer Prostituierten war, die sich angeblich nicht mehr an den Erzeuger des Kindes erinnern kann oder will. Am Schluss findet er ihn und erkennt, dass er seine persönliche Geschichte neu schreiben muss. Herrn S. erging es ähnlich.

Was ist ein guter Vater?

Herr S. ist Tischler in einem eigenen, kleinen Betrieb in einem norddeutschen Dorf, seine Frau arbeitet als Erzieherin in der örtlichen Kindertagesstätte. Ja, er habe bei der Partnerwahl auch auf ihren Beruf geachtet, weil er eine Frau suchte, die sich mit Kindererziehung auskenne. Er selbst halte sich in der Hinsicht für inkompetent, das habe etwas mit seinen Vätern zu tun und daher sei eine Fachfrau für Erziehung genau die Richtige, denn er habe immer Kinder haben wollen.

Frau S. beklagt sich heftig über ihren Mann, der weder als Mann noch als Vater der beiden Kinder ihre minimalen Ansprüche erfülle, insbesondere seit der Geburt des Sohnes vor einem Jahr. Abends komme er von der Arbeit und lege sich vor den Fernseher, weil er ja so viel gearbeitet habe, und am Wochenende setzt sich das Trauerspiel fort. Er mache nichts mit der Familie, nicht einmal eine Fahrradtour, liege nur faul rum und meine ernsthaft, damit seine »Arbeit für die Familie« erledigt zu haben. Ja, er sieht Familie als Arbeit an, alles ist anstrengend für ihn. Dabei kann man so viel Spaß haben mit den Kindern, aber das ist alles Stress für ihn, da ist keine Lockerheit. Sie hat versucht ihm zu zeigen, wie man mit Kindern spielt und dabei selbst so viel Spaß haben kann, aber er reagiert nur gestresst.

Herr S. versucht sich zu verteidigen, so schlimm sei es auch nicht, am letzten Samstag habe er mit beiden Kindern den Großeinkauf für die Woche gemacht, das sei eine väterliche Meisterleistung gewesen. Aber er gibt seiner Frau Recht: Seit sie das zweite Kind bekommen haben, sei er irgendwie *out of order*. Ja, er sei auch das zweite Kind gewesen, die gleiche Konstellation, erst eine Tochter und drei Jahre später der Sohn. Das habe sich zufällig so ergeben. Als sie mit der Tochter noch allein waren, sei für ihn alles okay gewesen, er habe die Zeit genossen und die Tochter habe sich sowieso sehr an ihrer Mutter orientiert. Aber die Geburt des Sohnes habe bei ihm viele alte Erinnerungen hochkommen lassen, die ihn teilweise in Panik versetzt haben.

Herr S. wurde drei Jahre nach seiner großen Schwester geboren und seine Eltern haben sich getrennt, als er so sechs oder sieben Jahre alt wurde. Seine Mutter habe seinen Vater rausgeschmissen, jedenfalls habe sie das immer so gesagt. Sein Vater habe sich um nichts gekümmert, weder um den Haushalt noch um die Kinder oder seine Frau. Ja, er habe viel gearbeitet, aber mehr auch nicht. Die Vorwürfe seiner Frau heute an ihn sind sehr ähnlich, er hat jetzt schon Angst, dass er auch irgendwann rausgeschmissen wird, weiß aber nicht, was er dagegen tun kann. Seine Frau wirft ein, dass sei ganz einfach, er solle nur mal den Hintern hochkriegen und sich nicht nur auf seiner Arbeit ausruhen.

An seine ersten Jahre habe er kaum Erinnerungen. Seinen Vater erinnere er, wie der ihn auf den Schultern durch den Zoo getragen habe, wie sie zusammen schwimmen waren und wie er häufig mit seiner Mutter Streit angefangen habe. Sein Vater sei ebenfalls selbständig gewesen, habe immer viel gearbeitet und sehr viel Wert auf Leistung gelegt. Abends hat er immer sein Bierchen getrunken, das habe er sich verdient, und es sich auf dem Sofa gemütlich gemacht. Das habe er also von seinem Vater gelernt, aber Bier trinke er nicht so viel. Sein Vater habe nicht mit ihm gespielt, er war sehr ungeduldig mit seinem Sohn. Wenn er nicht schnell genug das gemacht habe, was sein Vater von ihm verlangte, selbst beim Spielen, dann wurde er gereizt und ist gegangen. Daher sei die wichtigste Erinnerung an seinen Vater ein Gefühl, nur für Leistung anerkannt zu werden. Auch nach der Trennung habe sein Vater bei den spärlichen Kontakten, die er mit ihm hatte, immer Wert auf Leistung gelegt. Und wenn man ordentliche Leistung abliefere, dann würde man sich damit alles verdienen: Geld, Anerkennung und Faulenzen auf dem Sofa. Wenn er an seinen Vater heute denke, dann merke er richtig körperlich einen Druck und diffusen Stress.

Nach der Trennung seiner Eltern hat seine Mutter in der Kita einen Mann und Vater eines der Kinder ihrer Gruppe kennengelernt, der von seiner Frau auch gerade rausgeschmissen worden war. Also haben sich alleinerziehende Mutter und alleinstehender Vater zusammengetan. Für diesen Mann war er als Kind Luft, ein Klotz am Bein, der Preis dafür, dass er seine Mutter haben konnte. Sein Stiefvater habe sich nie um ihn gekümmert, habe alles seiner Mutter überlassen. Es war wieder ein Mann, der sich aus der Kindererziehung raushielt und der kein Vater für die Kinder sein konnte oder wollte. Beide Väter sind unbrauchbar als Vorbilder, für den einen war er nur wichtig, wenn er etwas leistete, für den anderen war er ein Störfaktor. Und dann ist er Vater eines Sohnes geworden und damit kamen die alten Geschichten wieder hoch. Er hat das Gefühl, nur zu wissen, wie er ein schlechter Vater sein kann, aber er weiß nicht, was und wie ein guter Vater ist.

Einen Zugang zur Frage, was ein guter Vater ist, bekommt man am besten, wenn man die Sicht des Kindes einnimmt. Also sprechen wir über seine Zeit als Kind, seine damaligen Bedürfnisse, seine Wünsche an einen Vater. Ja, für ihn hätte es ausgereicht, wenn sein Vater einfach nur mit ihm gespielt hätte, locker, ohne Stress, das wäre schön gewesen. Und wenn es nur der Turm mit den Holzklötzen gewesen wäre, den er wieder umkippen kann. Sein Vater hat ihm nie ein Kinderbuch vorgelesen und wenn er als Kind Sorgen hatte oder weinte, dann ist er immer zur Mutter gegangen. Ja, vielleicht wolle sein Sohn auch nicht mehr von ihm, der hat sicher auch Spaß daran, mit Holzklötzen zu spielen. Also hat Herr S. einen Kasten für seinen Sohn gebaut, mit vielen verschiedenfarbigen Holzklötzen in unterschiedlichen Größen, damit haben sie immer gespielt. Und später hat er im kleinen Garten hinter dem Haus ein Spielhaus aus Holz gebaut, mit Schaukel, Rutsche und einem kleinen Haus. Als sein Sohn sechs Jahre alt war, bekam Herr S. Angst, dass seine Frau sich von ihm trennen werde, aber sie hat ihn nur ausgelacht. Dann hat er seinen Sohn in seine Werkstatt mitgenommen, das war für den Kleinen das Größte. Solange Herr S. darüber nachdachte, was ein guter Vater ist, und dies an seinen eigenen Erfahrungen abglich, kam er aus seiner Zwickmühle nicht hinaus. Sobald er aber die Sicht des Kindes einnahm und mit dem Sohn das machte, was der gerne hatte, war es »spielend leicht«.

Grenzenloses Schuldbewusstsein

Wahrscheinlich hat Hermann Kafka mit seinem Sohn Franz nie gespielt. Unabhängig von seiner Person passte ein solches Bild auch nicht in die Zeit. Ein Vater war damals eine Autorität, an der sich das Kind zu orientieren und notfalls abzuarbeiten hatte. Sein Vater Hermann war für Franz Kafka nicht nur ein Lebensthema, sondern ein Hemmnis für seine persönliche Entwicklung und zugleich eine leidvolle Quelle literarischer Inspiration. Die mächtigen letzten Worte im Buch »Der Prozess« lauteten: »… es war, als sollte die Scham ihn überleben.« An einer späten Stelle seines berühmten Briefes an den Vater kommt Kafka explizit auf diesen letzten Satz des Prozesses zurück und gibt eine Erklärung dafür, wie der Satz gemeint war: »Ich hatte vor dir das Selbstvertrauen verloren, dafür ein grenzenloses Schuldbewusstsein eingetauscht. (In Erinnerung an diese Grenzenlosigkeit schrieb ich von jemandem einmal richtig: ›Er fürchtet, die Scham werde ihn noch überleben‹.)« (GW, S. 484). Das grenzenlose Schuldbewusstsein führt zu seiner Scham, die so stark empfunden wird, dass sie vermeintlich über den Tod hinausreicht. Die Scham versucht, die eigenen Schuldgefühle zu verbergen, sowohl bei Josef K. als auch bei Kafka selbst, darauf verweist das Manuskript. »Die Hinrichtungsszene im Process, in der zwei höfliche Henker dem Angeklagten ein Messer ins Herz stoßen, nimmt Kafka derart mit, dass er, Sekunden vor dem Tod des Helden, die Distanz des Erzählers verliert und unvermittelt in den Roman hineinstürzt: ›*Ich* hob die Hände‹, heißt es im Manuskript, ›und spreizte alle Finger‹. *Ich*« (RS2, S. 543). Literarisiertes Leiden!

Schuld und Schuldgefühle, berechtigte und unberechtigte, kindliche und erwachsene, sind ein zentrales Thema von Kafkas »Brief an den Vater«. Begriffe wie Schuld, Schuldgefühl, Unschuld, Schuldbewusstsein oder Schuldlosigkeit kommen in diesem Brief 35-mal vor. Der Brief beginnt und endet jeweils mit der Sicht des Vaters, genauer: wie Franz Kafka glaubt, dass sein Vater seinen einzigen Sohn sehe. Damit wird der Brief nicht zu einer reinen Anklage. Er will die Sicht des Vaters berücksichtigen, nicht einseitig als bedauernswertes Opfer eines brutalen Vaters gelten. Er versucht ernsthaft, seine eigene Sicht durch die des Vaters zu relativieren, bemüht sich auch um Empathie für den Mann, der sein Vater ist und mit dem er immer noch in einen Dialog kommen möchte, der ihre Beziehung verwandeln möge. Er bemüht sich ihn zu verstehen, weil er auch verstanden werden möchte.

> »Es schien dir etwa so zu sein: du hast dein ganzes Leben schwer gearbeitet, alles für deine Kinder, vor allem für mich geopfert, ich habe indessen in ›Saus und Braus‹ gelebt, habe vollständige Freiheit gehabt zu lernen, was ich wollte, habe keinen Anlass zu Nahrungssorgen, also zu Sorgen überhaupt gehabt; du hast dafür keine Dankbarkeit verlangt, du kennst die ›Dankbarkeit der Kinder‹, aber doch wenigstens irgendein Entgegenkommen, Zeichen eines Mitgefühls; stattdessen habe ich mich seit jeher vor dir verkrochen, in mein Zimmer, zu Büchern, zu verrückten

> Freunden, zu überspannten Ideen … nie Familiensinn gehabt, um das Geschäft und deine sonstigen Angelegenheiten habe ich mich nicht gekümmert, die Fabrik habe ich dir aufgehalst und dich dann verlassen, Ottla habe ich in ihrem Eigensinn unterstützt, und während ich für dich keinen Finger rühre (nicht einmal eine Theaterkarte bringe ich dir), tue ich für Fremde alles« (GW, S. 461).

Er glaube, dass der Vater seinem Sohn zwar keine absichtliche Bösartigkeit unterstelle, »aber Kälte, Fremdheit, Undankbarkeit« (GW, S. 462). Und er beteuert immer wieder, dass es ihm nicht um Schuldzuweisungen gehe. Auch ohne die Erziehungsmethoden des Vaters wäre er »wahrscheinlich doch ein schwächlicher, ängstlicher, zögernder, unruhiger Mensch geworden« (GW, S. 462).

Ausgesperrt

Er war ein zu schwacher Sohn für diesen starken, kraftstrotzenden Vater. Seine empathischen Annäherungen an den Vater erscheinen stellenweise fast unterwürfig, von allen Aggressionen bereinigt, auf keinen Fall will er ungerecht erscheinen. Sein zentraler Vorwurf an den Vater lautet: Du hast nicht das Kind in mir gesehen. Heute würde man – angelehnt an die modernen Konzepte des Mentalisierens – sagen, der Vater habe niemals die Welt mit den Augen des Kindes gesehen, ja, er habe dies nicht einmal versucht. Bekannt ist die Szene, die Kafka in dem Brief an den Vater beschreibt, als dieser ihn auf den Balkon – die Pawlatsche – aussperrte. Hier hat der Vater seine Macht demonstriert ohne jeden Gedanken daran, wie es dem Kind ergehen möge, wenn es nachts auf dem Balkon ausgesperrt wird.

> »Ich winselte einmal in der Nacht immerfort um Wasser, gewiss nicht aus Durst, sondern teils um zu ärgern, teils um mich zu unterhalten. Nachdem einige starke Drohungen nicht geholfen hatten, nahmst du mich aus dem Bett, trugst mich auf die Pawlatsche und ließest mich dort allein vor der geschlossenen Tür

> ein Weilchen im Hemd stehn. … ich hatte einen inneren Schaden davon. Das für mich Selbstverständliche des sinnlosen Ums-Wasser-bittens und das außerordentlich Schreckliche des Hinausgetragen-werdens konnte ich meiner Natur nach niemals in die richtige Verbindung bringen« (GW, S. 464).

Kafkas Anklage ist nicht die eines erwachsenen Sohnes an den Vater, sondern eine verspätete Klage des Kindes an den Vater, das macht sie so bedeutungsvoll. Der erwachsene Sohn gibt dem Kind eine Stimme. Gleichzeitig zeigt er damit seinem Vater, wie man als Vater denken sollte: nicht aus der Sicht eines Erwachsenen, der sich durch das Winseln in seiner Nachtruhe gestört fühlt und den Störenfried ausschließt, sondern aus der Sicht eines Erwachsenen, der sich fragt, warum das Kind winselt, und der erst dann ruhig weiterschlafen kann, wenn sich das Kind wieder beruhigt hat bzw. der Vater es beruhigt hat. Zugleich ist in dieser Szene eine große, unausgesprochene Frage enthalten: Wo war die Mutter? Unwahrscheinlich, dass sie diese väterliche Strafaktion für ein winselndes Kind nicht mitbekommen hat: Sie hat wahrscheinlich weggesehen und den Mann strafen lassen.

Die Unfähigkeit des Vaters, die Sicht des Kindes einzunehmen und damit feinfühlig zu sein, zeigt sich aber nicht nur in solchen Situationen, in denen der Sohn sich unangepasst oder störend verhalten hat. Selbst wenn das Kind sich so verhalten hat, wie es der Vater gut empfand, wenn es Dinge machte, die den Stolz und die Freude des Vaters hervorriefen, fehlt die kindliche Perspektive. Dann sonnt sich der Vater in der Identifikation des Kindes, letztlich in sich selbst. »Du munterst mich zum Beispiel auf, wenn ich gut salutierte und marschierte, aber ich war kein künftiger Soldat, oder du muntertest mich auf, wenn ich kräftig essen und sogar Bier dazu trinken konnte, oder wenn ich unverstandene Lieder nachsingen oder deine Lieblingsredensarten dir nachplappern konnte, aber nichts davon gehörte zu meiner Zukunft« (GW, S. 465). Hier wird ein Dilemma eines Kindes beschrieben, das versucht, väterliche Liebe zu bekommen: Liebe und Stolz bekommt das Kind nur dann, wenn es den Vater bedingungslos als großes Vorbild anerkennt, und sei dies auch noch so absurd. Besonders kränkend war dies für ein Kind, das wahrscheinlich schon früh in der Lage war, aufgrund der eigenen Intelligenzentwicklung das väterliche Denken infrage zu stellen.

Besonders für den Jugendlichen, der alles intellektuell hinterfragte, war die geistige Bequemlichkeit des Vaters eine zusätzliche Kränkung, mehr als eine bloße Fremdscham. Kafka beklagt die »geistige Oberherrschaft« (GW, S. 466) des Vaters, seine geistige Selbstgefälligkeit: »Von deinem Lehnstuhl regiertest du die Welt. Deine Meinung war richtig, jede andere war verrückt, überspannt, meschugge, nicht normal« (GW, S. 466). Selbst wenn der Vater zu einem Ereignis oder einer Person keine eigene Meinung hatte, ging er soweit, alle Meinungen dazu als falsch zu bezeichnen. »Du konntest z. B. auf die Tschechen schimpfen, dann auf die Deutschen, dann auf die Juden und zwar nicht nur in Auswahl, sondern in jeder Hinsicht und schließlich blieb niemand mehr übrig außer Dir. Du bekamst für mich das Rätselhafte, das alle Tyrannen haben, deren Recht auf Ihrer Person, nicht auf dem Denken begründet ist« (GW, S. 466). Das Denken eines Tyrannen ist die unbedingte Rechthaberei einer Person, die ihr Denken nicht begründen muss. Es gelten nur die eigenen Richtlinien und Gesetze, keine allgemeinen und grundsätzlichen jenseits der Person. Hat Kafka auch deshalb vielleicht später Jura studiert, weil er sich schon früh mit Recht und Rechthaberei, Richtig und Falsch, Gerechtigkeit und Unrecht – vor allem mit Schuld und Strafe – beschäftigen musste?

Diese geistige Oberherrschaft des Vaters wirkt auf doppelte Weise stark narzisstisch: Er ließ in den Augen des Sohnes keine anderen Meinungen gelten, er wertete sie zusätzlich ab und machte dabei auch vor der Abwertung der ganzen Person nicht halt. Der Vater verlangte von dem Sohn nicht weniger, als die Sonne seines Universums zu sein. Sobald sich der Sohn einem anderen Menschen geistig oder freundschaftlich verbunden fühlte, wurde dieser Mensch Gegenstand heftiger Verurteilungen. »Das bezog sich auf Gedanken so gut wie auf Menschen. Es genügte, dass ich an einem Menschen ein wenig Interesse hatte – es geschah ja infolge meines Wesens nicht sehr oft – dass du ohne jede Rücksicht auf mein Gefühl und ohne Achtung vor meinem Urteil mit Beschimpfung, Verleumdung, Entwürdigung dreinfuhrst« (GW, S.467). Offensichtlich konnte Hermann Kafka keine für seine Familie bedeutungsvolle Autorität neben sich dulden.

Demütigung und Verachtung

Besonders eindringlich und folgenreich war diese abwertende Reaktion des Vaters im Zusammenhang mit Kafkas Absicht, Julie Wohryzek zu heiraten. Diese väterliche Reaktion war in ihrer Primitivität zugleich ein Hinweis auf seinen Charakter und sie war der Auslöser für Kafkas »Brief an den Vater«. Diese Reaktion war eine Demütigung des eigenen Sohnes, dem er niedere sexuelle Begierden als Heiratsmotive unterstellte:

> »Sie hat wahrscheinlich irgendeine ausgesuchte Bluse angezogen, wie das die Prager Jüdinnen verstehn und daraufhin hast du dich natürlich entschlossen sie zu heiraten. Und zwar möglichst rasch, in einer Woche, morgen, heute. Ich begreife dich nicht, du bist doch ein erwachsener Mensch, bist in der Stadt, und weißt dir keinen andern Rat, als gleich eine beliebige zu heiraten. Gibt es da keine anderen Möglichkeiten? Wenn du dich davor fürchtest, werde ich selbst mit dir hingehn« (GW, S.495–496).

Der Vater empfiehlt ihm, doch lieber zu einer Prostituierten zu gehen als diese Frau zu heiraten, und wenn er Angst davor habe, würde er ihn väterlich begleiten? All dies geschieht in Gegenwart der Mutter, die dazu schweigt, still den Tisch abräumt und aus dem Zimmer geht. Kafkas Empfindungen sind verständlich: »Tiefer gedemütigt hast du mich mit Worten wohl kaum und deutlicher mir deine Verachtung nie gezeigt« (GW, S.496). Aber er wusste, warum der Vater so hart reagiert hatte, weil aus seiner Sicht der gute Ruf seiner Familie gefährdet schien – und dieser Ruf war anscheinend wichtiger als die Heiratswünsche des Sohnes. »Die Schande, die du damit mir antatest, war dir nichts im Vergleich zu der Schande, die ich deiner Meinung nach deinem Namen durch die Heirat machen würde« (GW, S.496). Das ist das Primat der Familie, der Ehre und des guten Rufes der Familie, das Vorrang hat vor den individuellen Interessen einzelner Familienmitglieder. Zum Problem wird dieses Primat allerdings nur, wenn in Gegensätzen gedacht wird. Denkbar wäre doch gewesen, über den Heiratswunsch zu sprechen, den Sohn ernst zu nehmen und seine eigenen Ambivalenzen zu vertiefen, um sie zu klären. Das allerdings hätte eine Gesprächskultur in gegenseitigem Respekt vorausgesetzt, aber weil es die nicht gab, verschanzte man sich hinter Ritualen, Geboten und Verboten. Das gemeinsame Gespräch scheiterte an den Grenzen des ganz privaten Patriarchats. »Du hast mir schon früh das Wort verboten, deine Drohung: Kein Wort der Widerrede! Und die dazu erhobene Hand begleiten mich schon seit jeher … Ich verlernte das Reden, weil ich vor dir weder denken, noch reden konnte« (GW, S.470).

Die gute Mutter

Der Blick auf seine Mutter fällt zwiespältig aus; sie war das gütige und vernünftige Element in der Familie, aber Kafka vermutet, dass ihr ausgleichendes Wesen den Konflikt mit dem Vater stets verdeckt hat und somit eine offene Eskalation – und damit eine wirkliche Ablösung – verhindert hat.

> »Es ist wahr, dass die Mutter grenzenlos gut zu mir war, aber alles das stand für mich in Beziehung zu dir, also in keiner guten Beziehung. Die Mutter hatte unbewusst die Rolle eines Treibers in der Jagd. Wenn schon deine Erziehung in irgendeinem unwahrscheinlichen Fall mich durch Erzeugung von Trotz, Abneigung oder gar Hass auf eigene Füße hätte stellen können, so glich das die Mutter durch Gut-sein, durch vernünftige Rede (sie war im Wirrwarr der Kindheit das Urbild der Vernunft), durch Fürbitte wieder aus und ich war in deinen Kreis zurückgetrieben, aus dem ich sonst vielleicht, dir und mir zum Vorteil ausgebrochen wäre« (GW, S.474).

Wo war die Mutter, als der Vater das Kind nachts auf den Balkon aussperrte, wo war sie, als der Vater den Heiratsantrag an Julie ablehnte und ihm empfahl, stattdessen zu einer Prostituierten zu gehen, wo war sie in den Konflikten um die Asbestfabrik. Ihre Position war nicht nur still und konfliktvermeidend, sie hat ihre Kinder auch allein gelassen und sich – wider jegliche Vernunft – ihrem Mann angepasst und untergeordnet. Wahrscheinlich hat die Mutter den Brief an den Vater gelesen und in ihrer unendlichen Güte *nicht* an ihn weitergereicht. Sie war eben mehr Ehefrau als Mutter. Insofern verbirgt sich implizit in dem Brief an den Vater auch eine stumme Anklage an die Mutter.

Ottla, die Rebellin

Mehr noch als Franz hat wahrscheinlich die jüngste Tochter Ottla unter dieser Mutter gelitten, denn Ottla hat schon früh die Rolle der Rebellin eingenommen und darin all das zum Ausdruck gebracht, was die Mutter sich nicht traute zu sagen. Ottlas Schicksal ist Franz sehr nahe gegangen. Aus seiner Sicht hat die Mutter im Verlaufe der Familienjahre ihre Kinder verraten, »nahm sie doch mit den Jahren immer vollständiger, mehr im Gefühl, als im Verstand, deine Urteile und Verurteilungen hinsichtlich der Kinder blindlings über, besonders in dem allerdings schweren Fall der Ottla« (GW, S. 479). Er wagt es kaum, das Thema Ottla in dem Brief anzusprechen, und als er ihn schrieb, wusste er bereits, dass Ottla die Erste sein werde, die den Brief zu lesen bekommen würde. Kafka glaubt, dass Ottla für ihren Vater der reinste Teufel gewesen sein muss. Während Franz seinen Protest gegen den dominanten Vater eher in Rückzug und Verweigerung zum Ausdruck brachte, habe Ottla offen opponiert. So schreibt Kafka an seinen Vater:

> »Von Ottla wage ich kaum zu schreiben, ich weiß, ich setze damit die ganze erhoffte Wirkung des Briefes aufs Spiel. Unter gewöhnlichen Umständen, also wenn sie nicht in besondere Not oder Gefahr käme, hast du für sie nur Hass; du hast mir ja

> selbst zugestanden, daß sie deiner Meinung nach mit Absicht dir immerfort Leid und Ärger macht und während du ihretwegen leidest, ist sie befriedigt und freut sich. Also eine Art Teufel« (GW, S. 481).

Ottla ist in Kafkas Augen stärker als er, kann daher besser mit den Konflikten rund um den Vater umgehen, aber der Vater setzt ihr noch mehr zu, wertet sie noch mehr ab als ihn. Aber sie bleibt sich treu, zieht aufs Land und heiratet einen Mann, Josef David, den sie sich selbst ausgesucht hat.

Ottla hat die Wellen, die der Brief ihres Bruders ausgelöst hat, weniger gespürt, dafür aber ihre Freundin und Cousine Irma. Sie arbeitete im Galanteriewarenladen von Hermann Kafka und war dadurch dessen Launen direkt ausgesetzt. So schreibt Irma am 25. April 1918 an Ottla und beklagt sich, »was mir Franz eingebrockt hat mit seinem Brief an den Vater« (Stach 2012, S. 92). Aber Hermann hat den Brief seines Sohnes nie gelesen, Irmas Angst war also unbegründet.

Schreiben als Freiheit

Ottla heiratet, ihr Bruder Franz hingegen bleibt allein, vielleicht auch, weil selbst das Heiraten für ihn zu viel Vaternähe bedeutet. Alle Lebensgebiete sind für ihn vom Vater besetzt.

> »Wenn ich in dem besonderen Unglücksverhältnis, in welchem ich zu dir stehe, selbständig werden will, muss ich etwas tun, was möglichst gar keine Beziehung zu dir hat; das Heiraten ist zwar das größte und gibt die ehrenvollste Selbständigkeit, aber es ist auch gleichzeitig in engster Beziehung zu dir … Manchmal stelle ich mir die Erdkarte ausgespannt und dich quer über sie hin ausgestreckt vor. Und es ist mir dann, als kämen für mein Leben nur die Gegenden in Betracht, die du entweder nicht bedeckst oder die nicht in deiner Reichweite liegen. Und das sind entsprechend der Vorstellung, die ich von deiner Größe

habe, nicht viele und nicht sehr trostreiche Gegenden und besonders die Ehe ist nicht darunter« (GW, S. 498).

Der Vater besetzt die Welt, nur im Schreiben ist Kafka auf ganz eigenem Territorium. Berühmt ist der Ausspruch von Hermann Kafka, wenn sein Sohn Franz ihm ein neues Buch von ihm überreichte. »Meine Eitelkeit, mein Ehrgeiz litten zwar unter deiner für uns berühmt gewordenen Begrüßung meiner Bücher: ›Leg's auf den Nachttisch!‹ (meistens spieltest du ja Karten, wenn ein Buch kam), aber im Grunde war mir dabei doch wohl … weil jene Formel mir klang wie etwa: ›Jetzt bist du frei!‹« (GW, S. 488). Die Freiheit im Schreiben muss ihn besonders bewegt haben beim Schreiben eines Briefes an seinen Vater, es war wie eine doppelte Freiheit. Sie machte es nicht mehr notwendig, den Brief selbst an den Vater zu überreichen. Er ging zunächst an die Mutter und die gab ihn zurück; ob sie ihn gelesen hatte, blieb unklar. Am Schluss des Briefes lässt er noch einmal seinen Vater zu Wort kommen und gleich geht es wieder um Schuld und Unschuld. Der Vater wirft ihm vor, lebensuntüchtig zu sein und ihm die Schuld dafür zu geben. Überhaupt trage er als Vater die Schuld für alles, sowohl für das Heiraten als auch das Nicht-Heiraten. »Wenn ich nicht sehr irre, schmarotzt du an mir auch noch mit diesem Brief als solchem« (GW, S. 502). Damit endet der väterliche Einwurf und Kafka bemerkt lakonisch, dass dieser Einwurf ja doch von ihm selbst stamme und nicht vom Vater. Ein wahrlich paradoxer, spielerischer Umgang mit der neuen Freiheit.

Assoziative Erinnerungen an Kindheiten, Mütter und Väter sind keine objektiven Abbildungen der Vergangenheit, sondern meist situationsgebunden, emotional und unbewusst motiviert. Sie kommen metaphorisch daher und sind voller Symbolik. Herr R. erinnert sich daran, dass sein Vater ihn auf seinen Schultern durch den Zoo getragen habe und dass er ungeduldig im Spiel mit ihm war. Das sind zwei willkürliche Szenen aus der Erinnerung, die später wieder hochkommen und beispielhaft für die Qualität einer Beziehung stehen. Manchmal ist es jedoch interessanter, nicht diese bildhaften Assoziationen zu betrachten, sondern das, was sie verbergen, was im Dunkel bleibt. Bei beiden Männern, Herrn R. und Franz Kafka, sind es Bilder der Mütter. Warum haben die Mütter ihre Männer so gewähren lassen mit ihren Söhnen? Warum trennt sich die eine und warum die andere nicht? Die innere Auseinandersetzung mit dem Vater war für Franz Kafka intensiv, der Brief an den Vater umfasst mehr als 100 Seiten und zeugt von angestrengter Reflexion. Aber warum wird die Mutter umgeben von einer Art Heiligenschein in die Vitrine seiner Kindheit gestellt? Und was hätte in einem »Brief an die Mutter« gestanden?

KAPITEL 17

Existenziell und menschlich

Eine Bitte um Aufnahme in die Gemeinschaft

Der Mensch ist allein nicht lebensfähig und damit existenziell angewiesen auf Kooperation in einer sozialen Gemeinschaft. Diese Gemeinschaft kann nicht allein zweckgebunden sein, sondern sollte eingebettet sein in eine Emotionalität, die möglichst aus Zuwendung und Wertschätzung besteht, sowohl grundsätzlich für den Anderen als Menschen, als auch konkret für sein Mitwirken und seine Arbeit. »Das Streben des Menschen nach Zuwendung und Kooperation bildet den Kern des menschlichen Daseins« (Bauer 2006, S. 221). Allein der drohende Ausschluss aus einer Gemeinschaft löst grundlegende Ängste und Unsicherheiten aus, wie die Bindungstheorie hat nachweisen können, und die Verweigerung der Aufnahme in eine menschliche Gemeinschaft kommt der Verweigerung eines Menschenrechts gleich. Zudem stellt sich die Frage, ob und wie der Mensch sich außerhalb einer Gemeinschaft entwickeln kann und was dieser Ausschluss für seine Identität bedeutet. Nicht weniger als die Antwort auf diese existenziellen Fragen hat Kafka sich vorgenommen, als er seinen Roman »Das Schloss« schrieb.

Trost des Schreibens

Trotz seiner traurigen Grundstimmung infolge des Abschieds von Milena erlebt Kafka Anfang des Jahres 1922 immer wieder neue und glückliche Momente im Schnee des Riesengebirges: Schlittenfahrten, Rodeln und Spaziergänge im Schnee zeugen von mutiger Laune, ja, er versucht sich sogar auf Skiern. Jenseits dieser schönen Naturerfahrungen hat er das Jahr 1921 anscheinend mit Krankheit, Rückzug, Trauer und Zweifeln verbracht, aber währenddessen scheint sich in ihm etwas aufgestaut zu haben, ein großes literarisches Projekt, das in ihm heranreifte, um geschrieben zu werden. Ende Januar 1922, mit Beginn eines neuen Kuraufenthaltes in Spindelmühle ist es dann soweit. Gleich nach der Ankunft beginnt er mit der Niederschrift seines Romans »Das Schloss«. In seinem Tagebuch ist die Rede vom »Trost des Schreibens« (T3, 27.1.1922). Er schreibt zunächst in der Ich-Form, weil das Schreiben des Romans offensichtlich auch einen seelenheilenden Sinn haben soll. Er will durch diesen Roman wieder zu sich selbst finden, sich wieder stabilisieren, seinen Geist reinigen und auf diese Weise vielleicht auch einen Beitrag zur körperlichen Heilung beitragen, denn seine Tuberkulose versteht er vornehmlich als Ausdruck seiner falschen Geisteshaltung. Kafka ist an dieser gigantischen und zugleich unlösbaren Aufgabe ebenso gescheitert wie sein Protagonist Josef K., allerdings aus anderen Gründen.

In diesem unvollendeten Roman bringt er seine zentralen Lebensthemen in einen komplexen Zusammenhang: die Suche nach persönlicher Identität; das Menschenrecht, in einer Gemeinschaft aufgenommen zu werden; eine Liebesbeziehung, die sich nicht allein durch Sex, Nützlichkeit oder Ehe versteht. Jedes Thema allein wäre ausreichend gewesen, alle zusammen verstricken sich zu einem labyrinthischen Knäuel, das dem wirklichen Leben sehr nahe kommt. Es ist eine verzweifelte Suche nach existenzieller Anerkennung im Herrschaftsraum einer anonymen, alle sozialen Beziehungen durchdringenden Macht, die diffus und bedrohlich wirkt. Vielleicht hat er den Roman deshalb auch nicht zu Ende schreiben können. Seine Themen sind heute noch so aktuell wie damals, ebenso offen und herausfordernd, weil sie grundlegende und wiederkehrende Fragen des Menschen behandeln: Identität, Macht und Liebe. Und bei allen Themen schwingt im Hintergrund die Frage nach der menschlichen Freiheit mit.

Kann man in sozialen Beziehungen erfahren, wer man ist, wenn man es selbst nicht genau fassen kann? Entsteht individuelle Identität in einem kreativen Prozess des Einzelnen von innen heraus, als ein Zusammenfügen einzelner Puzzleteile wie Biographie, Begabungen, Fähigkeiten, Passionen, Eigenarten usw.? Oder entsteht Identität als soziales Konstrukt, indem andere Menschen auf die eigene Person reagieren und damit eine Art Rückmeldung über liebenswerte oder unerwünschte Seiten geben? Sicherlich beides: Identität entwickelt sich in einer langjährigen Wechselwirkung zwischen inneren individuellen Persönlichkeitsanteilen und äußeren sozialen Reaktionen und Zuschreibungen. Kann man bei Misslingen einer kohärenten Individualität von innen heraus eine brüchige Identität durch verstärkte soziale Kontakte ausgleichen? Wahrscheinlich wäre solch ein Mensch gar nicht fähig soziale Kontakte auszuhalten und würde sich aus Selbstschutz zurückziehen und Kontakte vermeiden, was allerdings sein Dilemma noch vertiefen würde.

Hier entstehen viele Fragen an sich selbst. Wie viel Freiheit habe ich in diesem Prozess der Identitätsbildung, kann ich über die eigene Identität allein entscheiden? Wie stark bin ich in dieser Freiheit durch äußere Machtstrukturen eingeschränkt? Kann eine äußere Macht sogar meine ganz persönliche Identitätsbildung nicht nur behindern und einschränken, sondern sogar verhindern oder in eine Richtung lenken, die gar nicht zu mir passt? Wäre dies nicht nur das Ende individueller Identität, sondern auch jeglicher persönlichen Freiheit? Oder gibt es als letzten Ausweg die Möglichkeit, in Liebesbeziehungen als einem geschützten Raum zu erfahren, wer ich wirklich bin? Kann die Liebe ein verlässlicher Spiegel sein, in dem ich mich selbst erkenne? Was braucht man in sozialen Beziehungen, um ein weiteres Scheitern zu verhindern: Respekt, Wertschätzung, Anerkennung, Vertrauen! Und was passiert mit meiner Identität, wenn all diese wunderbaren Beziehungsqualitäten nicht vorhanden sind, lediglich Ideale in meinem Kopf bleiben, aber unerfüllt in der Realität? Versinke ich dann in Selbstzweifeln, kann mich nicht öffnen, bleibe verschlossen, einsam und auf mich selbst zurückgeworfen, selbst mitten unter anderen Menschen? Ja, so ist es, würde Kafka sagen.

Ich reiche nicht

Frau W. und Herr S. haben sich in der Schule kennengelernt, weil er als Lehrer dort arbeitete und sie nach einem Umzug neu ins Kollegium kam. Einmal in der Woche gibt es einen Kolleg/innen-Stammtisch, wo alle Lehrer/innen offen über die Schulbehörde, die Schulleitung, besondere Schüler/innen und einige Eltern sprechen können. Solche Abende dienen der psychischen Entlastung bei chronischem Stress und dem Zusammenhalt der Gemeinschaft des Kollegiums. Frau W. und Herr S. haben zufällig nebeneinandergesessen, zu viel getrunken, entspannt gelacht und sind Arm in Arm viel zu spät nach Hause gegangen. Nein, an dem Abend sei nichts passiert, aber am Wochenende danach. Sie haben sich zum Essen verabredet, ganz allein, es war ein schöner und entspannter Abend, wie sie beide ihn lange nicht mehr erlebt haben. Sie schielte öfter auf ihr Handy, weil ihre 12-jährige Tochter Franziska allein zu Hause war. Als sie dann beide um Mitternacht in ihrer Wohnung landeten, schlief die Tochter schon. Am anderen Morgen frühstückten sie zu dritt, aber Franziska fand das »voll komisch« und zog sich in ihr Zimmer zurück.

In den folgenden Monaten passierte etwas, das sich Frau W. schon immer für ihre Tochter gewünscht hatte, weil sie immer noch Schuldgefühle wegen ihrer Trennung vom Vater des Kindes hatte. Herr S. und Franziska freundeten sich an, er machte mit ihr Schularbeiten und sie freute sich, wenn er kam. Frau W. hatte sich von dem Vater der Tochter getrennt, als Franziska noch in die Kita ging, und seitdem gab es nur schwierige und gelegentliche Kontakte zwischen beiden. Ihre sporadischen Liebschaften hatte sie von Kind und Wohnung ferngehalten. Herr S. hatte keine Kinder und so langsam wurde Franzi ein wenig seine Ersatztochter, mit der er manchmal etwas allein unternahm. Die Wunschträume von Frau W. gingen so langsam durch die Decke, sie träumte von einer neuen Familie in eigener Wohnung, nachdem ein gemeinsamer Urlaub rundum geglückt war. Herr S. zögerte allerdings, ihm ging das alles zu schnell. Lange hatte er seine alten Freunde nicht mehr gesehen und wenn er mal ein Wochenende allein sein wollte, gab es von Frau W. schräge Kommentare gemischt mit leichter Eifersucht.

Mittlerweile waren sie ein Jahr zusammen und sie hatte das Gefühl, um die gemeinsame Zeit richtig kämpfen zu müssen, während er seine eigenen Lebenspläne machte. Sie wollte mehr Verbindlichkeit in der Beziehung und eine Perspektive, er wollte noch warten und prüfen und sein eigenes Leben nicht komplett aufgeben. Für ihn verengten sich die Lebensräume und er begann sich immer mehr zurückzuziehen, je mehr sie an Nähe und Verbindlichkeit herstellen wollte. Sie wurde traurig und wütend, beklagte, dass sie kein Freizeithobby für ihn sein wollte, sondern Partnerin in einer erwachsenen Beziehung. Er litt unter ihren Wutausbrüchen, wenn er sich mit anderen verabredete, beklagte ihr Misstrauen und ihre latente Eifersucht. Sie hatte das Gefühl, um jede gemeinsame Minute kämpfen zu müssen, und sie wolle nicht mehr kämpfen, sondern eine »leichte und unbeschwerte Verbindlichkeit«. Bei ihm stellte sich ein Grundgefühl ein, ihr als Person nicht zu reichen. Sie wolle immer mehr von ihm und er sei sich nicht sicher, ob er dies erfüllen könne und wolle. »Wieder einmal so eine Frau, die mir das Gefühl gibt, nicht zu reichen«, sagte er. Dieses defizitäre Grundgefühl sei ein Dilemma für ihn, das sei ihm schon öfter mit anderen Frauen passiert und stets habe er sich dann aus der Beziehung zurückgezogen, weil er diesen Ansprüchen nicht genügen konnte und wollte. Solange er sich nicht sicher sein könne in der Beziehung, gehe es nicht anders. Ja, seine Mutter war auch so eine Frau, die alle ihre Wünsche in ihn hineinprojizierte und die sich dann enttäuscht von ihm abgewandt habe. Sein Vater war ein Totalausfall als Mann und als Vater, aber er habe als Junge diesen Mann nicht ersetzen können. Als Sohn einer alleinerziehenden Mutter habe er immer Schwierigkeiten gehabt herauszufinden, wie er als Junge, Mann und später Vater einmal sein wollte. Deshalb seien ihm auch Beziehungen zu anderen Männern wichtig, mit denen er befreundet war, Sport machte oder seine Freizeit verbrachte, weil er von ihnen vielleicht Antworten auf seine Fragen nach männlicher Identität bekommen wollte. Ja, auch Frauen konnten ihm vielleicht signalisieren, wie er als Mann war, aber das sei etwas anderes.

In den folgenden Monaten schaukelte die Beziehung zwischen Annäherung und Rückzug. Es gab schöne und entspannte Momente, dann wieder heftigen Streit mit Vorwürfen, Wutausbrüchen, Zweifeln, Eifersucht und Trennungsphantasien. Selbst Franzi zog sich wieder zurück, weil sie Angst hatte, dass ihre Mutter sich erneut von einem Mann trennt und sie wieder mit ihr allein ist. Der Konflikt eskalierte, als er einen Teil seines Sommerurlaubs mit einem Freund plante und sie vor vollendete Tatsachen stellte. Er war der Meinung, eine Beziehung könne nicht alles sein und es müsse auch Freundschaften geben können, sie verstand dies als Vertrauensbruch und Absage an eine gemeinsame Zukunft.

Er will durch seinen Rückzug seine persönliche Freiheit wahren und herausfinden, wer er für sie ist, wie viel er ihr bedeutet, ob er wirklich gemeint ist. Sie begreift dies als Ablehnung einer »erwachsenen Beziehung«, als unverbindliche Beziehung, bei der sie sich ausgenutzt fühlt. Er will zunächst eine klare Antwort auf eine für ihn existenzielle Frage: Bin ich willkommen und gewünscht, so wie ich bin? Und solange diese Frage für ihn nicht positiv beantwortet ist, kann er sich nicht bedingungslos auf die Beziehung einlassen. Er erkennt, dass sich diese Frage eigentlich an seine Mutter richtet und dass Frau W. ihm diese existenzielle Frage nicht umfänglich beantworten kann. Ja, sie liebt ihn und er reiche ihr, wenn er sich wirklich auf die gemeinsame Beziehung einlasse und sich nicht dauernd ein Hintertürchen auflassen wolle. Aber er müsse eine Einzeltherapie machen, in der er mit einem Therapeuten seine Fragen zur männlichen Identität klären müsse, sie wolle einen ganzen Mann und keinen halben.

Er erwidert, dass er schon sein ganzes Leben lang ein halber Mann gewesen sei, der insbesondere Frauen nicht reiche. Dieser weiblichen Definitionsmacht wolle er sich nicht mehr aussetzen, zudem brauche er seine persönliche Freiheit. Die Sache mit der Psychotherapie wolle er sich überlegen, aber das sei seine Sache. Er sei es leid, dass Frauen seine Männlichkeit beurteilen, und wolle sich dem nicht mehr aussetzen. Jetzt brauche er erst einmal eine Beziehungspause und danach werde man sehen, ob und wie es weitergehe. Um Franzi tue es ihm leid, er möge sie sehr und würde sie gern weiterhin sehen. Er wäre gern gleichberechtigter und anerkannter Teil ihrer kleinen, familiären Gemeinschaft, aber nicht, indem er sich allem anpasse und unterordne. Er wolle als Individuum mit eigenen Freiheiten anerkannt werden, ohne dass er darum kämpfen müsse. Ich habe ihm empfohlen, in den kommenden Schulferien als Urlaubslektüre »Das Schloss« von Franz Kafka zu lesen und mir nach der Beziehungspause zu berichten, wie es auf ihn gewirkt habe. Denn darin gehe es um einen Mann, der um Aufnahme in eine menschliche Gemeinschaft bittet, diese ihm aber verwehrt werde.

Das Schloss

Die Handlung des Romans erscheint auf den ersten Blick nahezu banal. Ein Mann kommt in ein winterliches Dorf, weil er angeblich als Landvermesser von den gräflichen Behörden im Schloss bestellt worden sei. Er verbringt die erste Nacht leidlich geduldet neben dem Ofen in einem Gasthaus, weil seine Legitimation noch nicht geklärt ist und der Aufenthalt im Dorf nur mit Zustimmung des Grafen Westwest erlaubt sei. Am darauf folgenden Tag, wie an allen weiteren, versucht er Kontakt mit dem Schloss zu bekommen und es wird langsam deutlich, dass es nicht nur um seine Anerkennung als Landvermesser geht, sondern als Bewohner des Dorfes, als Teil der dörflichen Gemeinschaft schlechthin.

So führt er Tag und Nacht Gespräche mit verschiedenen Dorfbewohnern, aber währenddessen werden die dörflichen Beziehungsstrukturen immer undurchsichtiger und zugleich verliert er seine eigenen Ziele immer mehr aus dem Blick. Alles im Dorf dreht sich um das Schloss, dort residiert der Graf mit seinen Beamten, man kann nicht hinein, die Zufahrtsstraßen wechseln häufig. Der erste Eindruck vom Schloss soll sich für K. verfestigen. »Vom Schloßberg war nichts zu sehn, Nebel und Finsternis umgaben ihn, auch nicht der schwächste Lichtschein deutete das große Schloß an« (S, S. 9). Das Schloss ist das Machtzentrum des Dorfes, aber es bleibt in Nebel und Finsternis. Man scheint sich darauf verständigt zu haben, dass für die normalen Dorfbewohner der Zugang zum Schloss verwehrt bleibt – es sei denn, man sei einbestellt –, und auch ein Gespräch mit Klamm, einem höheren Beamten, ist unmöglich, obwohl er immer wieder im Dorf anwesend ist. Alles erscheint unwirklich. So, wie die Dorfbewohner vom Schloss getrennt leben und dennoch in jeder Faser ihres Lebens vom Schloss beherrscht werden, so erscheinen sie alle auch abgeschnitten von Freiheit und Wahrheit. Später bekennt K. in einem Gespräch, dass alles vielleicht nur eine Täuschung war: »Ich war hier zwar als Landvermesser aufgenommen, aber das war nur scheinbar, man spielte mit mir, man trieb mich aus jedem Haus, man spielt auch heute mit mir …« (S, S. 242). Und hat er selbst etwa auch getäuscht, war er gar kein bestellter Landvermesser? Wer war er dann? Angeblich hatte er Frau und Kind verlassen, um die Aufgabe des Landvermessers zu übernehmen, später sollte davon nie mehr die Rede sein, ja, er hatte sogar Heiratsabsichten. Es wird deutlich, dass hier ein Mensch in endlosen Gesprächen nach der eigenen Identität im Gestrüpp der Beziehungen sucht. Aber kann man durch Gespräche mit anderen Menschen seinen eignen Platz in der Welt finden oder sogar die eigene Identität definieren? Seine Gespräche sind Narrationen mit dem Ziel, sich selbst zu verstehen.

Die Suche nach Identität

Herr K. macht diesen narrativen Versuch, in dem fremden Dorf eine neue Identität zu finden, er macht ihn umfassend und zunehmend verzweifelt – und scheitert. Und diese ewige Suche nach Identität, Männlichkeit, Beziehungsfähigkeit und letztlich dem eigenen Platz in der Welt ist zugleich die Antwort auf die Frage, warum Herr K. das Dorf nicht einfach wieder verlassen kann, trotz der negativen und abweisenden Erfahrungen. Denn das Dorf ist der Schauplatz für die Welt; es zu verlassen würde den Tod bedeuten. Also sucht und fragt er immer weiter. Aber er versteht die Menschen nicht und sie verstehen ihn nicht, er wirkt auf die meisten naiv wie ein Kind, er durchschaut weder die Beziehungen im Dorf noch kann er sich darin selbst finden. Der Leser wird in der Identifikation mit Herrn K. in dessen Irrungen verwickelt und verliert sich dabei ebenso wie der Protagonist selbst. Anfangs sucht er lediglich nach Legitimation als Landvermesser und glaubt, ein einfaches Telefongespräch mit einem Schlossbeamten reiche dazu aus, aber im weiteren Verlauf wird es zu einer Suche nach persönlicher Legitimation, nach Sinn und Existenzberechtigung in einer anscheinend sinnentleerten dörflichen Welt. Ihm geht es ganz grundsätzlich um die Anerkennung als Mensch, der arbeiten, leben und lieben will wie alle anderen auch. Aber das Schloss stellt sich als undurchsichtige Macht dar und seine Bewohner als untertänig, distanziert und abweisend. Die männlichen Beamten beherrschen das Schloss und die Frauen dienen diesen Männern einerseits als willfährige Dienerinnen – auch sexuell –, andererseits sind die Frauen intelligent und durchschauen die Verhältnisse, widersetzen sich ihnen auch.

Und was ist mit der Liebe als Ausweg? Zum ersten und zugleich letzten Mal schildert Kafka in diesem Roman eine Sexszene (abgesehen von der Verführungsszene in seinem Roman »Amerika«), es hat ihn anscheinend große Überwindung gekostet. Herr K. lernt Frieda kennen, die im Ausschank eines Wirtshauses arbeitet und der er schnell freimütig gesteht, sie gern zu seiner Geliebten machen zu wollen. Er fragt sie, ob sie Herrn Klamm kenne, und sie antwortet: »Ach ja, sehr gut … ich bin doch seine Geliebte. – Dann sind Sie für mich eine sehr respektable Person« (S, S. 50). Will er die Zuneigung dieser Frau, um über sie an den höheren Schlossbeamten Herrn Klamm (*klam* = tschechisch Betrug) heranzukommen, will er sie lediglich für seine Zwecke benutzen?

Wenig später kommt es zum Sex zwischen beiden im Wirtshaus: spontan, roh, unromantisch.

> »Sie faßten einander, der kleine Körper brannte in K.s Händen, sie rollten in einer Besinnungslosigkeit, aus der sich K. fortwährend aber vergeblich zu retten suchte, ein paar Schritte weit, schlugen dumpf an Klamms Tür und lagen dann in den kleinen Pfützen Bieres und dem sonstigen Unrat, Stunden gemeinsamen Atmens, gemeinsamen Herzschlags, Stunden, in denen K. immerfort das Gefühl hatte, er verirre sich oder er sei soweit in der Fremde, wie vor ihm noch kein Mensch, eine Fremde, in der selbst die Luft keinen Bestandteil der Heimatluft habe, in der man vor Fremdheit ersticken müsse und in deren unsinnigen

Verlockungen man doch nichts tun könne als weiter gehen, weiter sich verirren« (S, S. 55).

Sex in Bierpfützen und Unrat, unsinnige Verlockungen, ansonsten Fremdheit, Ersticken, Verirren. Danach wollen K. und Frieda heiraten und sprechen von Liebe, eine kalte, lieblose und funktionale Liebe, so sie überhaupt eine ist. Ist mit Frieda Milena gemeint, die Namen klingen ähnlich und so, wie Frieda eine Geliebte von Klamm war, so ist Milena an ihren Ehemann Pollack gebunden. Beide sind damit für Josef K. und Franz K. unerreichbar.

Er irrt von einem Gespräch ins nächste und wird dabei immer verwirrter, je mehr er erfährt. Am Schluss ist er nur noch müde, kann nicht mehr zuhören, versteht auch nichts mehr. Beim nächtlichen Verhör bei dem Beamten Bürgel ist er nur noch »grenzenlos schlafbedürftig«, und auch Bürgel bekennt, dass ihn am besten ein Gespräch zum Schlafen bringen könne (S, S. 313). Die beschriebene Atmosphäre ist teilweise surreal, die Verhältnisse sind nicht, wie sie sind, sie scheinen nur so zu sein. K. verliert seine Orientierung – beruflich, persönlich, existenziell. Am Schluss führt er ein Gespräch mit der Wirtin des Herrenhofes über weibliche Kleidung, das Gespräch bricht mittendrin ab, das ist das Ende des Buches.

Max Brod berichtete, dass Kafka den Roman mit der Aufenthaltsgenehmigung für den Landvermesser enden lassen wollte, die er im Moment seines Todes durch Erschöpfung erhalten sollte (Handbuch, S. 302). Welche Symbolik! Sein ganzes Leben im Dorf hat K. für diese Aufenthaltsgenehmigung gekämpft und im Moment seines Todes soll er sie erhalten, im wahrhaft letzten möglichen Moment des Lebens, so als berechtigte erst der Tod ihn zum Leben. Das ist sowohl existenzphilosophisch als auch religiös zu verstehen. Zum einen als ein Leben auf den Tod hin, zum anderen als Perspektive: eine bedingungslose und unbefristete Aufenthaltsgenehmigung als Mensch gibt es erst im Jenseits.

Rückmeldung

Nach der Beziehungspause – die zeitgleich mit den Ferien stattfand – bin ich gespannt auf die Rückmeldungen zum Schlossroman. Herr S. ist Lehrer und insofern gut vorbereitet. Das Grundthema des Romans verstehe er so, dass Herr K. durch die dörfliche Welt wandelt auf der Suche nach einer existenziellen Antwort. Bin ich erwünscht, reiche ich als Mensch, Mann, Liebhaber, Erdenbürger, oder besteht das Leben lediglich aus einem Streben nach menschlicher Anerkennung und Aufnahme in eine menschliche Gemeinschaft.

Ihm selbst wurde klar, dass er nach dieser Anerkennung und Annahme suche, weil er sie anscheinend als Kind nicht bekommen habe, das sei wahrscheinlich so eine narzisstische Lücke, die er nie habe füllen können. Und dass er die Antwort wahrscheinlich schon in sich trage, bevor er die Bitte äußere. Also stelle sich für ihn die Frage, ob er wirklich nach Anerkennung und existenzieller Spiegelung suche oder nach wiederholter Ablehnung und Ausgrenzung, weil dies nun einmal sein Schicksal sei. So sammelt er alle Anzeichen für eine neuerliche Ablehnung in jeder neuen Beziehung zu einer Frau, anstatt ihre Liebe einfach anzunehmen. Aber er finde diese Liebe egoistisch, sowohl für die Gebende als auch für den Annehmenden. Das sei für ihn keine wirkliche Liebe. Eine wirkliche Liebe sei erst dann möglich, wenn man den Anderen möglichst tief und umfassend kenne und dann *Ja* sagen könne. Kafka hätte ihm darin sicherlich zugestimmt. Aber um diese positive Zustimmung geben zu können, müsse sich jeder öffnen und den Blick in die eigene Seele zulassen, dürfe sich nicht zurückziehen. Also wolle er Intimität wagen. Und ein Unterschied sei ihm noch wichtig: Was Herr K. mit Frieda erlebte, sei gegenseitiges Benutzen, habe nichts mit Liebe zu tun, sei funktionaler Sex. Das sei bei ihm und Frau W. nicht der Fall, da kämen Liebe und Sex doch ganz gut zusammen.

Und noch ein anderes Thema bewegt beide: die Freiheit innerhalb einer Beziehung. Frau W. betont, Freiheit könne nicht darin bestehen, dass er sie sich nehme, wann und wie er wolle, sondern dass dies in Absprache mit ihr geschehen solle. Das koste ihn Überwindung, wenn er sie erst fragen müsse, das sei für ihn keine wirkliche

Freiheit, antwortet er. Beide sehen mich fragend an und erwarten eine klare Antwort »der Psychologie«. Ich nenne ihr Problem ein Dilemma, dessen Lösung sie beide sich in einer Beziehung erarbeiten müssten, und dies nicht nur einmal, sondern immer wieder. Gerade darin bestehe ihre Freiheit.

KAPITEL 18

Der stille Riss durch die Familie

Das große Schweigen

Familien können ein Schutzschirm sein im gesellschaftlichen, ökonomischen, kulturellen oder politischen Leben, aber sie sind deshalb noch lange keine Inseln der Harmonie und Glückseligkeit. Der Schutzschirm hat nur eine begrenzte Wirksamkeit. In Zeiten einer wirtschaftlichen Rezession beispielsweise hat die ökonomische Krise direkte Auswirkungen auf den privaten Haushalt einer Familie. Unter einer totalitären politischen Herrschaft kann die Familie ebenfalls einen Schutz darstellen, aber nur bis zu einem gewissen Grade. So ist es möglich, im Kreise der Familienangehörigen offene politische Diskussionen zu führen, die außerhalb der Familie nicht denkbar wären. Je absoluter aber die politische Herrschaft bis hin zu einer Diktatur wird, desto eher geht ein Riss durch die Familien zwischen offenen Befürwortern und stillen Gegnern eines Regimes. Die Folgen sind Schweigen oder Denunziation engster Familienangehöriger. Dann kann die Loyalität zu politischen Führern bedeutsamer werden als zur eigenen Familie.

Die familiäre Loyalität ist in der Regel weitaus größer als eine politische, denn moralische Bindungen bestehen in stärkerem Maße zu denjenigen Menschen, die man liebt und von denen man geliebt wird, als zu denjenigen, die unbekannt und fern politische Macht ausüben. Politisch bedarf es komplexer Identifikationen mit Führern und Projektionen von Ich-Idealen, Sehnsüchten und Errettungsphantasien, dagegen sind die moralischen Bindungen und Identifikationen mit den Eltern und Geschwistern zunächst näher, älter und bedeutsamer und auch Teil der eigenen Persönlichkeit und Biographie. Erst wenn die politische Herrschaft totalitär und absolut wird, bekommen die individuellen Identifikationen mit Führerschaft und Macht eine Priorität gegenüber den familiären Bindungen. Dann reichen die Arme der politischen Herrschaft bis in die Paarbeziehungen, Geschwisterbeziehungen und Eltern-Kind-Beziehungen, so dass letztlich der eine den anderen heimlich überwacht, ausspioniert und gegebenenfalls verrät. Dann werden die Familienbeziehungen zerstört, wenn sie sich nicht ihrer politischen Funktionalisierung unterordnen.

Wie geht eine Familie damit um, wenn sie unter den Bedingungen totaler Herrschaft kein privates Rückzugsgebiet und keine Schutzzone mehr sein kann, wenn der Riss der radikalen politischen Loyalität mitten durch die Familienbeziehungen geht? Wie kann ein familiärer Zusammenhalt bestehen bleiben, wenn über Generationen hinweg Familienbeziehungen zerstört werden? Die Geschichte der Familien in Deutschland von Kafkas Zeiten bis heute – also der letzten hundert Jahre – ist ein Beispiel dafür, wie ein mehrfacher Riss durch die Familien mit Schweigen gefüllt werden kann und die ungelösten Probleme, Konflikte und Geheimnisse von einer Generation zur nächsten weitergereicht werden, bis einer es wagt, die Büchse der Pandora zu öffnen.

Der Riss durch die Familie und das große Schweigen

Das junge Paar sitzt mir gegenüber, Frau P. ist schwanger und ihr Mann versucht mir zu erzählen, warum er so aufgeregt ist, seitdem er weiß, dass sie einen Jungen bekommen. Es gehe um eine Geschichte, die bei seinem Urgroßvater beginne und über seinen Großvater und Vater bis zu ihm reiche, eine Geschichte der Männer und Väter seiner Familie. Daher nun die besondere Aufregung über den Sohn, der bald geboren werde und mit dieser Geschichte leben müsse. Herr P. berichtet:

»Mein Urgroßvater war Kommunist während des deutschen Faschismus. Eigentlich war er ein ungelernter Hilfsarbeiter, der als Wanderarbeiter in den 1920er-Jahren ins Ruhrgebiet kam, um dort Arbeit zu finden. Natürlich wurde er Bergmann und er hat jahrelang »unter Tage« gearbeitet und viele seiner Kumpel haben eine »Staublunge« bekommen. Dann ist er der KPD beigetreten, hat dort Schulungen mitgemacht und war glühender Verehrer der kommunistischen Bewegung, also auch von Stalin. Als Hitler an die Macht kam, wurde er schon bald danach verhaftet und gefoltert. Meine Urgroßmutter ist immer zum Gefängnis gegangen und hat die blutige Wäsche abgeholt und ihm frische gebracht, manchmal durfte sie auch ein wenig Essen für ihn abgeben, aber keiner weiß, ob er es bekommen hat. Als es zum Hitler-Stalin-Pakt kam, brach für ihn eine Welt zusammen. Der Führer der großen Sowjetunion machte einen Pakt mit dem Teufel, er verstand die Welt nicht mehr. Er war die ganzen zwölf Jahre des tausendjährigen Reiches im Gefängnis oder im Untergrund und hat sich versteckt. Seine Frau und mein Vater wussten nicht, wo er war, und wurden im Dorf von allen gemieden. Manchmal wurde meiner Urgroßmutter heimlich Kleidung oder Nahrung gebracht von anderen Dorfbewohnern, die Mitleid mit ihnen hatten, so haben sie überlebt. Zwei Jahre vor Kriegsende wurde mein Großvater als 18-jähriger Junge und Sohn eines inhaftierten Kommunisten zur Waffen-SS eingezogen, wurde Panzerfahrer und nahm am Russlandfeldzug teil. Mein Urgroßvater wollte seinen Sohn nicht sehen, als dieser ihn in SS-Uniform im Gefängnis besuchen wollte. Er hat ihm gesagt, dass er nicht mehr sein Sohn sei. Mein Urgroßvater hat den Krieg überlebt, meine Urgroßmutter und mein Opa auch. Aber danach fing das Elend erst richtig an, sie hatten Hunger und lebten in einer zerbombten Umgebung. Kein Mensch weiß, wie sie überlebt haben. Nach dem Krieg herrschte angespanntes Schweigen in der Familie, sie sprachen einfach nicht miteinander und lebten wie ehemalige Feinde unter einem Dach. Mein Großvater hat sehr darunter gelitten, dass sein Vater ihn weiterhin abgelehnt hat. Der KPD-Kader sah in seinem Sohn immer noch den SS-Mann, und der versuchte seinen Vater damit zu beruhigen, dass er als 18-Jähriger noch sehr jung war. Aber er war zugleich stolz darauf gewesen, die Uniform mit dem Totenkopf zu tragen, und diesen Stolz konnte mein Urgroßvater nicht ertragen. Irgendwie waren alle in der Familie traumatisiert und sprachlos.

Nach der Gründung der Deutschen Demokratischen Republik hat sich mein Urgroßvater entschieden, mit seiner kleinen Familie in das gute, gerechte und fortschrittliche Deutschland zu ziehen. Er hat das als Familienoberhaupt für alle entschieden, ohne seine Frau und seinen Sohn zu fragen. Er hat dort schnell politische Karriere gemacht und war am Ende seiner Berufstätigkeit beim Ministerium für Staatssicherheit, also der Stasi. Mein Großvater hat die DDR nicht ausgehalten, für ihn war es ein verlogenes System, in dem es Bespitzelung und Unterdrückung gab, diesmal ideologisch begründet mit dem Fortschritt und dem Wohlergehen der Arbeiterklasse. Als er dies in einem heftigen Konflikt seinem Vater sagte, war die Vater-Sohn-Beziehung endgültig zerrüttet. Aber es kam noch schlimmer. Mein Großvater versuchte »rüberzumachen« und wurde festgenommen. Er kam ins Gefängnis, wie sein Vater, hat es aber abgelehnt, sich von seinem Vater, dem Stasi-Funktionär, helfen zu lassen. Mein Großvater wurde freigekauft, ging in den Westen und hat seine Eltern nicht mehr gesehen. Die Urgroßeltern lebten noch ein paar Jahre vollkommen einsam und verbittert, aber es gab keinerlei Kontakte mehr. Mein Großvater gründete eine Familie und mein Vater war sein erstes Kind, danach kamen noch zwei Mädchen. Er ging zur Schule und hatte ein sorgenfreies Leben bis zu seinem Studium. Aus unerfindlichen Gründen wollte mein Vater unbedingt Politikwissenschaft studieren und mein Großvater bekam Panik, weil er fürchtete, dass sein Erstgeborener mit seinem politischen Interesse alle Familiengeheimnisse aufdecken wollte. Politische Diskussionen wurden vermieden, in der Familie war Politik ein Tabu. Mein Vater hat sich dann auch politisch engagiert und eine Frau geheiratet, die ebenfalls großes politisches Interesse hatte. Das hat sie stets verbunden.

Aber sie haben nur über die politische Großwetterlage gesprochen, nie über die eigene Familiengeschichte. Als ich heranwuchs, wusste ich weder etwas vom Faschismus noch von der DDR-Vergangenheit, es ging um die Globalisierung, Frauenrechte, die Amazonaswälder oder die Klimakatastrophe, aber nicht um die deutsche Geschichte unmittelbar in unserer Familie.

Ich habe dieses Schweigen immer gespürt und wusste, dass es irgendwelche Geheimnisse gab, über die nicht gesprochen werden durfte. Aber ich habe gemerkt, dass es viele Leichen im Keller gibt, als ich mich selbst politisch engagierte. Da merkte ich wieder die Mauern des Schweigens, aber ich habe angefangen nachzufragen, bis ich die ganze Geschichte kannte. Erst habe ich mit meinem Vater gesprochen, dann mit meinem Großvater und dann mit den Frauen in der ganzen Familie, die noch lebten. Ich habe viel über alte Fotos erfahren, eine entfernte Großtante hatte einen ganzen Schuhkarton mit alten Fotos auf einem Hängeboden. Was hat mein Urgroßvater bei der Stasi angerichtet, war das seine Form der Rache für die Verfolgung im Faschismus? Und was hat mein Großvater bei der SS gemacht, wurde er wirklich eingezogen, wie er immer behauptete, oder ist er freiwillig zu dieser Mördertruppe gegangen? Und warum hat mein Vater geschwiegen und das auch von mir verlangt? Meine Frau hat mich darin bestärkt, mal ein Buch darüber zu schreiben, aber solange mein Vater lebt, kann ich ihm das nicht antun. Er hat mich inständig darum gebeten, die »Familiengeschichte ruhen zu lassen«.

Jetzt bekommen wir ein Kind, es wird ein Sohn. Ich habe mich entschieden, alle meine Unterlagen über die Geschichte meiner Familie von meinem Urgroßvater bis heute aufzubewahren und sie ihm eines Tages zu geben, dann soll er selber entscheiden, was er damit machen will. Meine Familie ist zerrissen und dieser Riss geht durch die gesamte Familiengeschichte, aber es ist nie darüber gesprochen worden. Irgendwann werde ich mit meinem Sohn offen darüber reden, dieses Schweigen muss aufhören, weil die Geschichte sonst weiterwirkt. Ich sitze auf unend-

> lich vielen Fragen: Wer war Opfer und wer war Täter, wer hat die Familie verraten, warum haben sie nie über alles gesprochen, was haben die politischen Systeme – Faschismus und DDR – mit unserer Familie gemacht, was hätte anders laufen können, gab es nur Anpassung und Unterordnung an die politische Herrschaft oder hat irgendwer auch einmal an politischen Widerstand gedacht? Und wann und wo wäre Widerstand nicht nur legitim, sondern notwendig gewesen? Und noch eine Frage müssen meine Frau und ich klären. Bislang haben alle Söhne den gleichen Vornamen bekommen, angefangen bei meinem Urgroßvater über meinen Großvater und Vater bis zu mir. Wie wollen wir unseren Sohn nennen?«

Auch Franz Kafka muss diese Frage des Vornamens in seinem Schlossroman bewegt haben. Er schildert das Schicksal einer Familie des Dorfes, die zwischen Widerstand und Anpassung das eigene Überleben sichern wollte. Es ist eine Familie, durch die ein Riss geht, der mit Schweigen gefüllt wird. Aber die Konflikte werden nicht angesprochen, nur stille Schuldzuweisungen und verzweifelte Versuche, sich mit der Schlossmacht zu arrangieren. Dieser Familie hat Kafka den Vornamen des Sohnes gegeben: die Familie des Barnabas.

Die Familie des Barnabas

Ein Schuster und seine Frau haben zwei Töchter, Olga und Amalia, und einen Sohn, namens Barnabas. Eines Tages gab es auf einer Wiese am Bach vor dem Dorf ein Fest, weil die Schlossbehörden der Freiwilligen Feuerwehr des Dorfes eine neue Spritze gestiftet hatten, daher waren die Menschen des Dorfes und auch Beamte vom Schloss bei dem Fest anwesend. Die Töchter hatten sich hübsch gemacht, besonders Amalia war sehr schön mit einem Spitzenkleid und einem besonderen Armband. Der schüchterne Beamte Sortini konnte den Blick nicht von ihr lassen, sprach sie an dem Abend aber nicht einmal an. Am nächsten Tag sandte er einen Boten mit einem Brief zu ihr. Die Familie wurde durch einen Schrei Amalias geweckt. Der Bote hatte den Brief durchs Fenster gereicht, wartete auf ihre Antwort, und sie stand am Fenster und schrie, nachdem sie den Brief gelesen hatte. Olga las den Brief ebenfalls und berichtet K.:

> »Es war eine Aufforderung zu ihm in den Herrenhof zu kommen und zwar sollte Amalia sofort kommen, denn in einer halben Stunde musste Sortini wegfahren. Der Brief war in den gemeinsten Ausdrücken gehalten, die ich noch nie gehört hatte und nur aus dem Zusammenhang halb erriet. Wer Amalia nicht kannte und nur diesen Brief gelesen hatte, musste das Mädchen, an das jemand so zu schreiben gewagt hatte, für entehrt halten, auch wenn sie gar nicht berührt worden sein sollte. Und es war kein Liebesbrief, kein Schmeichelwort war darin, Sortini war vielmehr offenbar böse, dass der Anblick Amalias ihn ergriffen, ihn von seinen Geschäften abgehalten hatte« (S, S. 235).

Das ist eine ganz besondere patriarchale Variante der Herrschaftslogik: Die Schönheit einer Frau verstört den Mann so sehr, dass er dadurch in seiner Arbeit beeinträchtigt wird. Schuld ist also die Frau und nicht die sexuelle Phantasie des Mannes. Sie hätte gar nicht kommen sollen, oder ihre Schönheit hinter einem Schleier verbergen können, damit der Mann ungestört weiterarbeiten kann. Also wird sie zum Schloss zitiert und es bleibt offen, ob er sie bestrafen oder seine sexuellen Phantasien ausleben möchte – oder beides.

Amalias Reaktion war spontane Empörung, sie zerriss den Brief und gab die Papierfetzen dem Boten zurück. K.s Antwort auf Olgas Bericht zeigt noch seine naive Menschlichkeit. »Sortini hat nicht Amalia bloßgestellt, sondern sich selbst. Vor Sortini also schrecke ich zurück, vor der Möglichkeit, daß es einen solchen Missbrauch der Macht gibt« (S, S. 236). Er ist ebenso wie Amalia empört und spricht von Machtmissbrauch, während Olga die Reaktion von Sortini als sein gutes Recht versteht. Sie stört, dass durch Amalias zurückweisende Reaktion ein Fluch über ihre Familie hereingebrochen war (S, S. 236). Sie hatte sich nicht nur geweigert, einem Beamten des Schlosses zu Diensten zu sein, sie hatte auch den Boten beleidigt, indem sie ihm den zerrissenen Brief vor die Füße warf. Sie hatte gegen die moralischen Regeln des Dorfes verstoßen, hatte sich nicht freudig über eine solche Ehre gezeigt, und wurde damit zur schuldigen Täterin, weil Beamte das Recht auf die Frauen des Dorfes haben und die Frauen sich aufgewertet fühlen müssen, die Mätresse eines Beamten vom Schloss sein zu dürfen. Nicht also das Ansinnen des Beamten war unsittlich, sondern dessen Ablehnung, die Moral steht auf dem Kopf, ja, sie wird zur natürlichen Ordnung erklärt: »Wir aber wissen, dass Frauen nicht anders können, als Beamte zu lieben, wenn sich diese ihnen einmal zuwenden …« (S, S. 241). Die Reaktionen auf diese Zurückweisung waren wahrlich existenziell vernichtend. Aber es waren keine Polizisten oder Militärs, die mit physischer Gewalt die Familie verfolgten, es war vielmehr ein leiser Prozess, der von den Dorfbewohnern selbst durchgeführt wurde, ohne dass es dazu einer offiziellen Verurteilung durch die Beamten des Schlosses bedurfte.

Nicht nur Amalia wurde bestraft, sondern ihre gesamte Familie. »Man war zufrieden, wenn es gelang, die Verbindung mit uns schnell und vollständig zu lösen, mochte man dabei auch Verluste haben …« (S, S. 247). Die Gemeinschaft entledigt sich der Familie durch Verachtung und Ausschluss. Das Verhältnis zwischen Täter und Opfer, Schuld und Unschuld wird zunächst für unbedeutend erklärt – »Sie hat, schuldig oder unschuldig, das Unglück über die Familie gebracht …« (S, S. 251) – nur um anschließend Amalia zur schuldigen Täterin zu machen, denn »Amalia war irgendwie die Ursache unseres Unglücks …« (S, S. 252). Also selbst die Familie verurteilt sie, denn sie hätte wissen müssen, dass man eine eindeutige Einladung eines Beamten – und sei sie in noch so beleidigenden und kompromittierenden Worten verfasst – einfach nicht ablehnen darf, das gebietet nun einmal die herrschende Moral, und die ist niemals falsch und kann daher nicht angezweifelt werden. Olga bekennt selbst, dass sie der zweifelhaften Einladung Sortinis gefolgt wäre.

Das Dorf brach alle Kontakte zur Familie langsam ab, und das hatte existenzielle Folgen. Der Schuster bekam keine Aufträge mehr, der Anblick wurde gemieden, die Familie verarmte, musste schließlich aus dem Haus ausziehen und zog in eine schäbige Unterkunft, sie hatten nichts mehr zu essen und mussten hungern. Als dieser elende

Zustand erreicht war, mobilisierten alle in der Familie ihre Kräfte, nicht zum Widerstand oder zur Auswanderung, sondern zur vollständigen Anpassung und Unterwerfung mit dem Ziel, ein Verzeihen und Vergeben zu erreichen. Der Vater zog morgens in seinem Anzug an eine Straße, auf der die Autos der Beamten zum Schloss fuhren, um vielleicht einen der Vorbeifahrenden zum Stoppen zu bewegen, um dann seine Bitte um Vergebung vorbringen zu können. Der Sohn Barnabas bewarb sich darum, Bote zwischen Dorf und Schloss werden zu können, um durch einen solchen Kontakt Eingang ins Schloss finden zu können und dort ebenfalls für die Familie um Verzeihung bitten zu können. Und die Tochter Olga ging zu den einfachen Dienern der Schlossbeamten und prostituierte sich dort für Geld, um damit die Familie ernähren zu können und vielleicht durch die Diener einen Kontakt zu den Schlossbeamten zu bekommen. Auch suchte sie dabei immer noch nach dem Boten, der Amalia den Brief gebracht hatte, um auch bei ihm um Entschuldigung bitten zu können. Amalia arbeitete ihre empfundene Schuld ab bei denjenigen, an deren Schicksal sie schuldig zu sein glaubte: an ihren zunehmend hinfälligen, kranken, hungernden und verzweifelten Eltern, die sie bis zur eigenen Erschöpfung pflegte und versorgte. Die Familie geht den Weg der Anpassung und Unterwerfung und verrät sich damit selbst, obwohl es keine Anklage, keine offizielle Schuldzuweisung, keinen Prozess und kein Urteil gegeben hatte. Niemand aus der Familie hat Amalia einen offenen Vorwurf gemacht, dennoch schwebte er beständig im Raum, ohne dass jemals darüber gesprochen wurde. Dies wäre dann die letzte Stufe der moralischen Unterwerfung gewesen, wenn die Familie Amalia offen angeklagt hätte. Aber vielleicht wäre eine offene Anklage besser gewesen, weil dies der Familie geholfen hätte, ihre Konflikte anzusprechen und auszutragen, vielleicht sogar eine eigene Lösung zu finden. Es ist diese Aussichtslosigkeit einer Lösung jenseits von Unterwerfung und Anpassung, die eine offene Auseinandersetzung verhindert. Es gibt keine andere Lösung und keinen Ausweg, nicht einmal der Gedanke an Widerstand keimt auf, denn die Herrschaft erscheint unantastbar.

Wie kommt es zu dieser Ohnmacht und Unterwerfung? Amalia hat ihrer Familie vorgemacht, wie Widerstand geleistet werden kann, aber alle anderen haben dies als einen Fehler angesehen, den sie wiedergutzumachen bestrebt waren. Darin liegt die stumme Anklage an Amalia: Wir gehen deinen Weg nicht mit, wir unterwerfen uns und suchen nach Vergebung für die Schande, die du über uns gebracht hast. Amalia sieht keine Schuld bei sich, aber alle anderen, der moralische Riss geht mitten durch die Familie. Und solange nicht darüber gesprochen wird, bleibt er bestehen.

Psychologisch gesehen verschwimmen in dem Roman die Grenzen zwischen Realität und Fiktion, Wahrheit und Lüge, Innenleben und Außenwelt, Zugehörigkeit und Ausgeschlossensein, Macht und Ohnmacht. Dieser umfassende Auflösungsprozess bewirkt weitere Ohnmacht, Orientierungslosigkeit, Verlorenheit und Sinnentleerung. Er kann sich über Generationen fortsetzen und zu einem Mythos wandeln, der nicht mehr hinterfragt werden darf. Es sei denn, irgendwer traut sich, die Geschichte neu aufzurollen, unangenehme Fragen zu stellen und auch keine Angst vor Widerständen zu haben. Dabei geht es auch darum, die unbewussten und angstbesetzten Themen ins Bewusstsein zu holen. Unbewusstes kann bewusst werden durch Sprache, aber diese Sprache, dieses Ansprechen, Zweifeln und Hinterfragen muss mühsam gegen alle Widerstände gelernt und erkämpft werden. Das junge, schwangere Paar hat sich in einem ersten Schritt darauf verständigt, dem Sohn einen anderen Vornamen zu geben und damit eine Familientradition zu brechen. Der zweite Bruch sollte durch das Ende des Schweigens herbeigeführt werden, vielleicht wolle er ein Buch über seine Familiengeschichte schreiben. Danach haben sie sich auf ihr Kind gefreut.

KAPITEL 19

Ein Hungerkünstler

Sterben und Tod

Kafkas Geschichte »Der Hungerkünstler«, geschrieben im Mai 1922 während einer Schreibkrise am Schloss-Roman, wäre heute vielleicht eine Geschichte über eine magersüchtige Frau. Beide eint der willentliche Entschluss zu hungern und beide erleben das Hungern als einen Triumph ihrer persönlichen Autonomie. Sie lösen sich dabei scheinbar von irdischen Zwängen, als seien sie unsterblich. Aber Magersucht (Anorexia nervosa) ist heute in den Industrienationen die häufigste Todesursache für junge Frauen zwischen 15 und 24 Jahren, diese Erkrankung ist eine Gratwanderung zwischen Leben und Tod. Sie leiden unter einem geringen Selbstwertgefühl und Angstzuständen und sind darin Franz Kafka sehr ähnlich, der von sich sagte: »Ich bin der magerste Mensch« (F, 1.11.1912).

Magersucht ist sowohl Ausdruck eines Leidens als auch der verzweifelte Versuch der Bewältigung dieses Leidens. Insofern ist das Hungern ein Versuch, Probleme und Konflikte zu lösen, die anders unlösbar erscheinen. Für die Betroffenen ist das Essen mit veränderten Körperwahrnehmungen und schweren Gefühlen verbunden, wie Angst, Chaos, Kontrollverlust, Stress, Gefühlsschwankungen oder beherrschenden und falschen Gedanken *(false thinking)*. Aber in der Verweigerung des Essens erleben sie Autonomie und persönliche Stärke, grenzen sich zugleich ab und beharren somit auf einer eigenen Identität. Und in einer Konsumgesellschaft wird das Hungern zu einem stillen Protest, einer Rebellion und einer besonderen Kunst. Aber sie verlieren im Verlaufe der Erkrankung zunehmend die Kontrolle über das Hungern, bis letztlich ihre Körperfunktionen versagen und sie nicht mehr zu retten sind – so erging es dem Hungerkünstler bei Kafka – und auch Frau H.

Frau H. und der Tod

Sie sitzt mir in weiten Kleidern gegenüber, die ihren Körper verhüllen und keinerlei Konturen erkennen lassen, und oben ragt, wie aus einem Berg von Kleidern, ein magerer, länglicher Kopf hervor, in dem die Augen dunkel und tief liegen. Es sind Augen, die um Jahrzehnte älter wirken, als sie in Wirklichkeit ist. Ihr Freund ist besorgt um sie und hat darin anscheinend eine Aufgabe gefunden. Aber er will die Verantwortung nicht mehr alleine tragen. Vor ein paar Wochen ist Frau H. nach einem Schwächeanfall ins Krankenhaus gekommen, dort aber schnell wieder entlassen worden, weil sie chronisch krank sei. Die Beziehung werde zunehmend schwierig aus seiner Sicht und er mache sich große Sorgen um sie. Ihre Beziehung sei sehr liebevoll, das würde er sehr schätzen, aber es drehe sich fast alles um das Essen und er habe mittlerweile angefangen woanders zu essen, weil er zu Hause verhungern würde. Mittlerweile kauft er nur für sich selbst ein, denn sie hat ihm verboten, für sie Lebensmittel mitzubringen, das wolle sie alleine regeln. Sie ernähre sich gern gesund und er kaufe nur Junkfood. Auch sie findet ihre Paarbeziehung sehr liebevoll, sie haben noch Sex miteinander, obwohl sie selten Lust habe. Er beklagt, dass sie bis aufs Skelett abgemagert sei und ihm daher der Sex nur noch wenig Spaß machen würde. Aber er liebe sie und wolle bei ihr bleiben. Sie findet ihren Körper genau richtig und an einigen Stellen noch zu dick. Er antwortet, dass er auf diese Diskussionen keine Lust mehr habe.

Anfangs, vor vielen Jahren, wollte sie nicht mehr essen, jetzt kann sie es nicht mehr. Sie ernährt sich mittlerweile von einer Art Astronautennahrung, weil ihr Magen nichts anderes mehr vertrage. Und sie habe ständig Schwächeanfälle, vor denen sie Angst habe, weil sie dabei die Kontrolle über ihren Körper verliere. Sie ist Mitte der dreißiger Jahre und hat eine lange Erfahrung mit dem Hungern. Es fing an, als sie ein Kind war. Ihre Mutter machte immer wieder Diäten, weil sie sich zu dick fühlte. Ihr Mann bestärkte sie darin und fand sie attraktiver nach einer Diät. Als einzige Tochter hat sie diese Diäten mitgegessen und hat langsam eine stille Rivalität mit ihrer Mutter entwickelt, wer von ihnen weniger essen könne. Sie tauschten später auch ihre Kleidung aus, waren sich in allem sehr nah. Teilweise saßen sie am Esstisch nebeneinander und hatten nur ein paar Salatblätter auf ihren Tellern. Ihr Vater aß auswärts bei der Arbeit oder unterwegs, er habe nicht mitessen gewollt und als Mann sein Fleisch gebraucht, aber für sie und ihre Mutter war das okay.

In ihrer Familie haben sie sich nie gestritten, es herrschte eine dauerhafte und wunderbare Harmonie. Alle liebten sich und gingen liebevoll miteinander um. Nein, Konflikte gab es nicht, dafür waren alle zu rücksichtsvoll. Man ließ auch alle Türen offen im Haus, jeder konnte jederzeit die anderen sehen und ansprechen, selbst die Tür des Badezimmers wurde selten geschlossen. Ihre Mutter war immer ihre beste Freundin, sie haben sich alles erzählt, es gab keine Geheimnisse in der Familie. Wenn sie mit ihren Freundinnen sprach, wurde ihr immer klar, wie gut sie es hat, in deren Familien gab es Streit, zugeknallte Türen und Geschrei. Und ihre Freundinnen haben ihr kaum glauben können, wie gut sie es in ihrer Familie habe.

Als sie etwa 12–13 Jahre alt war, habe sie ihre Mutter überholt, sie habe längere und bessere Diäten machen können als sie. Sie habe sich einen Apfel geschält und in mehrere Teile zerschnitten und immer nur ein Stück gegessen, so habe der Apfel den ganzen Tag gereicht. Im Kühlschrank sei es schwierig geworden, weil sie ihr eigenes Essen in einem Fach haben wollte, aber ihre Mutter darauf bestand, dass alles für alle sein soll. Da habe sie dann mit der Astronautennahrung angefangen und die in ihrem Zimmer aufbewahrt. Sie habe immer lange und bunte Kleider getragen, da sei ihr Körper gut verhüllt. Außerdem friere sie sehr leicht und oft, so dass sie immer mehr anziehen müsse als andere. Sie habe erst sehr spät ihre Regel bekommen und kaum Busen, mit ihrem Körper sei sie meist unzufrieden gewesen.

Ich habe Frau H. an eine Medizinische Psychotherapeutin überwiesen, weil die sich besser als ich um die medizinisch-körperlichen Aspekte wie auch um die Psychodynamik kümmern könne, und diese hat sie kurz nach Beginn der Behandlung in ein Krankenhaus einweisen lassen. Dort wurde sie als chronische Patientin wieder zunächst abgewiesen, bekam aber vor dem Krankenhaus einen Schwächeanfall. Daraufhin wurde sie wieder aufgenommen, aber sie verstarb kurze Zeit später in diesem Krankenhaus. Der Partner von Frau H. hat das Krankenhaus wegen unterlassener Hilfeleistung verklagt. Bei der Beerdigung von Frau H. hat er einige ihrer Freundinnen kennengelernt, ihre Eltern und ihre Therapeutin. Irgendwie hatte er das Gefühl, dass Frau H. auch anwesend war und beobachtete, wie alle um sie trauern. Später kam er noch einmal zu mir, weil er Schuldgefühle hatte und sich dauernd fragte, wie er ihren Tod hätte verhindern können. Erst nach ihrem Tod wurde ihm klar, was ihre Magersucht bedeutete und wie lange sie schon den Tod als stillen Begleiter in ihrer Beziehung hatten. Er hatte erkannt, dass sie krank war, wusste aber nicht, ob es eher geistig oder körperlich war, oder beides.

Franz Kafka hat seine Tuberkulose auch lange Zeit als eine Krankheit seines Geistes angesehen und geglaubt, mit einer anderen Geisteshaltung die Krankheit beherrschen zu können. Er hat sich eine ganz eigene Variante für die Verarbeitung seines Sterbens ausgedacht, natürlich in literarischer Form. Er hat eine kleine Geschichte geschrieben über einen Mann, der sich den Kampf mit und den Triumph über den Tod zum Beruf gemacht hat: einen Hungerkünstler. Wieder hat er seine ganz eigene existenzielle Angst in Literatur verwandelt. Kafka hatte eine Kehlkopftuberkulose, am Ende konnte er kaum noch essen, trinken, atmen oder sprechen, sein Hals war zu. Insofern wirkt seine Schrift über den Hungerkünstler paradox und zugleich trotzig: Ich will gar nicht essen, hungern ist meine Kunst.

Ein Hungerkünstler

Es gab Zeiten, da waren Hungerkünstler eine kulturelle Attraktion:

> »Damals beschäftigte sich die ganze Stadt mit dem Hungerkünstler; von Hungertag zu Hungertag stieg die Teilnahme; jeder wollte den Hungerkünstler zumindest einmal täglich

> sehen; an den späten Tagen gab es Abonnenten, welche tagelang vor dem kleinen Gitterkäfig saßen; auch in der Nacht fanden Besichtigungen statt, zur Erhöhung der Wirkung bei Fackelschein; an schönen Tagen wurde der Käfig ins Freie getragen, und nun waren es besonders die Kinder, denen der Hungerkünstler gezeigt wurde; während er für die Erwachsenen oft nur ein Spaß war, an dem sie der Mode halber teilnahmen …« (SE, S. 248).

Der Hungerkünstler sitzt in seinem Käfig in einem schwarzen Trikot auf ausgebreitetem Stroh, seine Rippen treten hervor, lächelnd beantwortet er Fragen, lässt seinen mageren Arm befühlen und versinkt dann wieder in sich selbst und nippt ab und zu an einem Glas Wasser, um seine Lippen zu befeuchten. Es gibt Wächter, die den Hungerkünstler Tag und Nacht bewachen, damit er nicht heimlich Nahrung zu sich nehme, aber dies verbietet allein seine Künstlerehre. Er befindet sich meist in einer Art Halbschlaf, zu wach, um richtig schlafen zu können, und zu schwach, um wach zu sein. Den Lärm der Besucher bekommt er so kaum mit. Seinen Wächtern spendierte er am Morgen auf seine Rechnung ein großes Frühstück, damit sie ihren Hunger stillen konnten, er selbst aber hungerte weiter. Dieser Triumph machte ihn glücklich.

Nach 40 Tagen wurde das Hungern jeweils abgebrochen. Nicht, weil damit sein Tod vermieden werden sollte, sondern weil das öffentliche Interesse langsam nachließ. Länger war in einer Stadt die Aufmerksamkeit für das Ereignis nicht aufrechtzuerhalten. Dann wurde sein Käfig geöffnet und in einer großen Show mit jungen Damen der Hungerkünstler herausgeführt und der jubelnden Öffentlichkeit präsentiert. Für den Hungerkünstler war dies ein trauriger Moment, denn nach seinem Empfinden hätte er noch grenzenlos weiterhungern können. Doch er wurde in der Show langsam gefüttert, es gab einen Trinkspruch, das Orchester spielte einen großen Tusch und die Veranstaltung war feierlich beendet.

Dann wechselte der Zeitgeist und das Interesse an Hungerkünstlern nahm ab. Daher suchte er eine neue Anstellung bei einem großen Zirkus, denn etwas anderes als Hungern hatte er nicht gelernt. Im Zirkus stellte man seinen Käfig neben die Stallungen der Tiere, zu denen die Zuschauer in den Pausen strömten, und so bekam auch der Hungerkünstler noch ein wenig Aufmerksamkeit. Es führte dazu, »daß ihn die Ausdünstungen der Ställe, die Unruhe der Tiere in der Nacht, das Vorübertragen der rohen Fleischstücke für die Raubtiere, die Schreie bei der Fütterung sehr verletzten und dauernd bedrückten« (SE, S. 257). Ihm wurde klar, dass er keine Attraktion mehr war, sondern nur noch »ein Hindernis auf dem Weg zu den Ställen« (SE, S. 258). Sein Hungern hatte keinen Sinn mehr, denn keiner bemerkte es noch und diejenigen, die es bemerkten, sahen darin keine Kunst mehr. Seine Hungertage wurden nicht mehr gezählt.

Eines Tages bemerkten Aufseher den Käfig, der mit verfaultem Stroh herumstand, man stocherte mit Stangen im Stroh und fand dort den sterbenden Hungerkünstler. »Du hungerst immer noch? fragte der Aufseher. Verzeiht mir alle … immerfort wollte ich, dass ihr mein Hungern bewundert« (SE, S. 259). Der Aufseher fragt ihn, warum sie ihn nicht bewundern sollen, und der Hungerkünstler antwortet: »Weil ich hungern muss, ich kann nicht anders … weil ich nicht die Speise finden konnte, die mir schmeckt. Hätte ich sie gefunden, glaube mir, ich hätte kein Aufsehen gemacht und mich vollgegessen wie du und alle« (SE, S. 259). Das waren seine letzten Worte, bevor er starb. Da ist wieder das Motiv aus der Verwandlung, die menschliche Speise schmeckt dem Käfer ebenso wenig wie dem Hungerkünstler. Mit dieser erhabenen Haltung schützt sich der Hungerkünstler vor der menschlichen Überlebensnotwendigkeit, essen zu müssen.

Der Käfig wurde gesäubert und man setzte einen jungen Panther hinein, der vor Lebenskraft nur so strotzte und zu einer Publikumsattraktion wurde. Mit diesem Panther hat er auf den armen Hungerkünstler das kraftvolle Leben folgen lassen, auf Mensch folgt Tier, auf Hunger folgt Gefräßigkeit, auf ein künstlerisches Auslaufmodell folgt eine neue Attraktion.

Traumliteratur

Wie der Hungerkünstler ist auch Franz Kafka verhungert. Noch einen Tag vor seinem Tod hat er einen Brief an seine »lieben Eltern« geschrieben und bittet sie darin, ihren geplanten Besuch zu verschieben, so als sei er der Herr über seine eigene Lebenszeit. »Es ist alles in den besten Anfängen« (RS3, S. 614), schreibt er, welche Anfänge meint er? Am Todestag fordert er von seinem befreundeten Arzt Robert Klopstock, er möge ihm eine tödliche Dosis Morphium geben. Er klagt ihn an und bettelt zugleich, schließlich bekommt er von Klopstock ein Opiat injiziert, das seine Schmerzen lindert, danach auf seinen drängenden Wunsch hin noch mehr davon. »Mein Leben lang bin ich gestorben und nun werde ich wirklich sterben. Mein Leben war süsser als das der andern, mein Tod wird um so schrecklicher sein« (RS3, S. 511). Seine Angst vor einem qualvollen Tod ist berechtigt. Jahre zuvor hatte er in einem Zürauer Aphorismus diese Angst zum Ausdruck gebracht und zugleich Glaube und Hoffnung geäußert:

> »Ein erstes Zeichen beginnender Erkenntnis ist der Wunsch zu sterben. Dieses Leben scheint unerträglich, ein anderes unerreichbar. Man schämt sich nicht mehr, sterben zu wollen; man bittet, aus der alten Zelle, die man hasst, in eine neue gebracht zu werden, die man erst hassen lernen wird. Ein Rest von Glauben wirkt dabei mit, während des Transportes werde zufällig der Herr durch den Gang kommen, den Gefangenen ansehen und sagen: ›Diesen sollt ihr nicht wieder einsperren. Er kommt zu mir.‹« (ZÜ 13).

Kafka lernte in den letzten Lebensmonaten noch die große Liebe und die Armut kennen. Er lebte in Berlin mit Dora Diamant die meiste Zeit an der Armutsgrenze, was nicht zuletzt auf die galoppierende Inflation zurückzuführen war. Seine Mutter schickte ihm Pakete mit Lebensmitteln und Haushaltsgegenständen und sein Vater wollte einmal wissen, ob er sich in Berlin eine Zukunft vorstelle. Welche Zukunft, muss er gedacht haben. Ottla hat die beiden in Berlin besucht, und als sie Dora kennenlernte, wusste sie, warum ihr Bruder diese Frau besonders liebte. Es war tragisch, dass er Dora erst am Ende seines Lebens kennenlernte. Kein Wunder, dass er sie noch heiraten wollte, nur ihr Vater war dagegen. Wieder mal ein Vater, der ihm im Weg stand.

Seine letzten Wochen hat er mit starken Schmerzen verbracht, mit Durst und Hunger. Am 12.6.1923 schreibt er in sein Tagebuch: »… für alles unfähig, außer für Schmerzen.« Danach gibt es nur noch zwei Einträge. Noch am letzten Tag erwartet er die Druckfahnen des Hungerkünstlers, und als er alles noch einmal Korrektur liest, muss er weinen, weil ihm das Schicksal des Hungerkünstlers so nahe ist. Sein Arzt Robert Klopstock ist bei ihm und die große Liebe seines Lebens, Dora Diamant. Seine Mutter Julie Kafka hat an Klopstock geschrieben, um zu erfahren, wie er als Arzt den Zustand ihres Sohnes beurteilt, er hat ihr nicht geantwortet. Am Dienstag, den 4. Juni 1924, wird Kafka früh wach vor Schmerzen und Atemnot. Klopstock gibt ihm Morphium, dann stirbt er. Als Todesursache wird »Herzlähmung« attestiert. Eine Woche später findet die Beisetzung statt, wiederum eine Woche später wird eine Gedenkfeier veranstaltet, auf der von Kongruenz des Lebens und des Künstlertums die Rede ist. Kafka wurde 40 Jahre und elf Monate alt, fünf Jahre älter als Frau H.

Bereits am 29.11.1922 hatte er eine testamentarische Verfügung geschrieben, die sein Freund Max Brod unter seinen Papieren fand.

> »Lieber Max, vielleicht stehe ich diesmal nicht mehr auf … Für diesen Fall also mein letzter Wille hinsichtlich alles von mir Geschriebenem: Von allem was ich geschrieben habe gelten nur die Bücher: Urteil, Heizer, Verwandlung, Strafkolonie, Landarzt und die Erzählung: Hungerkünstler … Dagegen ist alles, was sonst an Geschriebenem von mir vorliegt … alles dieses ist ausnahmslos zu verbrennen und dies möglichst bald zu tun bitte ich dich. Franz« (Stach 2012, S. 287).

Gottseidank hat sich Brod nicht an diese letzte Bitte seines Freundes gehalten, das Testament war das Erste, was er veröffentlichte, danach alles andere, was er besaß oder erlangen konnte. Am 6. Juni 1924 wurde ein Nachruf von Milena Pollack veröffentlicht. Darin schrieb sie »Franz Kafka, ein deutscher Schriftsteller, der in Prag gelebt hat ...« (Stach 2012, S. 295), sei gestorben. »Es kannten ihn nur wenige, denn er war ein Einsiedler, ein wissender, vom Leben erschreckter Mensch.« Ihn habe ein »ans Wunderbare grenzendes Feingefühl und eine geistige Lauterkeit, die bis zum Grauenerregenden kompromisslos war ...«, ausgezeichnet. »Er selbst war eine außergewöhnliche und tiefe Welt. Er schrieb die bedeutendsten Bücher der jungen deutschen Literatur ...« (Stach 2012, S. 295).

Kafka schrieb Traumliteratur zwischen Tag und Nacht, Wachzustand und Schlaf, Leben und Tod. Er selbst hat es so beschrieben, dass er nachts von seinen Ängsten so überwältigt wurde, dass er nur durch das Schreiben gegen seine Ängste ankämpfen konnte. Halb wach und halb träumend hat er gegen die Geister gekämpft. »Vielleicht gibt es auch anderes Schreiben, ich kenne nur dieses, in der Nacht, wenn mich die Angst nicht schlafen lässt, kenne ich nur dieses« (RS3, S. 510). Bereits am 2. Januar 1913 hatte er – ganz in der Tradition seines Vorbildes Flaubert (»Madame Bovary c'est moi«) – seinem Tagebuch anvertraut: »Der Roman bin ich, meine Geschichten sind ich.« Seine Geschichten leben weiter, werden von seinen Kindern im Geiste weiter und fortlaufend neu geschrieben, allerdings kann ihnen heute geholfen werden.

Epilog: Kafka und die Menschenrechte

Franz Kafka wusste sehr gut um die Leiden in dieser Welt. Sein vehementes Plädoyer ist Mitgefühl, ein »guter Wille«, keine Zurückhaltung. »Du kannst dich zurückhalten von den Leiden der Welt, das ist dir freigestellt und entspricht deiner Natur, aber vielleicht ist gerade dieses Zurückhalten das einzige Leid, das du vermeiden könntest« (ZÜ 103). Er hat mit seiner Literatur den unschuldigen Opfern eine Stimme gegeben, und es ist diese Opferperspektive, die das Lesen seiner Texte teilweise so schwer erträglich macht. Man identifiziert sich beim Lesen mit Opfern, die bestenfalls kleine – menschliche – Verfehlungen begangen haben. Dennoch werden sie beschuldigt ohne Schuld, verurteilt ohne Anklage, beschämt ohne Grund, verstoßen ohne Rechtfertigung, ausgeschlossen aus einer menschlichen Gemeinschaft. Damit klagt Kafka die Täter, die Mächtigen und die selbsternannten Autoritäten an, »das lächerliche Gewirre« verselbständigter Bürokratien, wendet sich gegen Willkür und fragt beharrlich nach den Menschenrechten für seine Protagonisten.

Ein 16-jähriger junger Mann wird von dem 35-jährigen Dienstmädchen verführt und anschließend von seiner Familie verstoßen. Man weist ihm die Schuld für die Schwangerschaft zu, setzt ihn auf ein Schiff nach Amerika und überlässt ihn seinem mehr als ungewissen Schicksal. Worin besteht seine Schuld? In Amerika erlebt er wiederholt, wie er nach kleinen Verfehlungen immer wieder verstoßen wird, wie er als vermeintlich Schuldiger aus einer Gemeinschaft ausgeschlossen wird *(Der Verschollene – Amerika)*.

Ein Mann berichtet seinem alten Vater freudig von seiner geliebten Frau, die er zu ehelichen gedenkt. Daraufhin beschimpft ihn der Vater, bezichtigt ihn der Lüge und wünscht seinen Tod. Der Sohn verlässt aufgebracht das Haus und stürzt sich von einer nahegelegenen Brücke. Worin bestand seine Schuld, was bewirkte den Hass des Vaters. Wollte der Sohn durch seinen Tod dem Vater beweisen, wie sehr er dessen Gebote und Wünsche befolgt, und wollte er durch diesen Gehorsam bis in den eigenen Tod dem Vater seine Liebe beweisen – und auf diese Weise auch seine Liebe erhalten? *(Das Urteil)*.

Ein Mann wird angeklagt, ohne dass ihm mitgeteilt wird, worin seine Schuld besteht. Der Mann versucht zunehmend verzweifelt herauszufinden, was ihm vorgeworfen wird, worin die Anklage besteht, und läuft daher von einem Gericht zur nächsten Behörde, um diese Frage seiner Schuld beantwortet zu bekommen. Schließlich verzweifelt er, sieht die Aussichtslosigkeit seiner Bemühungen ein und ergibt sich resigniert in sein Schicksal. Am Ende wird er von zwei Männern abgeholt und in einem Steinbruch brutal ermordet. Der letzte Satz des Romans »Der Prozess« heißt: »Es war, als sollte die Scham ihn überleben.« Wofür schämte er sich noch im Sterben, welche Schuld hatte er auf sich geladen?

Ein Ingenieur des Militärs berichtet einem angereisten Inspekteur voller Stolz die Wirkungsweise einer Maschine, die er zur langsamen Tötung von Verurteilten entwickelt und erprobt hat. Die verurteilten Menschen werden auf die Maschine gelegt, dort festgebunden und langsam von rotierenden Messern zerschnitten. Den Verurteilten wird vor der langsamen Tötung keine Klage zugestellt, sie erfahren erst kurz vor ihrer Tötung, dass sie verurteilt wurden, aber nicht, worin ihre Schuld besteht. Durch das schlichte Nachfragen des Inspekteurs wird dem Ingenieur langsam deutlich, dass der Inspekteur diese Tötungsmaschine aus humanistischen und rechtlichen Gründen nicht befürworten kann. Seine Identifikation mit der selbst entwickelten Maschine ist aber so hoch, dass er lieber durch sie stirbt, als seine Moral infrage zu stellen. So legt er sich selbst unter die Messer und stirbt einen langsamen Tod, der Täter wird zum Opfer seiner eigenen Taten *(Die Strafkolonie)*.

Der Sohn einer Familie findet sich eines Morgens zu einem Ungeziefer verwandelt wieder, er ist zu einem Käfer geworden. Verzweifelt versucht er, seinen neuen Zustand zu verstehen und zugleich seiner Familie seinen Anblick zu ersparen. Die Familie beklagt ihr Schicksal, nicht seins, nennt ihn anfangs noch Er, geht dann aber langsam zum Es über. Er ist nicht mehr Sohn und Mensch, sondern das Ungeziefer. Obwohl er nur seine Erscheinung und seine Lebensweise geändert hat, wird er nicht mehr als Sohn und Bruder angesehen und behandelt. Der Sohn ist tot, das Ungeziefer muss verschwinden. Verletzt und verzweifelt stirbt er letztlich und wird entsorgt. Warum wurde ihm nicht geholfen, worin bestand seine Schuld, warum wurde er verstoßen *(Die Verwandlung)*?

Ein Mann kommt in ein Dorf, in das er vor langer Zeit bestellt wurde, um das Land zu vermessen. Man teilt ihm lapidar mit, man brauche keinen Landvermesser. Mit seinen Fragen stößt er auf eine Mauer des Schweigens. Die wichtigen Beamten arbeiten in einem Schloss oberhalb des Dorfes, sind aber nicht erreichbar. Eine monströse Bürokratie verweigert ihm Auskunft und Zutritt, Erklärung und Verantwortung. Eine undurchsichtige und anonyme Macht stellt nicht nur seinen Auftrag, sondern auch seine Daseinsberechtigung im Dorf infrage. Die Bewohner haben sich angepasst und untergeordnet, haben die Herrschaft des Schlosses verinnerlicht und sich so an die teilweise absurden Regeln angepasst. Sie haben sich nicht nur arrangiert, sondern identifizieren sich mit dem Regime so stark, dass sie sich an der aktiven Verfolgung jeglichen Widerstands beteiligen. Wenn jeder Widerstand erloschen ist, fühlen sie sich nicht mehr als Opfer, sondern als normal, als Gleiche unter Gleichen. Sie haben sich als Opfer mit den Tätern identifiziert *(Das Schloss)*.

Kafkas Werk ist im Kern eine existenzielle Utopie einer menschlichen Gemeinschaft, ohne sie explizit zu formulieren. Ihm geht es um das scheinbar bescheidene Anliegen der Menschenrechte, das zugleich ungeheuer schwer zu verwirklichen ist. Mit direktem Bezug zu Kafka formuliert Hannah Arendt dieses Plädoyer:

> »Utopisch ist der … von Kafka angezeigte Weg, auf dem man, auf Freiheit und Unverletzlichkeit verzichtend, in der größten Bescheidenheit versucht, sein kleines Vorhaben auszurichten – utopisch ist dieser Weg nicht. Aber er führt, wie Kafka selbst deutlich macht, höchstens zur Belehrung, nicht zur Verände-

rung der Welt, und er geht über die Kräfte des Menschen. Denn dies kleinste Vorhaben, die Menschenrechte zu verwirklichen, ist gerade wegen seiner einfachen Grundsätzlichkeit das allergrößte und das allerschwerste, das Menschen sich vornehmen können« (Arendt 2016, S. 73).

Das ist die existenzielle Dimension in Kafkas Werk! Es ist der verlorene einzelne Mensch, der um Aufnahme in eine Gemeinschaft bittet – und von einer undurchsichtigen und mächtigen Bürokratie immer wieder abgewiesen wird.

Wer entscheidet darüber, ob ein Mensch eine Existenzberechtigung hat oder ob er aus der Gemeinschaft ausgeschlossen oder gar nicht erst in sie aufgenommen wird? Damals wie heute gilt die gleiche Antwort: eine anonyme Bürokratie, die nach Gesetzen und Vorschriften agiert, die für den Normalbürger, erst recht aber für den Asylsuchenden undurchdringlich erscheinen. So wird aus einem individuellen Schicksal ein anonymer Fall, eine Akte oder eine Datei. Gibt es dann noch ein wirkliches Leben jenseits amtlicher Behördenlogik? Herr K. beklagt, dass er noch nirgendwo eine solche Verflochtenheit von Amt und Leben gesehen habe, so dass man meinen könne, das Amt sei das Leben und das Leben sei das Amt (S, S. 74).

Am Bett der Bürokratie

Herr K. besucht den Dorfvorsteher, um mit ihm im direkten Gespräch seinen Auftrag, seine Stellung im Dorf und letztlich seine persönliche Perspektive zu klären. Es begegnet ihm ein Mensch, der ihn krank – und wie bei Kafka häufig – im Bett empfängt, ein ohne Zweifel lebendiger Mensch, der allerdings durch und durch ein Beamter ist. Gleich zu Beginn stellt Herr K. klar, dass er als Landvermesser aufgenommen worden sei, aber es keine Arbeit für ihn gebe, er also anscheinend nicht gebraucht werde (S, S. 75). K. ist enttäuscht und hofft, dass dies ein Missverständnis sein möge, der Vorsteher versucht es ihm zu erklären und lässt dazu ein Dokument suchen, das den ganzen Vorgang ursprünglich eingeleitet habe. Es entsteht eine groteske Situation nahe am Slapstick: der Dorfvorsteher bei einem kurzen Schlaf während eines dienstlichen Gesprächs im Bett, während seine Frau, der Gesprächspartner und Ratsuchende und seine zwei Gehilfen in einem Aktenschrank des Zimmers nach dem Dokument suchen. Kurz darauf erwacht der Vorsteher wieder und berichtet weiter, als habe er nicht geschlafen. Er erzählt, dass seine Antwort auf diese Anfrage nach einem Landvermesser leider an die falsche Abteilung geraten sei, so dass die ursprüngliche Abteilung, die den Antrag gestellt hatte, ohne Antwort blieb. Monate, wenn nicht gar Jahre später meldete sich die Abteilung wieder und fragte nach. Zu dem Zeitpunkt konnte sich keiner mehr an die Anfrage erinnern. Der Vorsteher unterbricht seine Erzählung und fragt K., ob ihn die Geschichte langweile. K. antwortet, sie unterhalte ihn eher, weil er dadurch einen Einblick in »das … lächerliche Gewirre bekomme, welches unter Umständen über die Existenz eines Menschen entscheidet« (S, S. 80). In dieser Antwort zeigt sich noch die Empörung des naiven Fremden, später soll er – mit zunehmender dörflicher Sozialisation – solche Fragen gar nicht mehr stellen, weil er gelernt haben wird, wie das Schloss arbeitet. Dann hat er seine Naivität verloren, allerdings zum Preis eines Teils seiner Menschlichkeit.

Eines der Arbeitsprinzipien der Behörden ist das grundsätzliche Misstrauen gegenüber allen Vorgängen, daher bestehen Kontrollbehörden. K. ist verwirrt und der Vorsteher klärt ihn auf, dass es nur Kontrollbehörden gebe. Diese seien allerdings nicht dazu da, Fehler herauszufinden, »denn Fehler kommen ja nicht vor und selbst wenn einmal ein Fehler vorkommt, wie in Ihrem Fall, wer darf dann endgültig sagen, dass es ein Fehler ist« (S, S. 82). Das ist die absurde, geschlossene Herrschaftslogik, die nicht hinterfragt werden kann und darf: Wir machen keine Fehler, aber wir misstrauen jedem und wir kontrollieren alles. Die apodiktische Fehlerlosigkeit und Perfektion der eigenen Arbeit soll unhinterfragt bleiben, das Misstrauen und die Kontrolle richten sich auf alle anderen.

Die Angelegenheiten scheinen sich von selbst zu erledigen, werden von irgendeinem Beamten aus naheliegenden Gründen als erledigt abgelegt und damit hat der Apparat eine innere Spannung abgebaut, wobei dieser gesamte Vorgang im Verlauf nicht mehr rekonstruierbar ist. K. allerdings kann sich damit nicht abfinden. Er beklagt, daß nicht nur mit ihm, sondern wahrscheinlich auch mit den Gesetzen ein schändlicher Missbrauch betrieben werde und er sich dagegen wehren werde (S, S. 88). Diese Empörung wiederum zeigt dem Dorfvorsteher, dass K. offensichtlich nichts verstanden habe. Er fragt ihn, wie er sich zur Wehr setzen wolle. K. zeigt ihm einen Brief von Klamm, der seine Legitimation als Landvermesser belegen soll, der Vorsteher liest ihn und bezeichnet den Brief als einen Privatbrief ohne behördliche Bedeutung. Und als K. abschließend resümiert, dass ihm alles weiterhin unklar und unlösbar erscheine (S, S. 93), bezeichnet der Vorsteher ihn als zu empfindlich. Und K. antwortet wie ein Migrant aus heutiger Zeit, um seinen Wunsch, eine Aufenthaltsgenehmigung zu bekommen, zu rechtfertigen:

> »... die Opfer, die ich brachte, um von zu Hause fortzukommen, die lange schwere Reise, die begründeten Hoffnungen, die ich mir wegen der Aufnahme hier machte, meine vollständige Vermögenslosigkeit, die Unmöglichkeit jetzt wieder eine entsprechende Arbeit zu finden ... ich will keine Gnadengeschenke vom Schloss, sondern mein Recht« (S, S. 93).

Der Dorfvorsteher sieht das Gespräch als beendet an und wendet sich seiner Frau zu. K. verlässt daraufhin die Audienz mit der Bemerkung, es sei kalt geworden im Raum – und meint damit eine menschliche Kälte. Kafka jongliert in diesem Dialog zwischen Sarkasmus und Slapstick. Einerseits ist alles lächerlich und absurd, geradezu kafkaesk, andererseits muss K. eine tiefe Wut und Verzweiflung empfinden angesichts einer selbstherrlichen und undurchschaubaren Bürokratie, die über seine Existenz im Dorf entscheidet.

Das Menschenrecht auf Heim, Arbeit, Familie, Mitbürgerschaft

Für Hannah Arendt ist Kafkas Josef K. im Schlossroman der Prototyp des Paria, des Ausgestoßenen aus der Gemeinschaft. Nein, er wird nicht einmal ausgestoßen, sondern gar nicht erst in die Gemeinschaft aufgenommen. Dabei geht es weniger um Recht und Gerechtigkeit in einer Gesellschaft, »sondern darum, ob dem von ihr Ausgeschlossenen oder dem gegen sie Opponierenden überhaupt noch irgendeine Realität zukommt« (Arendt 2016, S. 63). Einem solchen Menschen wird schlicht das Existenzrecht abgesprochen, um »ihn nämlich zweifeln und verzweifeln zu lassen an seiner eigenen Wirklichkeit, ihn auch in seinen eigenen Augen zu dem Niemand zu stempeln, der er für die Gesellschaft war« (Arendt 2016, S. 63). Deshalb sieht Hannah Arendt den Juden in Josef K. »In ihm kommt jener Jude zu Wort, der wirklich nichts will als sein Menschenrecht: Heim, Arbeit, Familie, Mitbürgerschaft« (Arendt, 2016, S. 66). Aber dieser Niemand wird nicht als Angehöriger einer Minderheit ausgeschlossen. Kafka argumentiert nicht religiös, national oder kulturell, sondern immer existenziell und menschlich, so auch in Bezug auf das Jüdische. »Der Begriff kommt in seinem literarischen Werk nicht vor« (RS3, S. 524). Das Jüdische als abstrakte Kategorie war ihm – ganz im Gegensatz zu seinem Freund Max Brod – immer suspekt. Am 8.1.1914 schreibt er in sein Tagebuch: »Was habe ich mit Juden gemeinsam? Ich habe kaum etwas mit mir gemeinsam.« Seine Freunde Brod und Weltsch wollten im August 1922 Kafka als Herausgeber für die Zeitschrift »Der Jude« vorschlagen, Kafka hielt dies für einen Scherz und antwortete: »Wie dürfte ich bei meiner grenzenlosen Unkenntnis der Dinge, völligen Beziehungslosigkeit zu Menschen, bei dem Mangel jeden festen jüdischen Bodens unter den Füssen an etwas Derartiges denken? Nein, nein« (RS3, S. 521). Ihm ging es um mehr. Seine Werke haben menschliche Anliegen.

Das menschliche Denken

Es ist sein Denken, das Josef K. zum Fremden macht, denn die Dorfbewohner denken in den geschlossenen Bahnen der Anpassung und Unterordnung an die vorgegebenen moralischen Schablonen der Schlossbürokratie. »K. ist ihnen fremd, nicht weil er der Menschenrechte als Fremder beraubt ist, sondern weil er kommt und sie verlangt« (Arendt 2016, S. 95). Ursprünglich ist er als Mensch ein bürokratischer Zufall, vielleicht sogar ein Unfall, er passt nirgendwo rein, gehört nirgendwo dazu, steht einfach im Weg, stellt unpassende Fragen. Was die Dorfbewohner als kindliche Naivität seines Denkens erleben, hält ihnen einen Spiegel vor, in dem sie ihr eigenes Denken als unterwürfig, pervertiert und entfremdet erkennen könnten. Wenn aber die Perversion des Denkens zur verinnerlichten Norm geworden ist, dann erscheint das humane Denken als fremd, absurd und anormal. Hier beschreibt Kafka das Phänomen der Entfremdung, ohne es beim Namen zu nennen. Es ist eine Entfremdung des Menschen von seiner eigenen Menschlichkeit. Josef K. will lediglich arbeiten und lieben, wohnen und leben. »In seinem Insistieren auf den Menschenrechten erweist sich der Fremde als der einzige, der noch einen Begriff von einem einfach menschlichen Leben in der Welt hat« (Arendt 2016, S. 95). Für Hannah Arendt war Franz Kafka, »der vielleicht der letzte der großen europäischen Dichter war«, ein Vertreter der Menschenrechte. »Seine Genialität, ja seine spezifische Modernität war es gerade, dass sein Vorhaben nur darauf ging, ein Mensch unter Menschen, ein normales Mitglied einer menschlichen Gesellschaft zu sein« (Arendt 2016, S. 71). Diese Entfremdung des Menschen von seinen eigenen Lebensinteressen ist u. a. daran erkennbar, dass das eigenständige Denken aufgegeben, externalisiert oder delegiert wurde – ein sehr aktuelles Thema.

Die Externalisierung des Verstandes und das Paradies

Kafka musste sich – menschlich und beruflich – mit den meist sichtbaren Folgen der Industriellen Revolution beschäftigen, im Wesentlichen waren dies verletzte und verstümmelte Körper infolge von Unfällen mit Industriemaschinen. Heute haben wir eine vergleichbar schwierigere Aufgabe, die weniger sichtbaren Folgen der digitalen Revolution zu erkennen. Und auch die Digitalisierung der Bürokratie schreitet vehement voran. Nur wenige Daten über eine Person genügen, um daraus mit hoher Wahrscheinlichkeit Rückschlüsse auf weitere ziehen zu können, wie Konsum- und Essgewohnheiten, politische Meinungen, persönliche Abneigungen, Reisepräferenzen oder geheime Vorlieben (Big Data). Ob eine derartige digitale Überwachung bei Kafka selbst allerdings sinnvoll gewesen wäre? Seine Konsumgewohnheiten waren beschränkt, und bis auf eine kurze Phase seines Lebens, in der er die rote Nelke im Knopfloch trug, betätigte er sich auch nicht aktiv politisch. Er rauchte nicht, trank nur mäßig Alkohol, ernährte sich gesund, betrieb sportliche Gymnastik am offenen Fenster, war stets gut gekleidet, übrigens auch in der elterlichen Wohnung, traf seine guten Freunde, solange er konnte, besuchte meist das gleiche Café und bewegte sich innerhalb Prags sein ganzes Leben lang auf wenigen Quadratkilometern, sein Leben war der Rückzug in seine Traum- und Phantasiewelten, denen er nachts in seinem Zimmer literarisch freien Lauf ließ. Hier bewältigte er seine vielfachen Ängste und fand die Freiheit, die er in seinem Leben, seiner Arbeit, seinem Körper, seiner Seele oder seinen privaten Beziehungen nicht finden konnte. Aber niemals hat er sein eigenständiges Denken aufgegeben, im Gegenteil. Nur deshalb konnte er sich einen klaren Blick auf die Verhältnisse bewahren und sie so eindringlich und nüchtern beschreiben.

Zu befürchten sind heute die langfristigen Folgen der digitalen Revolution für das Menschliche selbst, es geht um nicht weniger als eine »Entäußerung des Verstandes« (Randers 2014, S. 208). Randers schreibt in seinem Buch »Der neue Bericht an den Club of Rome«, »dass die menschliche Intelligenz zunehmend externalisiert wird« (Randers 2014, S. 209). Wohin wird sie externalisiert, in die künstliche Intelligenz der Computer? Wo bleibt dann der menschliche Verstand, das eigenständige Denken? Wird der Verstand ebenso erschlaffen wie ein Muskel, der nicht mehr benutzt wird, weil wir die künstliche Intelligenz für uns arbeiten lassen? Und haben wir all diese Entscheidungen bei vollem Verstand getroffen óder sind sie bereits ein Symptom für seinen graduellen Verlust? Was ist der Mensch ohne seinen Verstand, was bleibt von ihm? Und was werden diese digitalen Prozesse für unsere Gefühle bedeuten?

Kafkas Anliegen war nicht die Beschreibung einer bedrohlichen Wirklichkeit, sondern einer menschlichen Wahrheit und Wahrhaftigkeit. Seine Antworten auf all diese Fragen wären vielleicht ein Hinweis auf die menschliche Bestimmung gewesen. »Wir wurden geschaffen, um im Paradies zu leben, das Paradies war bestimmt, uns zu dienen. Unsere Bestimmung ist geändert worden, dass dies auch mit der Bestimmung des Paradieses geschehen wäre, wird nicht gesagt« (ZÜ 84). Das Paradies wäre also möglich, immer noch. Kafka hatte eine konkrete Vorstellung vom Paradies, er hat es im Kapitel »Das Naturtheater von Oklahoma« seines Romans »Amerika« beschrieben. Dieses Paradies besteht aus der Kunst, dem Theater, dem Zirkus. In diesem Paradies ist jeder willkommen, jeder wird aufgenommen, jeder wird gebraucht und bezahlt. Hier gibt es weiß gekleidete Engel mit goldglänzenden Trompeten. Keiner muss hungern, alle werden an langen Tischen bei einem Festessen bewirtet und selbst die Vorgesetzten sind freundlich und menschlich. Bleibt nur noch die Frage, wer wann wie und warum unsere Bestimmung geändert hat? Oder waren wir das selbst?

Verzeichnis der Siglen

A (Der Verschollene) = Kafka, Franz (2008): *Amerika*. Zürich: Diogenes.
F = Kafka, Franz (2015): *Briefe an Felice Bauer* (hrsg. v. Hans-Gerd Koch). Frankfurt am Main: S. Fischer.
GW = Kafka, Franz (2012): *Gesammelte Werke*. Köln: Anaconda Verlag.
Handbuch = Engel, Manfred & Bernd Auerochs (Hrsg.) (2010), *Kafka Handbuch. Leben – Werk – Wirkung*. Stuttgart: Metzler.
P = Kafka, Franz (1995): *Der Prozess*. Stuttgart: Reclam.
RS1 = Stach, Reiner (2014): Kafka. *Die frühen Jahre*. Frankfurt am Main: S. Fischer.
RS2 = Stach, Reiner (2002): *Kafka. Die Jahre der Entscheidungen*. Frankfurt am Main: S. Fischer.
RS3 = Stach, Reiner (2008): *Kafka. Die Jahre der Erkenntnis*. Frankfurt am Main: S. Fischer.
S = Kafka, Franz (2018): *Das Schloss*. Frankfurt am Main: S. Fischer.
SE = Kafka, Franz (2007): *Sämtliche Erzählungen*. Köln: Anaconda Verlag.
T1 = Kafka, Franz (2008): *Tagebücher, Band 1, 1909–1912*. Frankfurt am Main: S. Fischer.
T2 = Kafka, Franz (2008): *Tagebücher, Band 2, 1912–1914*. Frankfurt am Main: S. Fischer.
T3 = Kafka, Franz (2008): *Tagebücher, Band 3, 1914–1923*. Frankfurt am Main: S. Fischer.
ZÜ = Kafka, Franz (2019): *Du bist die Aufgabe. Die Zürauer Aphorismen*. Herausgegeben, kommentiert und mit einem Nachwort von Reiner Stach. Göttingen: Wallstein Verlag.

Literatur

Adorno, T. W. (1995): *Studien zum autoritären Charakter.* Frankfurt am Main: Suhrkamp.

Alt, Peter-André (2018): *Franz Kafka. Der ewige Sohn.* München: Beck.

Anz, Thomas (2010): Psychoanalyse. In: Engel, Manfred & Bernd Auerochs (Hrsg.), *Kafka Handbuch. Leben – Werk – Wirkung* (S. 65–72), Stuttgart: Metzler.

Arendt, Hannah (1991): *Elemente und Ursprünge totalitärer Systeme.* München: Piper.

Arendt, Hannah (2011): *Eichmann in Jerusalem. Ein Bericht von der Banalität des Bösen.* München: Piper.

Arendt, Hannah (2016): Franz Kafka. In: dies., *Die verborgene Tradition* (S. 62–73), Frankfurt am Main: Suhrkamp.

Arendt, Hannah (2018): *Die Freiheit, frei zu sein.* München: dtv.

Auerochs, Bernd (2010): In der Strafkolonie. In: Engel, Manfred & Bernd Auerochs (Hrsg.), *Kafka Handbuch. Leben – Werk – Wirkung* (S. 207–217), Stuttgart: Metzler.

Auerochs, Bernd (2010): Ein Hungerkünstler. Vier Geschichten. In: Engel, Manfred & Bernd Auerochs (Hrsg.), *Kafka Handbuch. Leben – Werk – Wirkung* (S. 318–329), Stuttgart: Metzler.

Bauer, Joachim (2006): *Prinzip Menschlichkeit. Warum wir von Natur aus kooperieren.* Hamburg: Hoffmann und Campe.

Berg, Nicolas (2010): Forschungen eines Hundes. In: Engel, Manfred & Bernd Auerochs (Hrsg.), *Kafka Handbuch. Leben – Werk – Wirkung* (S. 330–336), Stuttgart: Metzler.

Bowlby, John (2008): *Bindung als sichere Basis. Grundlagen und Anwendung der Bindungstheorie.* München: Ernst Reinhardt Verlag.

Camus, Albert (1992): *Der Mythos von Sisyphos. Ein Versuch über das Absurde.* Reinbek: Rowohlt.

Deleuze, Gilles & Guattari, Félix (1992): *Tausend Plateaus.* Berlin: Merve.

Dieterle, Bernard (2010): Kleine nachgelassene Schriften und Fragmente. In: Engel, Manfred & Bernd Auerochs (Hrsg.), *Kafka Handbuch. Leben – Werk – Wirkung* (S. 260–280), Stuttgart: Metzler.

Dostojewski, F. M. (1999): *Der Idiot.* München: dtv.

Dostojewski, F. M. (2017): *Verbrechen und Strafe.* Frankfurt am Main: S. Fischer.

Engel, Manfred und Bernd Auerochs (Hrsg.) (2010): *Kafka Handbuch. Leben – Werk – Wirkung.* Stuttgart: Metzler.

Engel, Manfred & Bernd Auerochs (2010): Vorwort. In: Engel, Manfred & Bernd Auerochs (Hrsg.), *Kafka Handbuch. Leben – Werk – Wirkung* (S. 13–16), Stuttgart: Metzler.

Engel, Manfred (2010): Drei Werkphasen. In: Engel, Manfred & Bernd Auerochs (Hrsg.), *Kafka Handbuch. Leben – Werk – Wirkung* (S. 81–90), Stuttgart: Metzler.

Engel, Manfred (2010): Der Verschollene. In: Engel, Manfred & Bernd Auerochs (Hrsg.), *Kafka Handbuch. Leben – Werk – Wirkung* (S. 175–191), Stuttgart: Metzler.

Engel, Manfred (2010): Der Process. In: Engel, Manfred & Bernd Auerochs (Hrsg.), *Kafka Handbuch. Leben – Werk – Wirkung* (S. 192–207), Stuttgart: Metzler.

Engel, Manfred (2010): Das späte Werk. In: Engel, Manfred & Bernd Auerochs (Hrsg.), *Kafka Handbuch. Leben – Werk – Wirkung* (S. 281–292), Stuttgart: Metzler.

Engel, Manfred (2010): Kleine nachgelassene Schriften und Fragmente 3. In: Engel, Manfred & Bernd Auerochs (Hrsg.), *Kafka Handbuch. Leben – Werk – Wirkung* (S. 343–371), Stuttgart: Metzler.

Engel, Manfred (2010): Zu Kafkas Kunst- und Literaturtheorie: Kunst und Künstler im literarischen Werk. In: Engel, Manfred & Bernd Auerochs (Hrsg.), *Kafka Handbuch. Leben – Werk – Wirkung* (S. 483–498), Stuttgart: Metzler.

Engel, Manfred (2010): Kafka und die moderne Welt. In: Engel, Manfred & Bernd Auerochs (Hrsg.), *Kafka Handbuch. Leben – Werk – Wirkung* (S. 499–515), Stuttgart: Metzler.

Euripides (1992): *Medea.* Stuttgart: Reclam.

Flaubert, Gustave (2005): *Lehrjahre des Gefühls.* Frankfurt am Main: Insel Verlag.

Flaubert, Gustave (2014): *Madame Bovary.* München: dtv.

Fromm, Erich (2020): *Die Furcht vor der Freiheit,* München: dtv.

Fromm, Waldemar (2010): Das Schloss. In: Engel, Manfred & Bernd Auerochs (Hrsg.), *Kafka Handbuch. Leben – Werk – Wirkung* (S. 301–317), Stuttgart: Metzler.

Hantel-Quitmann, Wolfgang (2005): *Liebesaffären. Zur Psychologie leidenschaftlicher Beziehungen.* Gießen: Psychosozial-Verlag.

Hantel-Quitmann, Wolfgang (2008): *Die Masken der Paare. Und welche Gefühle sie verbergen.* Freiburg im Breisgau: Herder.

Hantel-Quitmann, Wolfgang (2009): *Schamlos. Was wir verlieren, wenn alles erlaubt ist.* Freiburg im Breisgau: Herder.

Hantel-Quitmann, Wolfgang (2011): *Sehnsucht. Das unstillbare Gefühl.* Stuttgart: Klett-Cotta.

Hantel-Quitmann, Wolfgang (2013): *Basiswissen Familienpsychologie. Familien verstehen und helfen.* Stuttgart: Klett-Cotta.

Hantel-Quitmann, Wolfgang (2015): *Klinische Familienpsychologie. Familien verstehen und helfen.* Stuttgart: Klett-Cotta.

Haring, Ekkehard (2010): Leben und Persönlichkeit. In: Engel, Manfred & Bernd Auerochs (Hrsg.), *Kafka Handbuch. Leben – Werk – Wirkung* (S. 1–27), Stuttgart: Metzler.

Heinz, Jutta (2010): Hochzeitsvorbereitungen auf dem Lande. In: Engel, Manfred & Bernd Auerochs (Hrsg.), *Kafka Handbuch. Leben – Werk – Wirkung* (S. 102–111), Stuttgart: Metzler.

Hesse, Hermann (1974): *Siddhartha.* Frankfurt am Main: Suhrkamp.

Irving, John (2012): *Gottes Werk und Teufels Beitrag.* Zürich: Diogenes.

Irving, John (2015): *Bis ich dich finde.* Zürich: Diogenes.

Kafka, Franz (1975): *Briefe 1902–1924.* Frankfurt am Main: S. Fischer.

Kafka, Franz (1995): *Der Prozess.* Stuttgart: Reclam.

Kafka, Franz (2007): *Die Verwandlung.* München: dtv.

Kafka, Franz (2007): *Sämtliche Erzählungen.* Köln: Anaconda Verlag.

Kafka, Franz (2007a): Das Urteil. In: ders., *Sämtliche Erzählungen*, Köln: Anaconda Verlag.

Kafka, Franz (2008): *Amerika.* Zürich: Diogenes.

Kafka, Franz (2008): *Tagebücher, Band 1, 1909–1912.* Frankfurt am Main: S. Fischer.

Kafka, Franz (2008): *Tagebücher, Band 2, 1912–1914.* Frankfurt am Main: S. Fischer.

Kafka, Franz (2008): *Tagebücher, Band 3, 1914–1923.* Frankfurt am Main: S. Fischer.

Kafka, Franz (2012): *Gesammelte Werke.* Köln: Anaconda Verlag.

Kafka, Franz (2012a): *In der Strafkolonie.* In: ders., *Gesammelte Werke* (S. 119–144), Köln: Anaconda Verlag.

Kafka, Franz (2012b): *Brief an den Vater.* In: ders., *Gesammelte Werke* (S. 459–502), Köln: Anaconda Verlag.

Kafka, Franz (2015): *Briefe an Felice Bauer* (hrsg. v. Hans-Gerd Koch). Frankfurt am Main: S. Fischer.

Kafka, Franz (2018): *Das Schloss.* Frankfurt am Main: S. Fischer.

Kafka, Franz (2019): *Du bist die Aufgabe. Die Zürauer Aphorismen.* Herausgegeben, kommentiert und mit einem Nachwort von Reiner Stach. Göttingen: Wallstein Verlag.

Kilcher, Andreas (2010): Einflüsse und Kontexte, In: Engel, Manfred & Bernd Auerochs (Hrsg.), *Kafka Handbuch. Leben – Werk – Wirkung* (S. 29–49), Stuttgart: Metzler.

Largo, Remo & Czernin, Monika (2011): *Glückliche Scheidungskinder: Trennungen und wie Kinder damit fertig werden.* München: Piper.

Lauer, Gerhard (2010): Judentum/Zionismus. In: Engel, Manfred & Bernd Auerochs (Hrsg.), *Kafka Handbuch. Leben – Werk – Wirkung* (S. 50–58), Stuttgart: Metzler.

Lindgren, Astrid (2007): *Mio, mein Mio.* Hamburg: Oetinger.

Liska, Vivian (2010): Der Bau. In: Engel, Manfred & Bernd Auerochs (Hrsg.), *Kafka Handbuch. Leben – Werk – Wirkung* (S. 337–343), Stuttgart: Metzler.

Mann, Heinrich (1996): *Der Untertan*. Frankfurt am Main: S. Fischer.
Murakami, Haruki (2006): *Kafka am Strand*. München: btb.
Neymeyr, Barbara (2010): Das frühe Werk. In: Engel, Manfred & Bernd Auerochs (Hrsg.), *Kafka Handbuch. Leben – Werk – Wirkung* (S. 91–102), Stuttgart: Metzler.
Orwell, George (1994): *1984*. München: Ullstein.
Platon (2006): *Symposion*. Stuttgart: Reclam.
Poppe, Sandra (2010): Die Verwandlung. In: Engel, Manfred & Bernd Auerochs (Hrsg.), *Kafka Handbuch. Leben – Werk – Wirkung* (S. 164–172), Stuttgart: Metzler.
Randers, Jørgen (2014): 2052. *Der neue Bericht an den Club of Rome*. München: Oekıom Verlag.
Ravens-Sieberer, Ulrike, Wille, Nora & Erhart, Michael (2007): Psychische Gesundheit von Kindern und Jugendlichen in Deutschland. Ergebnisse aus der Bella-Studie im Kinder- und Jugendgesundheitssurvey (KIGGS). *Bundesgesundheitsblatt – Gesundheitsforschung – Gesundheitsschutz* 50, 871–878.
Reich-Ranicki, Marcel (2013): Franz Kafka, Seine geschriebenen sieben Küsse. In: ders., *Sieben Wegbereiter. Schriftsteller des zwanzigsten Jahrhunderts*, München: DVA.
Ritzer, Monika (2010): Das mittlere Werk. In: Engel, Manfred & Bernd Auerochs (Hrsg.), *Kafka Handbuch. Leben – Werk – Wirkung* (S. 152–163), Stuttgart: Metzler.
Roth, Philip (2003): *Der menschliche Makel*. Reinbek: Rowohlt.
Schlink, Bernhard (2010): *Der Vorleser*. Zürich: Diogenes.
Schopenhauer, Arthur (2018): *Sämtliche Werke in fünf Bänden*. Hamburg: Nikol Verlag.
Stach, Reiner (2002): *Kafka, Die Jahre der Entscheidungen*. Frankfurt am Main: S. Fischer.
Stach, Reiner (2011): *Kafka, Die Jahre der Erkenntnis*. Frankfurt am Main: S. Fischer.
Stach, Reiner (2012): *Ist das Kafka? 99 Fundstücke*. Frankfurt am Main: S. Fischer.
Stach, Reiner (2014): *Kafka. Die frühen Jahre*. Frankfurt am Main: S. Fischer.
Stach, Reiner (2018): *Kafka von Tag zu Tag*. Frankfurt am Main: S. Fischer.
Tschechoslowakische UNESCO-Kommission (Hrsg.) (1966): *Franz Kafka aus Prager Sicht*. Berlin 1965: Voltaire Verlag.
Tucholsky, Kurt (1920): In der Strafkolonie. *Die Weltbühne*, 3. Juni 1920.
Wagenbach, Klaus (2008): *Franz Kafka. Bilder aus seinem Leben*. Berlin: Wagenbach Verlag.
Wagner, Benno (2010): Beim Bau der chinesischen Mauer. In: Engel, Manfred & Bernd Auerochs (Hrsg.), *Kafka Handbuch. Leben – Werk – Wirkung* (S. 250–260), Stuttgart: Metzler.
Wallerstein, Judith, Lewis, Julia und Blakeslee, Sandra (2004): *Scheidungsfolgen: Die Kinder tragen die Last. Eine Langzeitstudie über 25 Jahre*. München: Juventa.

Weidner, Daniel (2010): Brief an den Vater. In: Engel, Manfred & Bernd Auerochs (Hrsg.), *Kafka Handbuch. Leben – Werk – Wirkung* (S. 293–301), Stuttgart: Metzler.

Welles, Orson: *Der Prozess*. Berlin 2012, Studiocanal.

Über den Autor

Wolfgang Hantel-Quitmann, geboren 1950 in Dortmund, war von 1982 bis 2016 Professor für Klinische Psychologie und Familienpsychologie an der Hochschule für Angewandte Wissenschaften Hamburg. Er war Gründer und Leiter der Studiengänge »Bildung und Erziehung in der Kindheit« (BA) und »Angewandte Familienwissenschaften« (MA) sowie der Weiterbildung »Systemische Paar- und Familientherapie«. Themen seiner Forschungsprojekte waren u.a. »Die Globalisierung der Intimität«, »Frühe Hilfen für Kinder und ihre Familien« und »Aufstieg durch Bildung«. Mehr als zwanzig Jahre arbeitete er als Psychologischer Gutachter bei Familiengerichten zu Fragen des Kindeswohls.

Er ist der Autor mehrerer Fachbücher: *Beziehungsweise Familie* (Band 1–4, Freiburg 1996–1999), *Die Globalisierung der Intimität* (Gießen 2002), *Der globalisierte Mensch* (Gießen 2004), *Liebesaffären – zur Psychologie leidenschaftlicher Beziehungen* (Gießen 2005), *Die Liebe, der Alltag und ich – Partnerschaft zwischen Wunsch und Wirklichkeit* (Freiburg 2006), *Der Geheimplan der Liebe – zur Psychologie der Partnerwahl* (Freiburg 2007), *Die Masken der Paare. Und welche Gefühle sie verbergen* (Freiburg 2008), *Schamlos. Was wir verlieren, wenn alles erlaubt ist* (Freiburg 2009), *Sehnsucht – Das unstillbare Gefühl* (Stuttgart 2011), *Basiswissen Familienpsychologie* (Stuttgart 2013), *Klinische Familienpsychologie* (Stuttgart 2015), *Die Othello-Falle. Du sollst nicht alles glauben, was du denkst* (Stuttgart 2017), *Farbenlehre der Liebe. Chronik einer Paartherapie* (Gießen 2019).

Heute arbeitet er in eigener Praxis in Hamburg als Paar- und Familientherapeut. Privat ist er seit 1977 verheiratet mit Susanne Quitmann, Ärztin und Diplom-Psychologin, die als Medizinische Psychotherapeutin in der Reproduktionsmedizin und in eigener Praxis arbeitet. Sie haben vier Kinder: Lucie, Julia, David und Robin und (bislang) sechs Enkelkinder: Clara, Lili, Antonia, Paulina, Jonathan und Malou.

www.klett-cotta.de

Wolfgang Hantel-Quitmann

Die Othello-Falle

Du sollst nicht alles glauben, was du denkst

224 Seiten, gebunden mit Schutzumschlag
ISBN 978-3-608-98068-4

Othello, bis heute der Inbegriff eines eifersüchtigen Helden, ist aufgrund seiner falschen Denkweise von der Untreue seiner Geliebten überzeugt und bringt sie um. Für die Realität ist er blind. Sein falsches Selbstbild ist es, was zu seinem falschen Denken und Handeln führt. Der Autor zeigt, wie wir alle immer wieder in die Othello-Falle treten: Wir unterliegen Irrtümern, begehen Fehler, fallen auf Täuschungen herein, weil wir Opfer unserer eigenen trügerischen Annahmen werden. Wie die manchmal fatalen Denkweisen über uns selbst entstehen und welche Auswirkungen das für unsere Beziehungen, die Partnerschaft und Familie hat, das erläutert das Buch. Und vor allem, wie wir unsere Denkfehler erkennen und welche Wege es aus den Fallen heraus gibt.

»Eine spannende Reise in die Geheimnisse und Überraschungen des Seelenlebens.«
Susanne Billig, Deutschlandfunk Kultur

Klett-Cotta